हिन्दी उपन्यास और अस्तित्ववाद

(आलोचना)

हिन्दी उपन्यास और अस्तित्ववाद

वीनू भल्ला

राधाकृष्ण प्रकाशन

ISBN : 978-81-7119-981-5

हिन्दी उपन्यास और अस्तित्ववाद

प्रथम संस्करण : 2004
पहली आवृत्ति : 2024

मूल्य : ₹495

प्रकाशक
राधाकृष्ण प्रकाशन प्राइवेट लिमिटेड
जी-17, जगतपुरी, दिल्ली-110 051
शाखाएँ : अशोक राजपथ, साइंस कॉलेज के सामने, पटना-800 006
पहली मंजिल, दरबारी बिल्डिंग, महात्मा गांधी मार्ग, प्रयागराज-211 001
1, अनमोल सोराबजी संतुक लेन, धोबी तलाव, मरीन लाइंस, मुम्बई-400 002
वेबसाइट : www.radhakrishnaprakashan.com
ई-मेल : info@radhakrishnaprakashan.com

मुद्रक
राजकमल प्रकाशन प्रा. लि.
नई दिल्ली-110 002

HINDI UPANYAS AUR ASTITVAVAD
by Veenu Bhalla

माँ की
पुण्य स्मृति को...

भूमिका

डॉ. वीनू भल्ला साहित्य और दर्शन की गंभीर अध्येता हैं। वे लगभग 25 वर्षों से दिल्ली विश्वविद्यालय में हिन्दी का अध्यापन कार्य कर रही हैं। अध्यापन के गहन दायित्व को निभाते हुए उन्होंने साहित्य को समझने और विश्लेषण करने की दृष्टि तथा पद्धति अर्जित की है।

उनकी आलोचना कृति 'हिन्दी उपन्यास और अस्तित्ववाद' इस बात का प्रमाण है। भारतीय समाज में अस्तित्ववाद की यद्यपि कोई प्रभावी परिवर्तनकारी भूमिका नहीं है फिर भी सामाजिक परिवर्तन की प्रक्रिया में ही 'भारतीय मनुष्य' में अकेलेपन और आत्मपरायापन की अस्तित्वपरक चिंताएँ, उद्वेलन और उत्तेजनाएँ उभरी थीं। इन चिंताओं में अनेक रचनाकारों ने सृजनशीलता का स्रोत देखा था। इसमें सन्देह नहीं कि अस्तित्वपरक परिस्थितियाँ, समस्याओं और द्वन्द्वों के भीतर कथानुभव और काव्यानुभव के नए और विशेष रचनाविन्यास निहित थे। अस्तित्ववादी दार्शनिक-चिंतन और साहित्य के संवेदनात्मक स्वभाव की टकराहट से जो समस्यात्मकता पैदा होती है डॉ. भल्ला ने उसका बहुत सूक्ष्म और गहरा विश्लेषणात्मक अध्ययन इस पुस्तक में किया है।

इस आलोचना कृति में दर्शन और साहित्य की परस्परता की समस्या का जिस गहराई से अध्ययन किया गया है वह हिंदी के शोधपरक आलोचना-विवेक को समृद्ध करने वाला है।

—नित्यानंद तिवारी

विषय सूची

आमुख

व्यक्ति अस्तित्व में पहले आता है और अपनी वैचारिकता का सृजन वह बाद में करता है, अस्तित्ववाद की इस परिकल्पना ने पुराने समस्त चिंतन को चुनौती दी और कहा, 'सिर के बल नहीं, पैर के बल खड़े होकर देखो।' इस स्थिति से आकाश का शून्य नहीं, पृथ्वी का यथार्थ दिखाई पड़ेगा। अस्तित्ववाद के उदय से पूर्व देकार्त के प्रसिद्ध कथन—'मैं सोचता हूँ, इसलिए मैं हूँ' को मान्यता प्राप्त थी। अस्तित्ववादी चिंतकों ने इसे 'मैं हूँ' इसलिए मैं सोचता हूँ', में परिवर्तित कर दिया।

'अमूर्त की पारंपरिक कल्पना' और 'समान मानवीय प्रकृति' को अलविदा कहते हुए अस्तित्ववाद ने स्पष्ट किया कि हर व्यक्ति अपने में एक अलग इकाई है और सभी इकाइयों के बीच एक ही जैसी प्रकृति की स्थापना—'बुद्धि का विलास' तो हो सकती है, सत्य का निरूपण नहीं। अस्तित्ववाद के अनुसार मानव मूल्य न शाश्वत होते है और न सार्वभौम। उसने मान्यता दी कि मनुष्य को उन मूल्यों को मानने के लिए मजबूर नहीं किया जाना चाहिए जिनका चयन उसने स्वयं न किया हो। कोई भी व्यक्ति स्वयं के द्वारा निर्णीत मूल्यों और उनके अनुसार किए गए कार्यों के लिए उत्तरदायी ठहराया जा सकता है, अन्य के लिए नहीं। यही कारण है कि अस्तित्ववाद ने जहाँ एक ओर बुर्जुआ बनावटीपन, आर्थिक शोषण, उपनिवेशवाद तथा रंगभेद की नीति का विरोध किया वहीं दूसरी ओर उसने 'कंसेंट्रेशन कैंप्स' और 'लिक्विडेशन-प्रणाली' को भी अमानवीय बताया।

अस्तित्ववाद ने इस बात का प्रतिपादन किया कि कोई भी प्रामाणिक तत्त्वमीमांसीय प्रश्न न तो तब तक पूछा जा सकता है और न ही तब तक उसका उत्तर दिया जा सकता है जब तक कि प्रश्न और उसका उत्तर प्रश्नकर्ता अर्थात् मनुष्य के ठोस अस्तित्व को प्राथमिकता नहीं देते। कारण केवल मनुष्य ही प्रश्न करनेवाला जीव है, अन्य प्राणी नहीं। मनुष्य के अतिरिक्त कोई भी प्राणी न तो अपने अस्तित्व का और न ही अपने परिवेश का अर्थ समझता है। वह जिन परिस्थितियों में रहता है उन्हें ही स्वीकार कर लेता है। विशिष्ट प्राणी होने के कारण मनुष्य बराबर प्रश्न करता रहता है तथा संदेह और आश्चर्य की स्थिति में जीवन जीता है। यही कारण है कि अस्तित्ववाद मनुष्य को ही प्रत्येक चिंतन का केंद्र

मानता है। उसकी मान्यता है कि हर प्रकार का चिंतन मनुष्य से ही आरंभ होता है और मनुष्य के साथ ही उसका अंत होता है।

अस्तित्ववाद द्वारा मानवीय अस्तित्व को प्राथमिकता दिए जाने से सोच का एक नया युग प्रारंभ हुआ। इस नए सोच ने बताया कि सत्य के अनेक रूप होने के कारण उसे धारणाबद्ध नहीं किया जा सकता तथा सच्चाई की समझ को भी बँधे-बँधाए मूल्यों में निरूपित नहीं किया जा सकता। परिणामतः अस्तित्ववाद के उभार के साथ ही तत्त्वमीमांसीय दर्शन का तिरोभाव होना प्रारम्भ हुआ। अस्तित्ववाद ने तत्त्वमीमांसीय दर्शन और धर्म की जकड़बंदी से मानव को मुक्त करने का गुरुतर प्रयत्न किया। विचारकों ने माना कि अस्तित्ववाद ने मानवीय स्थितियों को समझने का एक सार्थक तरीका सुझाया और अनुभवों की सच्चाई पर बल दिया। साथ ही उन्होंने यह भी स्वीकार किया कि अस्तित्ववाद ने अपने समकालीन चिंतकों व उनके द्वारा उद्भूत साहित्य को भी पर्याप्त रूप से प्रभावित किया।

अस्तित्ववादी चिंतकों ने बताया कि हमारे प्रत्येक सत्य और प्रत्येक कर्म में मानवीय संदर्भ और मानवीय आत्मपरकता निहित होती है तथा राज्यसत्ता, नौकरशाही, राजनीतिक दल—सभी निर्वैयक्तिक शक्तियाँ इस मानवीय आत्मपरकता को प्रतिबंधित करती रहती हैं। मनुष्य इनसे मुक्ति पाने के लिए लगातार प्रयास करता रहता है। अतः उसे केंद्र में न रखकर कोई भी चिंतन उपर्युक्त निर्वैयक्तिक शक्तियों से निपटने में सफलता नहीं पा सकता। मानवीय आत्मपरकता के अभाव में मनुष्य अवास्तविक जीवन जीता है तथा दर्शन, धर्म एवं ब्राह्माडंबरों द्वारा अपने को सभ्य और सुसंस्कृत सिद्ध करने की कोशिश करता है। अस्तित्ववाद ने इस बात पर बल दिया कि यथार्थ और अयथार्थ, आवश्यक और अनावश्यक के अंतर को समझने के लिए व्यक्ति और उसकी आत्मपरकता को प्राथमिकता देने से ही उसके चारों ओर फैली विसंगतियों को कम किया जा सकता है।

अस्तित्ववाद के उदय से पूर्व युद्धोत्तर यूरोप के दमघोंटू वातावरण और अकेलेपन ने मनुष्य और उसके परिवेश के बीच अपटनीय खाई पैदा कर दी थी। तत्कालीन युग का सबसे बड़ा संकट अलगाव था। अलगाव मनुष्य और मनुष्य का, मनुष्य के बाहरी और भीतरी अस्तित्व का, अतर्कपरक स्थितियों और तर्कपूर्ण बुद्धि का। यह अलगाव मनुष्य के जीवन में सामरस्य लाने की दिशा में बाधक रहा। अस्तित्ववादी चिन्तन इस दिशा में प्रयत्नशील रहा कि क्या मनुष्य को इस अलगाव से मुक्ति दिलाई जा सकती है ? अथवा तत्त्वमीमांसीय दर्शन के बने-बनाए सूत्रों में उसे कहीं मुक्ति का मार्ग मिल सकता है ?

निस्संदेह अस्तित्ववाद ने व्यक्तिगत भावावेशमूलक पद्धति द्वारा चिंतनपरक उपलब्धियाँ अर्जित कीं। उसने निश्चित परिपाटियों, मतवादों, विचारों और पूर्वाग्रहों को नकारकर जीवन की पारदर्शिता को उजागर किया और बताया कि मानवीय

संकट के खिलाफ संघर्ष करने में मनुष्य अपनी उच्चाशयता प्राप्त कर सकता है।

प्रसिद्ध विचारक ज्यां पाल-सार्त्र ने सन् 1946 में 'अस्तित्ववाद और मानववाद' पर अपने सार्थक भाषण में स्पष्ट रूप से कहा था कि अस्तित्ववाद एक लाभप्रद चिन्तन है। क्योंकि वह व्यक्ति को नैतिक वरण के लिए उत्तरदायी बनाता है। उसके अनुसार व्यक्ति संघर्षों का सामना करता है और वह वही बनने की ओर अग्रसर होता है जो वह स्वयं को बनाना चाहता है। सार्त्र के शब्दों में 'व्यक्ति अपनी पूरी संचेतना तथा जिम्मेदारी से अपने को प्रायोजित भविष्य की ओर ले जाता है।' सार्त्र यहाँ यह भी स्पष्ट करता है कि व्यक्ति अपने व्यक्तित्त्व के प्रति जिम्मेदार होने के साथ ही सबके प्रति भी जिम्मेदार होता है। वह अपने प्रति ही नहीं समस्त मानव के प्रति जिम्मेदार हो जाता है 'कामरेड इन आरम्स' के विचार को ध्यान में रखते हुए सार्त्र इस बात की पुष्टि करता है कि व्यक्ति को अपने लिए ही नहीं, सबके लिए वरण करना पड़ता है। अस्तित्ववादी चिन्तन में मनुष्य का जीवन उसके कर्मों का समाहार है। उसे अपने कर्मों के लिए अपनी स्थिति से बाहर कोई दिशा-निर्देश नहीं लेना है। मनुष्य स्वतंत्र होने के लिए विवश है तथा उसे अपने आप पर ही भरोसा करना है।

अस्तित्ववाद तात्त्विक आचारशास्त्र के स्थान पर प्रतिक्रियात्मक आचारशास्त्र प्रस्तुत करता है। इस चिंतन के अनुसार अस्तित्व का अर्थ है आत्मिकता अर्थात् अपने 'स्व' का प्रत्यक्ष बोध, जो स्वतंत्र प्रतिबद्धता को अनिवार्य समझने और सभी मूल्यों का मूल-आधार—'चयन की स्वतंत्रता' को ही माने। यह चिंतन व्यक्ति के महत्त्व, उसकी स्वतंत्रता, उत्तरदायित्व, स्वावलंबन, चयन की गरिमा और गुणों का समर्थन करता है। यही कारण है कि इस चिंतन को तत्कालीन आलोचकों ने मानवतावाद की संज्ञा दी। ऐसा मानवतावाद जिसमें व्यक्तिगत धर्म की संस्थागत धर्म के प्रति, व्यक्तिगत चेतना का समूह योजना के प्रति, मानव स्वातंत्र्य का भौतिक नियति के प्रति सबल विद्रोह है। सूक्ष्म रूप से कहा जाता है कि यह चिंतन विशिष्ट का सामान्य के प्रति विद्रोह है।

इसके विपरीत कुछ आलोचकों ने अस्तित्ववाद को निराशा का दर्शन माना और कहा कि इसमें सामंजस्य की स्थिति का पूर्णतः अभाव है। सार्त्र की सहयोगिनी साइमन द बयोवॉय ने भी अस्तित्ववाद में समाजपरक नीतियों की उपेक्षा का दोष बताते हुए कहा, 'अस्तित्ववाद में सामाजिक नीति व उस पर आधारित मूल्यों की कोई निश्चित व्यवस्था नहीं, अपितु व्यक्ति की स्वतंत्र चेतना द्वारा ही नैतिक मूल्य बनाने की प्राथमिकता है। ऐसे मूल्य अस्थिर और व्यक्तिनिष्ठ होते हैं। व्यक्ति की निरावृत स्वतंत्रता एक भ्रामक विचार है।' साइमन द बयोवॉय के अनुसार व्यक्ति का मनमाना अस्थिर मूल्य आरोपण न तो बाहरी व्यवस्था के सुधार की प्रेरणा देता है, न सामंजस्यपूर्ण शांति ही प्रदान करता है। एक स्वस्थ

जीवन दृष्टि के अभाव को अपनी आलोचना का मूलाधार बनाकर कुछ आलोचकों ने अस्तित्ववाद का पर्याप्त विरोध किया। प्रसिद्ध विचारक जार्ज लुकाच ने भी अस्तित्ववाद को बुर्जुआ बौद्धिकों का निरर्थक व निष्फल प्रयास बताते हुए उसे उन चिंतकों द्वारा भौतिकवाद और अभिशप्त आदर्शवाद के बीच रास्ता न ढूँढ़ पाने की छटपटाहट ही बताया है।

इतने व्यापक विरोध के बावजूद भी अस्तित्ववाद का धनात्मक मूल्य आज भी जीवित है तथा एक कलादृष्टि के रूप में उसकी सार्थकता साहित्य को सबल बनाने में सफल हुई है। अतः यह कहना समीचीन होगा कि अस्तित्ववाद एक ऐसी विचार पद्धति है जो वास्तविक अनुभूतियों और उनके चित्रण में सहायक होती है।

स्वातंत्र्योत्तर हिंदी उपन्यासों को आलोचकों ने कुंठा, घुटन और अनगढ़ प्रतीक योजनाओं के कारण अस्तित्ववादी उपन्यास की संज्ञा से अभिहित किया है। हिंदी साहित्य की विभिन्न विधाओं में इस विषय से संबंधित जो शोध हुए हैं उसमें परीक्षण और जाँच कम, स्थापनाएँ अधिक हुई हैं। अस्तित्ववाद के प्रभाव को मानकर चलनेवाले लोगों ने संभवतः इस तथ्य पर ध्यान नहीं दिया कि हिंदी साहित्य की विधाओं में जो सिचुएशंस दिखाई पड़ती हैं वह अस्तित्ववाद के प्रभाव के कारण है अथवा बदलते हुए परिवेश के कारण।

यह पुस्तक अस्तित्ववादी विचारधारा की मूलचेतना 'अस्तित्व' की महत्त्वपूर्ण प्रवृत्तियों के सैद्धांतिक विवेचन की अपेक्षा उसकी सिचुएशंस (स्थिति) के आधार पर कुछ महत्त्वपूर्ण हिंदी उपन्यासों की विवेचना का प्रयास है। इस विवेचन और विश्लेषण के क्रम में मैंने चर्चित उपन्यासों पर ही विचार किया है। इस कारण उनकी संख्या कम हो सकती है, किंतु इससे मुझे पुनरावृत्ति के विस्तार से बचने का लाभ अवश्य मिला है। इसके साथ ही मैं प्रासंगिक उपन्यासों में प्रासंगिक समस्याओं पर विचार करने का अपेक्षाकृत अधिक अवकाश भी पा सकी हूँ।

इस पुस्तक द्वारा मैंने उपन्यासों में अस्तित्ववादी विचार-धारा को देखने, समझने और परखने की भिन्न दृष्टि प्रस्तावित करने का प्रयास किया है। अपने इस प्रयास में मैं कहाँ तक सफल हो सकी हूँ इसका निर्णय सुविज्ञ पाठक ही कर सकेंगे।

–वीनू भल्ला

अस्तित्ववाद : उभार की परिस्थितियाँ

पश्चिमी सन्दर्भ

19वीं शताब्दी में यूरोप में फैली नास्तिकता, भौतिकता और प्राकृतता के कारण ईश्वर व उससे संबद्ध सभी धारणाएँ बड़े वेग से मनुष्य के जीवन से लुप्त होने लगीं। परिणामस्वरूप तत्कालीन यूरोपीय मानव के जीवन में अकेलापन, आत्मपरायापन व अस्तित्व संकट की भावना घर करने लगी। स्पेन के एक विख्यात चिंतक आर्तेगा गासे (Ortegay Gasset) के अनुसार मनुष्य एक ऐसी स्थिति में आ गया है जिसकी उपमा उस यात्री से दी जा सकती है जो वाहन की यांत्रिकता से परिचित न होने पर भी पूरे वेग से वाहन चला रहा है। संसार की गतिविधियाँ बड़े वेग से चल रही हैं, किंतु उन पर कोई नियंत्रण नहीं। यद्यपि लोग एक-दूसरे से मिल रहे हैं, सभाएँ व गोष्ठियाँ कर रहे हैं, किंतु वे नहीं जानते कि कब कौन सी विसंगति उत्पन्न हो जाए और उनके अस्तित्व को खतरा पैदा हो जाए।

तो क्या अस्तित्ववाद का उदय धार्मिकता के ह्रास के कारण हुआ ?

पश्चिम की परिस्थितियों के संदर्भ में उपरोक्त तथ्य को स्वीकारा नहीं जा सकता। वास्तव में क्रिश्चियन दार्शनिकों ने ही मानव को धार्मिक शिकंजे से बाहर निकालने की पेशकश की। इसी पेशकश के कारण अस्तित्ववाद का प्रादुर्भाव हुआ। इन धार्मिक चिंतकों ने हीगेल के आध्यात्मिक आदर्शवाद को चुनौती दी और बताया कि ईश्वर और संसार में एकरूपता नहीं है। दैवी मस्तिष्क और मानव मस्तिष्क के बीच एक कभी न भरी जानेवाली खाई है। अप्रत्यक्ष रूप से इन चिंतकों ने यह सिद्ध किया कि मनुष्य का निर्माण ईश्वरीय कल्पना के अनुसार नहीं होता और न ही वह ईश्वर के स्वरूप को ग्रहण कर सकता है।

हीगेल के अनुयायी दार्शनिकों ने भी हीगेल के मत से असहमति व्यक्त करते हुए आगस्टे कामटे का समर्थन किया। उन्होंने अनेक तथ्यों से एक तथ्य के निरूपण के स्थान पर कामटे के एक तथ्य से अनेक के निरूपण की बात को स्वीकारा। साथ ही वैज्ञानिक प्रगति के कारण अमूर्त के स्थान पर मूर्त की स्थापना प्रारंभ हुई। वैज्ञानिकों के अनुसार केवल वही सत्य है जो मूर्त है तथा जो इंद्रियों द्वारा देखा और परखा जा सकता है। शुद्ध दार्शनिकता अपदस्थ होने लगी। उसने अपना

पुराना संकल्प, जिसके अनुसार सार्वभौमिक निर्णयात्मकता की खोज करना था, त्याग दिया। कीर्केगार्द ने जो अस्तित्ववाद का जनक माना जाता है, तर्क की उपादेयता को महत्त्वहीन बताया। कीर्केगार्द के सदृश ही वैज्ञानिकों ने भी उद्घोषणा की कि ज्ञान, तर्क द्वारा नहीं, ठोस पदार्थों की जानकारी और उनके विश्लेषण द्वारा ही प्राप्त किया जा सकता है।

इसी युग में यह भी अनुभूति हुई कि मनुष्य के विचार और व्यवहार संबंधी नियमों में एकरूपता नहीं लाई जा सकती। तत्कालीन विचारकों ने यह मान लिया कि मनुष्य की मूलभूत समस्याओं का हल दर्शनशास्त्र के पास न होकर कहीं और है।

नए युग के इस आह्वान में नीत्शे का पूर्ण योगदान रहा। उसने अपने समकालीन विचारकों से कहा कि वे पृथ्वी की प्रभावी शक्तियों से नए मूल्यों की स्थापना करें। इस प्रकार पारंपरिक मूल्यों में अनास्था तथा उन व्यवस्थाओं के प्रति अलगाव की बात ने जन्म लिया, जिन पर 19वीं शताब्दी से पूर्व का यूरोपीय जन-मानस आधारित था।

नीत्शे ने अपनी पुस्तक 'Thoughts out of Season' में लिखा कि पश्चिमी सभ्यता मानव की सफलता में सर्वथा असफल रही है। ईसाई मानववाद तथा उससे संबद्ध विचारधाराएँ मनुष्य की इस अधोगति के लिए उत्तरदायी हैं। उसने यह भी स्पष्ट किया कि मनुष्य अपने मूल्य स्वर्ग से नहीं, पृथ्वी से प्राप्त करें। नीत्शे ने अपनी एक पुस्तक की प्रस्तावना में कहा कि 'पृथ्वी के प्रति सच्चे रहो। यह न मानो कि इसके अतिरिक्त कोई ओर भी लोक है। किसी लोक के बारे में बतानेवाले तुम्हें विष दे रहे हैं।'[1] नीत्शे के बाद ओस्वाल्ड स्पेंगलर ने विकास के इस क्रम को आगे बढ़ाया और बताया कि पिछली सभ्यता का कालाकल्प नहीं हो सकता। उसे तो नष्ट ही करना होगा। ऑसवाल स्पेंगलर के इन विचारों की प्रतिध्वनि उनकी पुस्तक 'The End of The West' में मिलती है। नीत्शे और स्पेंगलर के विचारों में साम्य न होते हुए भी वे एक ही विचारधारा की पुष्टि करते हैं। नीत्शे के अनुसार पश्चिमी मानव नई उपलब्धियाँ—मूल्यों की अर्थवत्ता—प्राप्त कर सकता है, जबकि स्पेंगलर के अनुसार पश्चिमी सभ्यता अपनी उर्वरता खो चुकी है। दोनों विचारकों के अनुसार मानव अस्तित्व त्रासद स्थिति पर पहुँच चुका है। कीर्केगार्द, नीत्शे और स्पेंगलर आस्था व कर्म, सिद्धांत व व्यवहार, बौद्धिक सत्य व वास्तविक सत्य के मध्य बनी खाई को मिटाना चाहते थे।

अस्तित्ववाद के पूर्ववर्ती दर्शन का आधार प्लेटो के 'रिपब्लिक' में मिलता है। प्लेटो ने अस्तित्व को प्राथमिक महत्त्व न देकर उसे मात्र एक कमजोरी माना है। अस्तित्व की अपेक्षा वह मनुष्य के जीवन-उद्देश्य को महत्त्व देता है। पूर्ववर्ती विचारधारा आध्यात्मिक विश्वासों के कारण आत्मा पर बल देती रही तथा पारलौकिक सत्ता के समक्ष मनुष्य के अस्तित्व को महत्त्वहीन समझती रही।

प्लेटो से हीगेल तक सभी दार्शनिकों ने मानव अस्तित्व को एक दैवी आदर्श की प्रतिकृति स्वीकार किया और वे उद्घोषित करते रहे कि मनुष्य की नित्य समस्याओं को समझने का एकमात्र साधन--दार्शनिक तर्क है।

अस्तित्ववाद परंपरागत तर्कसंगत दार्शनिक मतवादों के विलोम की प्रक्रिया है। वह प्लेटो और हीगेल जैसे 'रेशनल' बौद्धिक दार्शनिकों के तत्त्ववादी दार्शनिक चिंतन तथा पुनर्जागरणकालीन मानवपरक चिंतनधारा के खिलाफ प्रतिक्रियास्वरूप उद्भूत हुआ। यह चिंतन अविवेकपरक चिंतन के खिलाफ तथा बुद्धि की जगह सहजानुभूति (Intuition) को महत्त्व देता है। अतः यह एक ऐसी वैचारिक प्रक्रिया है जिसके द्वारा व्यक्ति वास्तविकता की ओर अग्रसर होता है। हीगेल और उसके पूर्ववर्ती आदर्शवाद के कारण ऐसी कल्पनाएँ और अबूझ मान्यताएँ स्थापित हो चुकी थीं जो व्यक्ति की उपलब्धि से परे थीं। इस कारण यूरोपीय समाज में उत्तरदायित्वहीनता, पलायन और कृत्रिमता की वृद्धि हो रही थी। अस्तित्ववादी चिंतन ने इस बात की घोषणा की कि दर्शन मानव का ही विज्ञान है और अपनी सभी पूर्ण सीमाओं के बावजूद भी वह व्यक्ति के अस्तित्व की ही सारपूर्ण व्याख्या करता है। इन चिंतकों के अनुसार कोई भी मानवीय प्रश्न और उत्तर प्रश्नकर्ता के वस्तुपरक अस्तित्व को अस्वीकार न करे क्योंकि मनुष्य वह विशिष्ट प्राणी है, जो लगातार प्रश्न करता रहता है। आश्चर्य और शंकाओं का हल खोजता है। उसकी यही प्रक्रिया दार्शनिकता का आधार है। दार्शनिक चिंतन में मनुष्य ही की कल्पना निहित होती है। व्यक्ति के साथ ही दर्शन का प्रारंभ होता है और उसके साथ ही उसका अंत।

अस्तित्ववादी चिंतन के कारण ही रूढ़िवादी मान्यताएँ समाप्त हुईं और नए नैतिक मूल्यों का जन्म हुआ। साथ ही यह भी स्पष्ट हुआ कि सुदृढ़ प्रयासों और विचारशील चयन से ही कर्म का निर्माण किया जा सकता है। अस्तित्ववादी चिंतन ने यह बताया कि हर व्यक्ति वैशिष्ट्य संपन्न है। भीड़ अथवा समुदाय में उसका वैशिष्ट्य समाप्त हो जाता है। 'इस वैशिष्ट्य के लिए निश्चित चयन की आवश्यकता है। यदि किसी व्यक्ति के जीवन में इसका अभाव है तो वह उस पशु के जैसा भी नहीं जो निश्चित गति से चलता-फिरता है। ऐसा व्यक्ति अधिकृत जीवनयापन नहीं कर सकता।'[2] अस्तित्ववादी चिंतन ने व्यक्ति और दर्शन की समस्याओं में सामंजस्य उत्पन्न करते हुए मनुष्य के अधिकृत सांसारिक अस्तित्व को महत्त्व दिया।

उपरोक्त वैचारिक क्रांति के साथ-साथ यूरोप के जीवन में भयानक उथल-पुथल हुई। यह उथल-पुथल धार्मिक जीवन में भी दिखाई पड़ी। मध्ययुगीन मान्यताओं के कारण धर्म मात्र चर्च के उपदेश का बुद्धिग्राह्य साधन बन चुका था अथवा यह कहा जा सकता है कि धर्म केवल चर्च-परायणता का ही नाम था।

ईसाई पादरियों का दृढ़ मत था कि मनुष्य दैवी बाध्यताओं में आबद्ध है।

और इस समस्त सृष्टि का संचालन दैवी सत्ता करती है। ईसाई मत के अनुसार मानव का जन्म दुःखों एवं कष्टों को भोगने के लिए हुआ है। इन दुःखों से छुटकारा केवल अलौकिक शक्ति ही दिला सकती है। पादरियों के प्रभुत्व के कारण यूरोपीय मानव भयंकर प्रताड़ना, भय व अवहेलना का पात्र बन चुका था। इस संस्थावादी चर्च के सम्मुख व्यक्ति की अपेक्षा संस्थागत नियमों को प्रतिष्ठा दी जाती थी। यही संस्थावादी चर्च पादरियों को मजिस्ट्रेट के अधिकार देती थी और वे साधारण आदमी के जीवन में भी अकारण हस्तक्षेप करते हुए उनके अस्तित्व की स्वतंत्रता और विशिष्टता को नष्ट करते रहते थे। चर्च के बुर्जुआ व नियंत्रणकारी स्वरूप से यूरोपीय मानव का दम घुट रहा था। लेकिन चर्च से विद्रोह करने का अर्थ था मूक और असहाय बनकर अस्तित्वहीन जीवन व्यतीत करना। 'कैथोलिक चर्च के प्रति असंतोष और उससे उत्पन्न प्रोटेस्टेंट धर्म में भी मानव स्वतंत्रता को अधिक स्थान न मिल सका। राजाओं द्वारा अधिकृत नियमों के आधार पर ही इसका संचालन किया जाता था। पोप अंधविश्वासों के बल पर अपना वर्चस्व स्थापित कर रहे थे और साथ ही अपनी निरंकुशता का विस्तार भी।

पश्चिम की परिस्थितियों ने व्यक्ति और व्यक्ति की आत्यन्तिक सार्थकता के बीच रिक्तता या भयावहता पैदा कर दी थी। सभी प्रकार के मानवीय संस्थान जो व्यक्ति और उसकी सार्थकता के बीच सम्बन्ध का काम करते हैं अपने हितों के लिए आततायी हो उठे और उन्होंने व्यक्ति और उसकी सार्थकता दोनों को अस्तित्वहीन कर दिया। इस कारण पश्चिम में व्यक्ति के अस्तित्व और उसकी सार्थकता के तात्विक प्रश्न उठाने और किसी भी प्रकार के मानवीय संस्थान का अनिवार्य विरोध करने की संभावना उत्पन्न हुई।

ऐसी विषम परिस्थितियों में मनुष्य में अपने अस्तित्व के प्रति जबरदस्त जागरूकता उत्पन्न हुई। उसने अनुभव किया कि वह यंत्रवत् कुछ पूर्वनिर्धारित क्रियाओं द्वारा ही अपनी धार्मिकता का सबूत दे सकता है। अस्तित्व के इस बढ़ते हुए संकट और उससे उत्पन्न बोध के कारण कीर्केगार्द ने अनुभव किया कि ईसाई धर्म मात्र कर्मकांड तक ही सीमित रह गया है और मानवीय इकाई को धीरे-धीरे किनारे किया जा रहा है। ईसाई धर्म का अमानवीयकरण हो रहा है। कीर्केगार्द के अनुसार वास्तविक चिंतन को दो दृष्टिकोणों से खतरा है। एक ईसाई धर्म में अंधविश्वास और दूसरा हीगेलवादी दार्शनिक दृष्टिकोण से।[3]

यूरोप का प्राचीन समाज तीन वर्गों में विभाजित था—पादरी, अभिजात्य वर्ग और सामान्य जन। समाज की सभी सुविधाएँ पहले दो वर्गों को ही सुलभ थी, किंतु ये दो वर्ग बहुसंख्यक न थे। सामान्य लोगों के आचार-विचार, रहन-सहन पर भी नियंत्रण था। 'वेतन का लौह नियम' वेतन जैसे आर्थिक नियम सामान्य जनता के वेतन को स्थायी रखने पर जोर देते थे। चारों ओर बुर्जुआ समाज का अनाचार व्याप्त था। आडंबर और आचरणहीनता उक्त समाज के प्रमुख लक्षण

थे। इस निरकुंशता के प्रति क्षोभ के कारण कुछ क्रांतिकारी लेखकों का अभ्युदय हुआ। इनमें वाल्टेयर, रूसो और मोंटेस्क्यू प्रमुख थे। वाल्टेयर के विचारों के परिणामस्वरूप चर्च और पारलौकिक आदर्शों के विरुद्ध वातावरण तैयार हुआ। वाल्टेयर की लेखनी से राजदंड जलकर भस्म होने लगे और राज्य की नींव हिलने लगी।[4] दूसरे, प्रचंड विचारक रूसो ने सिद्ध किया कि सब प्रकार के शासन तत्त्व का निर्माण आपसी समझौते पर होता है। यह व्यक्तिगत समता और समानता का प्रणेता था। उसका विचार था कि शासनतंत्र व्यक्ति के वैशिष्ट्य को क्षुब्ध करते हैं, अतः इन तंत्रों के खिलाफ विद्रोह करके ही व्यक्ति अपनी स्वतंत्रता प्राप्त कर सकता है। कानून के अर्थ और तर्क पर प्रकाश डालनेवाला मोंटेस्क्यू भी एक महान विचारक था। मोंटेस्क्यू के योगदान द्वारा शासक वर्ग के प्रति विद्रोह की भावना ने जन्म लिया और साधारण मनुष्य के व्यक्तित्त्व को बल मिला ![5]

19वीं शताब्दी में यूरोप में कुछ ऐसा परिवर्तन हुआ जिसके कारण यूरोपीय देश कृषि प्रधान न होकर उद्योग प्रधान देश हो गए। विजित देशों से प्राप्त कच्चे माल को विक्रय हेतु भेजे जाने के लिए नए-नए उद्योग-धंधे शुरू किए गए और यह प्रयत्न किया गया कि कम से कम मनुष्यों के द्वारा अधिक-से-अधिक माल का उत्पादन किया जाए। इस माल को विदेशी मंडियों में बेचकर पूँजी उत्पन्न करने में सभी यूरोपीय देश एक-दूसरे से होड़ कर रहे थे। अधिक उत्पादन के लिए मशीनों का आविष्कार हुआ। इस मशीनीकरण की वृद्धि में विज्ञान ने भरपूर सहयोग दिया। परिणामतः बड़े-बड़े मिल और कारखाने बनाए जाने लगे जिनमें सैकड़ों लोग बिना एक-दूसरे को जाने तथा बिना स्वामी से परिचित हुए काम करने लगे। साधारण मनुष्य मशीन को चलाने और उसे नियंत्रित करने के अतिरिक्त किसी और काम का नहीं रहा। इससे उसके जीवन में असुरक्षा, अलगाव और अजनबीपन का भाव उत्पन्न हुआ। विज्ञान का चतुर्दिक विकास होने के बाद भी मनुष्य अधिक-से-अधिक शक्तिहीन होता गया। जिन परिस्थितियों पर उसका अधिकार था, वह उसकी सीमा से बाहर होने लगीं और वह व्यक्तिगत परिधि में सिकुड़कर रह गया।

इस मशीनीकरण के कारण मनुष्य एक वस्तु बनकर रह गया, जबकि वह अपनी क्षमता को सर्जनात्मक ढंग से कर्ममय जीवन तक चरितार्थ करना चाहता था। यह स्वाभाविक ही था कि ज्यों-ज्यों मशीन का विकास होता गया, आदमी अपने आपको कटा हुआ और बेसहारा महसूस करता गया। मशीनी सभ्यता ने मनुष्य और उसके जगत के बीच अलगाव और विसंगति खड़ी कर दी। मनुष्य जीवन में यांत्रिकता की गत्यात्मकता प्रविष्ट हो चुकी थी और मनुष्य हर रोज़ बिना किसी परिवर्तन के एक जैसे क्रियाकलाप करता रहता था, जिससे वह स्वयं एक मशीन का पुर्जा बना। परिणामतः उसके जीवन में एक ही क्रम से काम करते रहने से ऊब उत्पन्न हुई। इसी ऊब 'बोरडम' के कारण वह स्वकेंद्रित हुआ। नीत्शे ने

मशीनीकरण के कारण आधुनिक मानवीय संकटबोध का अनुभव किया—'यह हमारा दुर्भाग्य है कि आधुनिक वैज्ञानिक युग, जिससे हम प्रगति, सुरक्षा, समृद्धि और मुक्ति की आशा करते थे, हमें अस्तित्व संबंधी असुरक्षा, कुंठा, मानसिक तनाव और युद्ध की विभीषिका देने में समर्थ हुआ।'[6] इन आसुरी वृत्तियों के कारण मनुष्य का अस्तित्व संबंधी विश्वास मिटने लगा। मानव की इस संकटग्रस्त स्थिति को देखते हुए एरिकफ्राम स्पष्ट घोषणा करते हैं—'19वीं शताब्दी में ईश्वर मरा तो 20वीं शताब्दी में मनुष्य मरणोन्मुख हो गया।' यह मनुष्य 19वीं शताब्दी में एक ऐसे दर्शन की खोज में प्रवृत्त हुआ, जो बढ़ते हुए विज्ञान और बदलते हुए मूल्यों के बीच, मनुष्य की समस्याओं का समाधन कर सके।

वैज्ञानिक उन्नति उद्योगों के विकास का कारण बनी तथा उत्पादन के मशीनीकरण के कारण औद्योगिक क्रांति का जन्म हुआ। कारखानों के मालिक पूँजीपति बनते गए और साधारण जनता निर्धनता का शिकार हुई। औद्योगिक क्रांति के कारण आर्थिक शक्ति का केंद्रीकरण कुछ थोड़े से व्यक्तियों के हाथों में आ गया। धीरे-धीरे सामाजिक असमानताएँ उत्पन्न हुईं। मनुष्य को एक जड़ पदार्थ मान लिया गया। उसके तमाम क्रियाकलाप उद्योगों की उन्नति में सहायक हों, यही प्रयास किया जाता रहा। तकनीकी सभ्यता के साथ वस्तुपरक चिंतन का विकास हुआ। 'वस्तुपूजा' का भाव इसी पूँजीवाद की देन है। श्रमिकों ने अपनी रक्षा हेतु पूँजीपति के विरुद्ध विद्रोह किया। वैयक्तिकता की इसी भावना ने धीरे-धीरे अस्तित्ववादी चिंतन को बल दिया।

फ्रांस की क्रांति ने फ्रांस में ही नहीं, पूरे यूरोप में समयोचित परिवर्तन किए। नए विश्वासों ने सभी अंधविश्वासों, रूढ़ियों और अत्याचारों के विरुद्ध क्रांति कर मनुष्य की स्वतंत्रता, समानता और भ्रातृत्व का एलान किया। इस क्रांति ने पूरे यूरोप में जन-जागरण के युग का आरंभ किया। फ्रांस के स्टेट जनरल ने राजा और पादरियों के साथ प्रतिनिधित्व स्वीकार कर लुई XVI पर अभियोग चलाकर उसे मृत्युदंड दिया। जनता के हिताहित को ध्यान में रखते हुए नैशनल कन्वेंशन की बैठक बुलाई गई और फ्रांस को स्वतंत्र घोषित कर दिया गया। फ्रांस की क्रांति के साथ ही साधारण जनता द्वारा राज्य संचालन का संकल्प पूरा हुआ। इस क्रांति के कारण अन्य यूरोपीय देशों में भी साम्राज्यवादी शक्तियों का ह्रास हुआ और जनशक्तियाँ उभरकर आगे आईं। निरंकुश राज्यसत्ता, सामाजिक अव्यवस्था और धार्मिक दुष्प्रवृत्तियों के विरुद्ध मानव ने अस्तित्व की पुनर्स्थापना के लिए नवीन मानव मूल्यों की खोज प्रारंभ की।

बुर्जुआ सभ्यता, जो अपने चरम विकास पर थी—प्रथम महायुद्ध के बाद ध्वस्त होने लगी। प्रथम महायुद्ध से उत्पन्न भयानक परिस्थितियों ने मानव को ऐसे संकट में ला खड़ा किया कि संसार उसे निरुद्देश्य लगने लगा और वह अपने लिए ही एक अजनबी बन बैठा। इस युद्ध में हुई हानि का प्रभाव न केवल उन देशों पर

पड़ा जो युद्ध की विभीषिका झेल रहे थे, अपितु अन्य विकासशील देश भी इस प्रकोप से बच न सके। इस महायुद्ध के बाद मानवीय जीवन में निराशा, अस्वीकृति, विद्रोह एवं यथार्थता का कटु अनुभव हुआ। नित्यप्रति अपने मित्रों, प्रियजनों, सहयोगियों को सत्य का आलिंगन करते देख मनुष्य ने स्वयं के अकेलेपन की तीव्रता का अनुभव किया ! सभी संस्थाएँ, सभी सभाएँ, परंपराएँ, व्यवस्थाएँ खोखली साबित हुईं। इस खोए जीवन में उसने अपनी वैचारिक भूमि के लिए अपने अस्तित्व को चुना। अस्तित्व अब मनुष्य के लिए कोई असंदिग्ध तत्त्व न होकर वह सत्य बन चुका था जिसके आधार पर उसने अपने जीवन की समस्याओं को समझने व सुलझाने का प्रयास किया। इस कार्य में तत्कालीन विचारकों ने मनुष्य की सहायता की। मानवीय विपन्नता ने ही उन्हें, जो प्रत्यक्षतः इस विपन्नता का अनुभव कर चुके थे, बाध्य किया कि वे मनुष्य की स्थिति को परिभाषित करने के लिए उसकी आंतरिक एवं बाह्य सचाई की खोज करें। यह वह समय था जब मनुष्य किसी विशिष्ट और संकरी विचारधारा की सच्चाइयों से बंधे और सीमित रहने को तैयार न था। धर्म द्वारा प्रतिपादित प्रतीक एवं परंपराएँ न केवल क्षीण हुईं, अपितु मनुष्य के मन में उनके प्रति विद्रोह भी प्रकट होने लगा। अतः वह सुरक्षित मूल्यों के स्थान पर जीवंत मूल्यों की ओर बढ़ने लगा।

पूरे यूरोपीय महाद्वीप पर दिशाहीनता छाई हुई थी; आर्थिक मंदी के कारण चारों ओर अधिनायकवादी सरकारें अपना शिकंजा जमा चुकी थीं। जर्मनी और इटली में इस प्रकार की सरकारें अपने पूरे जोर पर थीं। अधिनायकवादी शक्तियों के टकराव के कारण सन् 1939 में द्वितीय महायुद्ध प्रारंभ हो गया। हेडेगर, सार्त्र, कामू और काफ्का ने युद्ध की विभीषिका को प्रत्यक्षतः भोगा। सार्त्र रेसिस्टेंस मूवमेंट (Resistance Movement) में सक्रिय कार्यकर्ता रहे और मार्टिन व हेडेगर हिटलर के साथ थे। बर्देएव रूस से भागकर पेरिस गए तथा कामू उन मित्रों के संपर्क में थे जो अधिनायकवादी सत्ताओं के बंदी थे। जर्मन कैंपों में बंदी रहने के पश्चात् सार्त्र ने स्वयं अपने बंदी जीवन के अनुभव बताए—'हम सबके अधिकार छीन लिये गए, यहाँ तक कि बोलने का अधिकार भी हमें नहीं मिला। हमें प्रतिदिन हमारे मुँह पर अपमानित किया जाता...एक सर्वशक्तिसंपन्न पुलिस दल हमारी जबान पर प्रतिबंध लगाने के लिए मौजूद था...देश निकाला, बंदीगृह और विशेषकर मृत्यु हमसे संबद्ध एक प्रकृति बन गए थे...प्रत्येक अवसर पर हम 'मनुष्य नश्वर प्राणी है' की सामान्य कहावत चरितार्थ करते थे।'[7] युद्ध की विभीषिका इन विचारकों के लिए चिंतन का विषय बन चुका था। सार्त्र युद्ध के बाद की स्थिति का बोध कराते हुए लिखते हैं—'सुनसान दूकानें और गलियाँ युद्ध की विनाशलीला से उत्पन्न भय और त्रास का परिचय दे रही थीं।'[8] कामू यद्यपि एक बौद्धिक व्यक्ति था, किंतु उसने केवल बौद्धिकता को ही अपना कर्तव्य नहीं बनाया। द्वितीय महायुद्ध के दौरान कामू ने इस बात का प्रत्यक्ष अनुभव किया

कि नाज़ीवाद हिंसा पर आधारित है और व्यक्तिगत मनुष्य-जीवन को घृणा की दृष्टि से देखता है।

ये सभी अस्तित्ववादी चिंतक अधिनायक व तानाशाही सरकारों, महायुद्धों व औद्योगीकरण से उत्पन्न स्थितियों के कारण समूह मानव के उद्भव से क्षुब्ध थे। उनके अनुसार भीड़ के सामने अकेला मानव मौन शहादत के लिए विवश है। इस विश्व युद्ध के कारण सार्त्र व कामू की अपनी जोखिमभरी अनुभूतियों के भीतर से कीर्केगार्द के विचारसूत्र और धारणाएँ तथा नीत्शे से हेडेगर तक की दर्शनिक उपपत्तियाँ एक नई आभा लेकर उपस्थित हुईं। सार्त्र व कामू ने कीर्केगार्द एवं नीत्शे की ईश्वर विरोधी, कार्ल यास्पर्स व हेडेगर की विज्ञान विरोधी उपपत्तियों की अपेक्षा जीवनगत त्रास, वेदना, अजनबीपन, निरर्थकता और उबकाई तथा विसंगति की स्थितियों का परिचय दिया। ये विचारक न केवल इनसे परिचित थे, अपितु इन्होंने इसके भीतर जीवन का प्रामाणिक अनुभव किया। अतः ये चिंतक अकादमी में कैद दर्शन के माध्यम से अस्तित्व का बोध और उस पर आए संकट का इज़हार न कर सके।

अस्तित्ववादी चिंतकों की मूल विशेषता उसकी प्रतिरोध भावना रही। इन चिंतकों ने लोकतांत्रिक, फासिस्ट व समाजवादी समाज में व्याप्त सामूहिकता की भावना का प्रतिरोध किया। कीर्केगार्द ने जनमत द्वारा व्यक्तित्त्व को सपाट बनाने की प्रक्रिया का विरोध किया। यास्पर्स ने आधुनिक मशीन द्वारा मानव विलयन का, मार्सल ने जीवन के बढ़ते हुए समाजीकरण और राज्य की निरंकुश शक्ति का तथा फ्रांस के अस्तित्ववादियों ने नाज़ीदमन का विरोध किया। मानव पर ईश्वर, समाज, राज्य अथवा तानाशाही साम्राज्य की शक्तियों से मुक्ति ही अस्तित्ववादी चिंतन का अभीष्ट रही है। इन चिंतकों को स्वतंत्रता की अपेक्षा मुक्ति का मार्गदर्शक कहना अधिक श्रेयस्कर होगा। इनके अनुसार यह मुक्ति मानव की अपनी ही स्वतंत्रता की अनुभूति से संभव है। इसीलिए उन्होंने स्वतंत्रता के दर्शन का प्रवर्तन किया।

अस्तित्ववादी चिंतकों के लिए मानव संकट से उत्पन्न अलगाव की भावना केंद्रीय भावना है। अलगाव की अनुभूति मनुष्य के सभी संबंधों में विद्यमान है। वह संबंध चाहे मनुष्य और मनुष्य के बीच हो अथवा वर्गों, राष्ट्रों और विचारधाराओं के बीच। संबंधों के बीच इस अलगाव को समझने के लिए ही इन चिंतकों ने अपनी अनुभूतियों को शुद्ध दर्शन द्वारा नहीं, वैचारिक प्रस्तावना द्वारा स्पष्ट करना चाहा। इसके लिए इन विचारकों ने चिंतन का भी सहारा लिया और साहित्य का भी। इनका चिंतन, साहित्य में अधिक मुखर हुआ। परिणामतः यूरोपीय साहित्य को इन विचारकों से वह उपलब्धि प्राप्त हुई जिससे समस्त संसार का साहित्य प्रभावित हुआ।

इससे पूर्व सार्थक चिंतन को उत्प्रेरित करनेवाला ऐसा साहित्य कभी नहीं लिखा

गया। शीतयुद्ध के दौरान इतनी बौद्धिकता देखने को नहीं मिली। लेकिन उसके बाद यह चिंतन स्वर किसी स्थान अथवा देश में दबे न रहकर समस्त संसार में फैल गया। दुनिया ने देखा कि साधारण मनुष्य भी मानव दर्शन की ओर उन्मुख हुआ और उसके द्वारा अपनी समस्याओं का समाधान ढूँढ़ने लगा।

दार्शनिकों ने अवश्य ही अस्तित्ववादी चिंतन को एक साहित्यिक रुझान और युद्धोत्तर निराशा की लहर अथवा ऐसे अन्य महत्त्वहीन नामों से पुकारा। उन्होंने कहा कि संत्रास, मृत्यु, क्षण, निराशा, दर्शन के विषय नहीं हो सकते। गिलबर्ट राइल ने अस्तित्ववाद की आलोचना करते हुए स्पष्ट किया कि 'अस्तित्ववादी चिंतन विनाश की ओर ले जानेवाला दर्शन है। इसमें एक आत्महंता व्यक्तिपरकता है और दूसरा विसंगति का रहस्यवाद।' कुछ विचारकों के अनुसार अस्तित्ववाद एंटीवैल्यू (Anti-Value) है क्योंकि वह भय और संत्रास से भरा है। लेकिन आज इस तथ्य को नकारा नहीं जा सकता कि जिजीविषा का संघर्ष, दोहरा जीवन और 'न्यूरोसिस' समाज के एक बड़े भाग को आक्रांत कर रहे हैं। इसी क्रम में दर्शन को जीवन से जोड़ने के प्रयास में अस्तित्ववादी चिंतन का महत्त्वपूर्ण योगदान रहा है।

कुछ ईसाई दार्शनिकों के अनुसार अस्तित्ववाद निराशा का दर्शन है। जे. एम. स्पॉयर ने अपनी प्रसिद्ध पुस्तक 'क्रिश्चयेनिटी एंड एक्जिस्टेंशियलिज्म' की प्रस्तावना में स्पष्ट किया है कि अस्तित्ववाद निराशा की ओर ले जानेवाला सोच है तथा भविष्य की कोई कल्पना नहीं देता। उसके अनुसार 'आधुनिक मानव उस भीड़ के झुंड जैसा है, जिसका कोई संचालक नहीं। चिंताओं और निराशा में जकड़ा हुआ ऐसा मनुष्य इधर-उधर भटक रहा है।'[10] सार्त्र ने अपनी पुस्तक 'एक्जिस्टेंशियलिज्म एंड ह्यूमेनिज्म' में इस कथन का विरोध किया है और बताया कि अस्तित्ववाद न तो नास्तिक दर्शन है, न निराशा का दर्शन। उसके शब्दों में—'समस्या ईश्वर के होने या न होने की नहीं, समस्या तो मानव के अस्तित्व की है। उस मानव की जो अपने को निर्मित करना चाहता है और जिसके निर्माण में ईश्वर के होने, न होने का साक्ष्य कोई स्थान नहीं रखता। अस्तित्ववाद आशावादी दर्शन है क्योंकि यह कर्म से संबंधित है। जो लोग अपने कर्मों का उत्तरदायित्व अपने से परे शक्तियों पर डालते हैं वे अवश्य इस दर्शन से निराश होंगे।''[11]

तो क्या इस विचारधारा को पृथक् दार्शनिक सिद्धांत के रूप में स्वीकारा जा सकता है?

फ्रांस में एक प्रभावी आंदोलन साबित होने के बावजूद भी चिंतकों ने अस्तित्ववाद को विचारों का एक फैशन मात्र माना। बहुत से अस्तित्ववादी कहलानेवाले चिंतकों ने स्वयं इस 'लेबल' को अस्वीकार किया है। अस्तित्ववादी कहे जानेवाले लेखकों में विशेष रूप से यास्पर्स, हेडेगर और सार्त्र में भी मूल

तथ्यों के प्रति सहमति नहीं। पॉस्कल और कीर्केगार्द समर्पित ईसाई थे, नीत्शे व दोस्तोव्स्की ईसाई विरोधी। काफ्का, कामू व रिल्के के विचारों पर ध्यान देने और उन्हें अस्तित्ववादियों की पंक्तियों में जोड़ने पर उनके बीच केवल एक ही साम्य दिखाई देता है, वह है उनकी विकट वैयक्तिकता। इसी समस्या को लेकर सार्त्र आदि ने अस्तित्ववादी चिंतन को आंदोलन का रूप दिया जिससे यूरोप का ही नहीं, विश्व का चिंतन और साहित्य प्रभावित हुआ। सार्त्र के अनुसार—यद्यपि हमारे कार्य हमारी मृत्यु द्वारा सीमित होते हैं, किंतु हम अपने कार्यों की पूर्णता के लिए अन्य लोगों की सहायता ले सकते हैं—वे ऐसे सहयोगियों को 'कामरेडस इन आरम्स' की संज्ञा देते हैं। अतः दार्शनिक आंदोलन के रूप में यह एक नया आंदोलन था, जिसने तर्कपूर्ण अव्यावहारिक दर्शनों का अतिक्रमण कर उनकी महत्त्वहीनता सिद्ध की। अस्तित्ववाद को मात्र इसी बात का श्रेय दिया जा सकता है कि उसने व्यक्तिगत स्वातंत्र्य को श्रेष्ठता दी। लेकिन किन्हीं विशेष परिस्थितियों में मनुष्य एकजुट होकर अपने परिवेश का परिष्कार किस प्रकार कर सकता है, यह दिशा देने में अस्तित्ववादी विचारक सर्वथा असमर्थ रहे हैं। यह चिंतनधारा इतनी बिखरी हुई है कि उसे 'School of thought' मानकर किसी भी समाज का ध्येय निश्चित नहीं किया जा सकता। वास्तव में यह दर्शन नहीं, अपितु परंपरागत दर्शन के विरोध में उत्पन्न भिन्न-भिन्न प्रतिक्रियाओं का समुच्चय एवं जिजीविषा का दर्शन है।

अस्तित्ववादी चिंतन ने पारंपरिक मूल्यों को नकारा और बौद्धिकता तथा वैयक्तिकता को नया आयाम दिया, लेकिन नए मूल्यों की अनवरत खोज ने उसे दार्शनिक स्थिरता प्राप्त न होने दी। कोई व्यवस्था, नियम और सिद्धांत व्यक्तिपरक मूल्यों पर आधारित नहीं किया जा सकता। किसी भी दर्शन की स्थापना के लिए कुछ सिद्धांतों की स्थापना अवश्य होनी है। किंतु नीत्शे के अनुसार, 'क्या है' से अधिक महत्त्वपूर्ण है 'कैसे है' उसने बताया कि किसी भी सिद्धांत की वस्तुपरकता से किसी विचारक की आत्मपरकता अधिक महत्त्वपूर्ण होती है। अस्तित्ववाद का व्यक्ति-स्वातंत्र्य का सिद्धांत कितना भी आकर्षक क्यों न हो, दर्शन के रूप में अस्तित्ववाद लगभग लुप्तप्राय हो गया है। उसकी आत्मपरकता व विज्ञान विरोध स्वयं में एक रूढ़ि बन चुका है। उसमें वह क्षमता नहीं रह गई कि वह संसार को नई दिशा प्रदान कर सके।

भारतीय सन्दर्भ

जीवन को प्रेरणा देना और उसे गतिशील बनाना दर्शन का काम है। इस तथ्य को ध्यान में रखने पर यह नहीं कहा जा सकता कि दर्शन केवल निर्णयों के विश्लेषण और पदार्थों के वर्गीकरण का काम ही करता है। जिन लोगों का यह मत है कि पिछली कुछ शताब्दियों में भारत ने दार्शनिक स्तर पर कोई प्रगति नहीं

की वे दर्शन का स्वरूप उसकी अमूर्तता और नियमनिष्ठता में ही देखते हैं। वे इकबाल के इस कथन का अर्थ भी नहीं समझ पाते—'कुछ बात है कि हस्ती मिटती नहीं हमारी'। वास्तव में यह 'कुछ बात' भारत के दर्शन में ही निहित है।

भारत में नए विचार, नई शक्तियाँ सदा अतीत से उग्रविच्छेद के बिना ही आत्मसात होती रहीं और भारतीय दर्शन व जीवन में एक निरंतरता बनी रही। अतीत अथवा परंपरा के प्रति आसक्ति ने भारतीय चिंतन को आगे बढ़ने से नहीं रोका। भारतीय चेतना ने प्रारंभ से ही स्वीकृत मूल्यों के पुनर्निरीक्षण और पुनर्निर्माण की प्रवृत्ति दिखाई है। भारतीय दर्शन में चिंतन और कर्म की एकता पर बल दिया गया है, उसे केवल बौद्धिक अनुशासन ही नहीं माना गया। पश्चिम की तरह, यहाँ दर्शन के अध्येता पेशेवर अध्यापक नहीं रहे और न ही यहाँ के दार्शनिक निरे तार्किक बनकर ही संतुष्ट रहे।[13] भारतीय दार्शनिक परंपरा बहुत हद तक व्यावहारिक रही है। यही कारण है कि उसने चिंतन प्रक्रियाओं पर नहीं, जीवन की समग्रता पर ही बल दिया है।

मानवीय गौरव की प्रतिष्ठा भी हमारी परंपरा रही है—मानवीय गौरव, स्वतंत्रता, समानता, स्वाधीन चिंतन व लोक-कल्याण हमारी परंपरा के महत्त्वपूर्ण तत्त्व रहे हैं। कार्ल मार्क्स जैसे विद्वान ने भी हमारी इस विलक्षणता को पहचाना था और इसकी ओर संकेत किया था—मनुष्यों की चेतना उनके अस्तित्व को निर्धारित नहीं करती वरन् यह उनका सामाजिक अस्तित्व है जो उनकी चेतना निर्धारित करता है। "यूरोप के विपरीत एशिया में ग्राम-संगठनों की एक ऐसी अद्वितीय परंपरा थी, जिसने एशिया में साधारण जन के स्वाभिमान को और उसके अधिकारों को बनाए रखा। वह उस तरह विघटित नहीं हुआ जैसे यूरोप में।"

एक और तथ्य जो भारत को पश्चिमी देशों से अलग करता है, उसकी धार्मिकता है। यद्यपि आधुनिक भारतीय मानव नए मूल्यों को ग्रहण करने को तैयार है, किंतु उसकी चिंतन दृष्टि आज भी धर्म से निर्धारित होती है। यूरोप में बौद्धिक क्रांतियाँ धर्म के विरोध में हुई, किंतु भारत में प्रत्येक बौद्धिक आंदोलन धर्म के पुनर्निर्माण पर जोर देता रहा। स्वामी विवेकानंद और योगिराज अरविंद, जिन्हें आधुनिक भारत के बौद्धिक पुनर्जागरण का श्रेय प्राप्त है—धार्मिक विचारक ही थे। भारत पश्चिम की धर्म निरपेक्षता के प्रति सदैव सतर्क रहा है यह सतर्कतापूर्ण दृष्टि आज भी बनी हुई है।

यूरोप में राजनीति की भूमिका भारत से भिन्न रही। वहाँ प्रबुद्ध विचारक मानते थे कि मानव-नियति को केवल राजनीति की परिभाषाओं में ही समझा जा सकता है। भारतीय मानस राजनीति को भी धर्म के माध्यम से समझने का प्रयास करते हैं। महात्मा गाँधी ने राजनीति को नैतिक प्रतिमानों से संबद्ध कर समूचे राष्ट्र की आत्मा को छू लिया। नीत्शे ने अपनी पुस्तक 'Beyond Good

& Evil' में असत्य को जीवन की एक अनिवार्य शर्त माना है और गाँधी जी ने अपनी आत्मकथा 'My Experiments with Truth' में सत्य को ही परमेश्वर कहा है। नीत्शे सदृश विचारकों के कारण पश्चिमी मानव नैतिक मूल्यों से परे एक ऐसा प्राणी है जो असत्य को सत्ता प्राप्ति का साधन मानता है किंतु ऐसी स्थिति भारत में नहीं आने पाई। एक और बात जो भारत के साधारण मनुष्य को पश्चिम के सामान्य व्यक्ति से अलग करती है वह थी, भारतीय सामान्य जन में निजस्व की कमी। इस कमी को वह अपने आरोपित सिद्धांतों द्वारा पूरा कर रहा था। भारतीय जन के आंतरिक विकास की लंबी प्रक्रिया का श्रीगणेश भी न हुआ था कि आज़ादी की लड़ाई का बिगुल बज उठा। जो लोग इस राष्ट्रीय स्वतंत्रता संग्राम में लगे थे उन्हें उचित-अनुचित मूल्यों के बीच अंतर समझने का समय ही न था। नारों और जुलूसों के बीच सोचने और समझनेवाले को मूर्ख और देशद्रोही माना जाता था। ऐसे संक्रमण काल में निजस्व की कल्पना और अस्तित्व का आग्रह, मात्र दुराग्रह ही माना जा सकता था। साथ ही भारतीय समाज में अस्तित्व को उस अर्थ में ग्रहण नहीं किया गया जिस अर्थ में पश्चिमी देशों में। पश्चिम में अस्तित्व की समस्या बुनियादी समस्या बनकर उभरी।

भारतीय जन मानस में नायक-पूजा की प्रवृत्ति ने भी सामान्य जन में व्यक्तित्त्व का विकास नहीं होने दिया। वास्तव में यह नायक लोग अपने मानसिक विकास, प्रतिभा, उपलब्धि और सामाजिक स्तर के कारण अनजाने में अहंकार के इतने शिकार हो जाते हैं कि उन्हें सामान्यजन के व्यक्तित्त्व में वह आस्था नहीं रहती जो उनसे अभीष्ट है। वे अपने गुणगान सुनते-सुनते इतने 'दिव्य' हो जाते हैं कि साधारण जन के साथ खड़े होने में भी झिझकते हैं। उचित होता यदि सामान्य भारतीय जन, चेतना प्राप्त कर स्वयं आगे आता तथा नायक का उल्लंघन और अतिक्रमण कर अपनी नियति को सीधे अपने हाथ में लेता। इस उल्लंघन और अतिक्रमण से देश अथवा समाज अशक्त होता ऐसी बात नहीं, इतिहास साक्षी है कि जब-जब देश पर संकट आया साधारण भारतीय जन ने चुनौती का मुकाबला हिम्मत से किया। इस प्रकार धार्मिक, राजनीतिक और सामाजिक आन्दोलन भारत में मुख्य रूप से मनुष्य को इन तीनों की जकड़बंदी से मुक्त करने के लिए सक्रिय हुए। अस्तित्ववाद भी सभी संस्थानों की जकड़बंदी से मनुष्य को मुक्त करने का प्रयास है। किन्तु अस्तित्ववाद व्यक्ति की इस मुक्ति या स्वतंत्रता को दार्शनिक और तात्विक स्वरूप में ग्रहण करता है। जबकि भारतीय धार्मिक, राजनीतिक और सामाजिक आन्दोलन और स्थितियां मनुष्य की मुक्ति के दार्शनिक और तात्विक स्वरूप पर बल नहीं देती।

भारतीय धर्म, दर्शन, समाज और राजनीति की आधुनिकता इस बात में निहित है कि मोक्ष या मुक्ति के तात्विक और आत्यंतिक स्वरूप से कतराते हुए लौकिक स्तर पर मानवमुक्ति की किसी धारणा को विकसित करे। इस प्रकार

भारत में आधुनिक स्थितियाँ मानव स्वतंत्रता या मानव-मुक्ति की तात्त्विक या तत्त्वदार्शनिक व्याख्या के अनुकूल नहीं रहीं।

भारतीय संदर्भ में किसी भी आन्दोलन ने मानव जीवन में संस्थानों की उपस्थिति को ही समाप्त करने का प्रयत्न नहीं किया। उन्हें बदलने, समयोपयोगी बनाने का प्रयत्न किया। इसलिए व्यक्ति, मानवीय संस्थान और साधकता के बीच संबंधों में तनाव, उग्रता और संघर्ष अवश्य परिलक्षित किया जा सकता है किन्तु ये एकदम विच्छिन्न नहीं हुए। इसी कारण अस्तित्व के तात्त्विक प्रश्न को उठाने के लिए भारतीय स्थितियाँ अधिक दबाव नहीं डालतीं।

यांत्रिक युग की वह निरंकुश अमानवीयता भी हमारे देश में नहीं आई जिसके कारण साधारण जन को अस्तित्व की भयानक चिंता सताती है। हमारा देश कृषि प्रधान है और यहाँ के लोगों ने उद्योगों के केंद्रीयकरण का घातक परिणाम भी नहीं भोगा। साथ ही यूरोप में सारे यांत्रिक विकास का उपभोग अधिक-से-अधिक विघातक अस्त्रों के निर्माण में भी हुआ। भारत में यह स्थिति अभी नहीं आई और न ही निकट भविष्य में इसके पनपने की कोई संभावना है। पश्चिम में मशीनी सभ्यता ने मानव मन में ऐसी ग्रंथियाँ डाल दीं, उसकी सामाजिक चेतना और काम-प्रवृत्ति को इतना विकृत कर दिया कि वह भयानक उलझन में पड़ गया। भारत में यांत्रिकता और पूँजीवाद का अधिक विकास न होने के कारण यहाँ का साधारण जन इतना मनसा-क्लीव नहीं बना जितना पश्चिम में। शायद इसीलिए उसे अस्तित्व की पश्चिम जैसी गंभीर चिंता नहीं रही।

भारत का पुनर्जन्म का सिद्धांत मृत्यु को इतनी दुर्बोध कष्ट कल्पना नहीं बनने देता जितना कि पश्चिम में। भारत का साधारण व्यक्ति कहता है--'जैसे कपड़ों के फट जाने पर उन्हें त्याग दिया जाता है, वैसे ही शरीर के जर्जर हो जाने पर मनुष्य उसे त्यागकर नया शरीर धारण कर लेता है'। इस विचारधारा में मृत्यु, समग्र विनाश नहीं, एक घटना है। भारतीय चिंतन इस दिशा में आशावादी है। अस्तित्व की समाप्ति यहाँ शरीर की समाप्ति का पर्याय नहीं। पश्चिम में मृत्यु की भयंकरता का बोध अस्तित्व के प्रति एक जबरदस्त लगाव पैदा करता है, जिसके कारण वहाँ के जनमानस में अस्तित्वपरक प्रवृत्तियाँ अधिक तीव्रता से उभरीं। भारत में इन परिस्थितियों का निर्माण न हो सका--कारण था यहाँ के जन-जीवन में पुनर्जन्म की आशावादिता।

एक और महत्त्वपूर्ण कारण जिसने भारत में अस्तित्ववाद को बढ़ने से रोका, वह है, यहाँ के मनुष्य का मूल्यों को व्यक्तिगत न मानकर समाजगत मानना। भारतीय विचारक के अनुसार मूल्यों को निरपेक्ष रूप से आत्मगत मानना व्यक्ति व समाज को मूल्यहीनता की ओर अग्रसर करना है। 'बहुजन हिताय बहुजन सुखाय' वाले देश में इस मूल्यहीनता का प्रसार होना आसान न था।

यूरोपीय देशों में युद्धोत्तर त्रास और टेक्नोलॉजी के आसन्न संकटबोध से उत्पन्न सांस्कृतिक संक्रमण और मूल्यहीनता का द्वंद्व अस्तित्ववादी विचारधारा के रूप में प्रकट हुआ। इन देशों में इस द्वंद्व की आत्यंतिक स्थिति का बोध वहाँ के सामाजिक और राजनीतिक परिवेश की विसंगतियों के कारण हुआ। सांस्कृतिक विघटन का द्वंद्व भी पौराणिक चेतना के विपर्यय का कारण रहा। वैज्ञानिक युग से उत्पन्न चेतना को ग्रहण करने की उत्सुकता एवं आकुलता के कारण वैयक्तिकता पर विशेष बल दिया जाने लगा। यूरोप के कुछ तत्त्वचिंतक इसे उद्दाम वैयक्तिकता का विस्फोट मान इसकी भर्त्सना करने लगे, किंतु वास्तव में यह वहाँ के मानव की उन्मुक्त चेतना की ओर एक साहसी कदम था।

वैयक्तिक चेतना का उदय भारत के लिए अपेक्षाकृत नवीन अनुभव है। जिन सामाजिक बाध्यताओं की टकराहट से पाश्चात्य चेतना विभक्त हुई, उनका प्राथमिक अनुभव हमें प्राप्त नहीं हुआ। नवीन प्रयोगों के प्रति आकर्षण होते हुए भी एक सशंक चेतना ने भारतीय व्यक्तित्त्व को उस सीमा तक नहीं जाने दिया जिसके स्पर्श से पाश्चात्य चेतना खंड-खंड हो अपनी गति खो बैठी है। 'पाश्चात्य चेतना एक संतुलित जीवन केंद्र एवं उसके स्थायी मूल्यांकन के लिए भटक रही है। इसके अतिरिक्त भारतीय चेतना ने स्वीकृत मूल्यों को पुनर्निरीक्षण करने की प्रवृत्ति दिखाते हुए भी पाश्चात्य-मार्ग का अंधानुकरण नहीं किया। उस मार्ग की भयावह मंजिलों की चेतना पाकर वह अपना नवीन मार्ग बना लेने के लिए सचेष्ट है। अपनी सांस्कृतिक परंपराओं का फिर से परीक्षण और विश्लेषण कर अपने खोए हुए गौरव को पाने के लिए कटिबद्ध है।'

स्वातंत्र्योत्तर भारत के धार्मिक, दार्शनिक, राजनीतिक, सामाजिक और आर्थिक क्षेत्रों में चेतना के बिंब अवश्य प्रस्फुटित हुए। व्यक्ति में चेतना एक निश्चित स्वरूप पाने लगी, परंतु समाज के भीतर ही। फिर भी स्वतंत्र इकाई के अर्थ में वैयक्तिक चेतना का अस्तित्व दूर ही रहा। भारत में वैयक्तिक चेतना का रूप व्यक्तिगत और विशिष्ट नहीं, समाजगत, समूहगत और संश्लिष्ट ही रहा। इस युग में भारत में भी ज्ञान-विज्ञान के नवीन स्वर गूँजे, उन्होंने भारतीय चिंतन एवं दर्शन की नवीनता के संदर्भ में संसार को देखने के लिए प्रेरित किया। वैयक्तिक चेतना अलौकिक से लौकिक की ओर आकृष्ट हुई। धर्म और समाज के क्षेत्र में सुधारवादी दृष्टिकोण प्रविष्ट हुआ, आर्थिक क्षेत्र में भौतिकवादी और राजनीति के क्षेत्र में स्वाधीनतावादी चेतना ने जन्म लिया। यूरोप के पास जो पूँजी थी उसमें विज्ञान नहीं, एक तत्त्व था जो भारत को नवीन लगा और जिसे भारत ने खुशी-खुशी स्वीकार कर लिया। बाकी प्रत्येक दिशा में भारत ने अपने अतीत की पूँजी टटोली और अपने प्राचीन को नवीन करके वह नए मार्ग पर अग्रसर होने लगा।

इस नई चेतना ने निवृत्ति के स्थान पर प्रवृत्ति को महत्त्व दिया, वैदिक धर्म की प्रवृत्ति मार्गी धारा को प्रत्यावर्तित किया, संसार की सत्यता में मनुष्य

के विश्वास को बढ़ाया, मानव मानव के बीच एकता में वृद्धि की। इसी नई दृष्टि के जरिए राजा राममोहन राय ने विज्ञान का वेदांत से समन्वय किया। अवतारवाद तथा मंदिर-तीर्थों के बंधन को नकारा एवं बहुदेववाद और शुद्ध ईश्वरवाद के भेद को मिटाया।

भारत की दार्शनिक परंपराएँ 'सर्व दुखं' पर आधारित रही हैं किंतु यह दुःखवाद निराशावाद नहीं रहा। दर्शन का दुःखवाद भारतवासियों की कोमल वृत्ति का सूचक है, निराशा का नहीं। भारत के दार्शनिक दिमागी कसरत के लिए नहीं, लोक-कल्याण के लिए दार्शनिक चिंतन करते रहे। 'बहुजन हिताय और बहुजन सुखाय' से उनकी आशावादिता प्रकट होती है, निराशा नहीं। भारत सदैव अनेकता में एकता का वाहक रहा। अतः यहाँ अस्तित्वपरक विचारधारा के लिए सशक्त पृष्ठभूमि तैयार न हो सकी।

यद्यपि भारत में यांत्रिकता, औद्योगीकरण और भीड़ संस्कृति का इतना प्रचार- प्रसार नहीं रहा और अस्तित्व पर वह संकट दिखाई नहीं पड़ा जो यूरोप में। किंतु एक विदेशी सत्ता द्वारा पराजय, शोषण और अवमानना के कारण भारतीय जन-जीवन में गहरी वेदना अवश्य बस गई। पहला अथवा दूसरा महायुद्ध यद्यपि भारत की भूमि पर नहीं लड़ा गया था, किंतु उसका परिणाम समूचे संसार पर पड़ा और भारत इससे अछूता न रह सका। इन युद्धों के बाद मँहगाई, बेरोज़गारी और भुखमरी का जो दौर रहा उसके कारण यहाँ के जन-जीवन में सुख और सुरक्षा की वह भावना न रह गई, जो इससे पूर्व पाई जाती थी।

भारत विभाजन से उत्पन्न कठिनाइयों ने भी इस असुरक्षा की भावना को प्रबल किया। एक बहुत बड़े जन-समुदाय की चिकनी कोमलता वास्तविकता की खुरदरी कठोरता में बदल गई। सत्ता का युग आते ही आदर्शों की भव्यता निस्तेज पड़ने लगी और सारी परिस्थितियों में अंतर्निहित असंगति और अविवेक स्पष्ट प्रकट होने लगे, चारों ओर भयानक विघटन एवं गहन निराशा दिखाई पड़ने लगी। नेता लोग ज्वलंत यथार्थ से कतराने लगे। वे अपने हित, अपने 'कैरियर' व अपनी भव्यता के जाल में फँस गए। साधारण मनुष्य को लगा कि उसका सारा कर्म उसके अपने चिंतन और विवेक से उद्भूत होना चाहिए। वह अपने कर्म के लिए स्वयं उत्तरदायी होने की बात सोचने लगा। अपने हिताहित को सोचता-समझता साधारण भारतीय जन आत्मकेंद्रित होने लगा। परिणामस्वरूप परिवार, समाज और राष्ट्र के ढाँचे चरमराने लगे और चरमराने का यह क्रम आज भी जारी है।

मानवीय संबंधों में दरारें और विसंगतियाँ दिखाई देने लगीं। सदियों पुराने सत्य झूठे पड़ने लगे। अनिश्चय, अनास्था, निराशा और द्वंद्व की प्रवृत्तियाँ बढ़ने लगीं। इन स्थितियों के समाधान के लिए पारंपरिक चिंतनधारा अनुकूल नज़र न आई। इस कमी को पूरा किया अस्तित्ववादी चिंतन ने। उसने आधुनिक भारतीय जन को अपने चिंतन से निर्मम, निष्ठुर और निर्भीक बनाया। अस्तित्ववाद

के वस्तुगत चिंतन ने उसकी स्वर्ग, नरक, वैकुंठ आवागमन की अमूर्त कल्पनाओं को महत्त्वहीन साबित कर दिया। साधारण भारतीय अन्य लोक की ओर न देखकर, इसी लोक की ओर देखने लगा। अपनी समस्त व्यथाओं और विसंगतियों की पृष्ठभूमि में भी उसमें जीवन जीने की अदम्य आकांक्षा और अपूर्व जिजीविषा जाग्रत होने लगी।

साहस, निर्णय और कर्मठता की पूँजी लेकर आधुनिक भारतीय जन ने नए उद्योगों की स्थापना की। भारत कृषि सभ्यता से यांत्रिक सभ्यता की ओर बढ़ने लगा। यांत्रिक सभ्यता का अर्थ है भौतिकवादी–पूँजीवादी सभ्यता। इस सभ्यता ने नई समस्याएँ पैदा कीं। वर्ग संघर्ष की समस्या इन समस्याओं में प्रमुख रही। संयुक्त परिवार टूटने लगे और समाज में बिखराव आया। परिवार का स्थान व्यक्ति ने लिया और समाज का स्थान वर्ग ने। मित्रता, सज्जनता, सहयोग और सहानुभूति–सबकी परिभाषाएँ बदलने लगीं।

भारतीय जन मानस के समक्ष बहुधर्मी समाज को राष्ट्रीयता में बाँधने की समस्या थी। इसका निदान उसने अपने आपको धर्म निरपेक्ष राज्य घोषित करते हुए किया। दूसरी समस्या थी पूँजीवादी प्रजातंत्र और मार्क्सवादी साम्यवाद के बीच चुनाव करने की। उसने दोनों के बीच का मार्ग अपनाया। यह मध्यम मार्ग था प्रशासनिक क्षेत्र में प्रजातंत्रवाद का और राष्ट्रीय, सामाजिक क्षेत्र में समाजवादी-समाज का। भारतीय जन जीवन की भौतिक उन्नति के क्रम को इसी आधार पर देखा और समझा जा सकता है।

रजनीपाम दत्त के अनुसार, देश की नीतियाँ दोमुँही हैं। इसका साम्राज्यवाद, सामंतवाद और इजारेदार पूँजी से वर्ग टकराव और अंतर्विरोध है...साथ ही ये नीतियाँ समझौतावादी और ढुलमुल भी है।[14]

आज़ादी के बाद के वर्षों में भारत का औद्योगीकरण तथा विशेषकर बुनियादी उद्योगों के निर्माण, सार्वजनिक क्षेत्र के निर्माण व विस्तार समाजवादी देशों से सहयोग तथा मोटे तौर पर अंतर्राष्ट्रीय क्षेत्र में साम्राज्यवाद विरोधी नीति, रजवाड़ों की समाप्ति, भूमि सुधार तथा इजारेदारों के हितों पर चोट इत्यादि जो कदम उठाए गए, उन्हें इसी आधार पर समझा जा सकता है।

साथ ही पूँजीवादी तरीके से विकास के इस रास्ते के परिणामस्वरूप न सिर्फ यह कि विकास जन-आवश्यकताओं, संभावनाओं की तुलना में बहुत सीमित और धीमा हुआ और उसका बोझा भी मेहनतकश जनता पर डाला गया, जिसके कारण लोगों के जीवन में सुधार न हो। ज्यादातर उनकी कठिनाइयाँ बढ़ी हैं, मँहगाई, बेरोज़गारी की हालत गंभीर हुई है तथा देश के अर्थतंत्र को संकटों के दौर से गुज़रना पड़ रहा है।

ऐसी स्थिति में भारतीय जन-जीवन में नए मूल्यों का विकास नहीं हो सका। गाँवों में जातिप्रथा, देवी-देवताओं में आस्था, परदा, बाल-विवाह, पुनर्जन्म, भाग्यवाद

और नगरों में शराब, फैशन, यौन-अराजकता, रेसकोर्स, सिनेमा, अश्लील साहित्य जैसे पतनशील बुर्जुआ मूल्यों का ही विकास हो सका।

आज हमारे समाज में वैयक्तिक चेतना परिवार, समाज, राष्ट्र की दीवारें फाँदकर अपने भीतर निर्मित अँधेरे बंद कमरे में बैठ गई है। तो क्या इस चेतना का प्रभाव मंगलमय रहा है ?

भारत में अस्तित्ववादी चिंतन का प्रभाव दिखाई अवश्य पड़ा, किंतु भारत इससे ग्रस्त नहीं हुआ। भारतीय चिंतन के अनुसार अस्तित्ववादी चिंतन में एक जबरदस्त बिसंगति है। भारतीय मूल्य समाजगत हैं। भारतीय विचारकों के अनुसार आत्मगत–मूल्य मूल्यहीनता को बढ़ावा देकर समाज को मनसा क्लीव व पुंसत्वहीन बनाएगा। इस आशंका की पुष्टि करते हुए डॉ. रामविलास कहते हैं–'यूरोप के जिन देशों पर विजय पाने में हिटलर को सबसे ज्यादा आसानी हुई, उनमें पहला नंबर फ्रांस का था। वहाँ का मध्यवर्ग जिस मानसिक दुर्बलता से ग्रस्त था–उसका एक रूप था–अस्तित्वाद।'[15] धर्मवीर भारती का कहना है–'अस्तित्ववाद एक तीव्र संहारकारी अनास्था मात्र है, एक विराटकाय विध्वंसकारी संशय जो सारी स्थापित मर्यादाओं के मूल को ही नहीं मानता। जो एक सीमाहीन शून्यता के सागर में निरुद्देश्य डोल रहा है।''[16]

अस्तित्ववादी चिंतन लोगों को संगठनबद्ध, सामूहिक कार्यवाही की अनुमति नहीं देता। वह अपने निजत्व को सामाजिक संबंधों से बचाकर रखने का प्रयास करता है। परिणामतः इसने एक कल्पनालोक का निर्माण किया और अपनी ही रूढ़ियों से समझौता कर लिया। वास्तव में गति, प्रेरणा, आशा और विश्वास मानवीय अस्तित्व के विकासक्रम में शाश्वत सूत्र हैं, किंतु अस्तित्ववाद में इन्हें कोई स्थान नहीं दिया गया। अनिश्चय, अनास्था, निराशा और कुंठा की स्थिति उपेक्षणीय नहीं, किंतु उसे किसी भी हालत में अभीष्ट नहीं माना जा सकता। इन्हें चिंतन की उत्स भूमि तो किसी भी प्रकार नहीं बनाया जा सकता। टूटे हुए आदमी का दर्शन भी विकृत ही होता है। व्यक्ति का स्वस्थ विकास ही दर्शन का दायित्व है। समाज में व्यक्ति की प्रसन्नता, संपन्नता एवं पूर्ण विकास ही सर्वोपरि है। नए यथार्थवाद से समाज को समृद्ध करने का दायित्व भी समाज द्वारा अपनाई जानेवाली चिंतनधारा का ही है। प्रचलित मान्यताओं और व्यवस्थाओं की आलोचना कर व्यक्तिवाद के नाम पर कुछ विद्रोही बातें कर लेने से समाज का कल्याण नहीं हो सकता।

एक बात और–बिना आर्थिक विकास के व्यक्ति की राजनैतिक अथवा वैयक्तिक-स्वतंत्रता की बात करना भ्रामक है। आर्थिक अभाव में यदि एक व्यक्ति श्रम बेचने को स्वतंत्र है तो दूसरा उसे खरीदने को। ताकतवर की स्वतंत्रता उसे शोषण और उत्पीड़न की ओर ले जाने में सहायक होगी और निर्बल की आत्मा नाश की ओर। व्यवहार की मर्यादा के बिना कोई भी स्वतंत्रता वैयक्तिकता को

सुरक्षित नहीं रख सकती। मूल्यों की मानववादी सामाजिक व्याख्या और आचरण की सक्रिय परिणति ही सच्चे दर्शन की पहचान है। इसके विपरीत मूल्यों की व्यक्तिपरक व्याख्या बंजर और दिशाविहीन होगी; इसमें दो राय नहीं।

वैयक्तिक स्वातंत्र्य के नाम पर अनियंत्रित कार्य करना, अथवा ऐसी ही अनावश्यक हरकत करना मूर्खता की पराकाष्ठा है। प्रगतिशील मान्यताओं की अस्वीकृति का अर्थ है—बड़े पैमाने पर आत्महत्या। अस्तित्ववादी चिंतन के विद्रोह की जड़ में विवेक नहीं, एक अस्वीकृतिमूलक भावुकता है। इस भावुकता रूपी बालू की भीत पर हवाई किले बनानेवाले को कौन बुद्धिमान कह सकता है।

अस्तित्ववादी चिंतन के अनुसार सामाजिक जीवन और इतिहास व्यर्थ हैं। यदि प्रजातंत्र के स्थान पर फॉसिस्ट तानाशाही कायम हो जाए तो अधिकांश अस्तित्ववादी चिंतकों को कोई तकलीफ नहीं होगी। सामाजिक प्रतिबद्धता से उनका कोई सरोकार नहीं। किंतु जार्ज लुकाज के अनुसार, 'व्यक्ति का अधिकृत सांसारिक महत्त्व उसी स्थिति में बन सकता है जब वह केवल अपनी ही शक्तियों के बल पर अपने अस्तित्व को बनाए रखने की बात न सोचे। ऐसा करना उसे विनाश की ओर ले जाएगा। व्यक्ति को अपने आपको उस मानवतावादी समाज का एक भाग बनाना होगा, जो आर्थिक, राजनैतिक और सांस्कृतिक रूप से विजय प्राप्त करने में संघर्परत है।'

भारत में अंग्रेजी राज के विदा लेने के बावजूद भी पश्चिमी देशों ने यह कभी नहीं चाहा कि भारत में पूँजीवाद और पश्चिम के सांस्कृतिक प्रभाव में कमी आए। यूरोपीय ढाँचे पर अर्थव्यवस्था और उन्हीं के अनुकरण में सांस्कृतिक प्रगति—यही पश्चिमी देशों की आंतरिक इच्छा रही। सांस्कृतिक प्रभाव के लिए उन्होंने अंग्रेजी को चुना और उसके माध्यम से अपनी विचारधाराओं के प्रचार-प्रसार का मार्ग सुगम किया। यहाँ के साहित्यकार पश्चिमी साहित्य के अध्ययन की ओर उन्मुख हुए और प्रभावस्वरूप अपने साहित्य में भी उसी विचारधारा को अंगीकृत कर अपनी रचनाओं में कुछ हद तक वैसी अवास्तविक परिस्थितियाँ उभारने का प्रयास करते रहे। जीवन की मूल्यहीनता के कारण व किसी भी नए मूल्यों के अभाव में यहाँ के बुद्धिजीवी वर्ग ने अस्तित्ववादी विचार का सहारा लिया और साथ ही वे पश्चिमी अश्लील साहित्य को भी अंगीकृत कर आधुनिक होने का दावा करने लगे। पूँजीवाद और ये मूल्यहीन विचारधाराएँ एक-दूसरे की पोषक हैं। इन विचारधाराओं में सबसे मायावी और ऐंद्रजालिक विचारधारा है—अस्तित्ववाद।

अस्तित्ववाद वह चिंतनधारा है जिसे संसार के पूँजीवादी देश मार्क्सवाद के विरोध के लिए प्रयुक्त करते रहे हैं। वे वास्तविक सामाजिक संघर्ष की बात नहीं करते। एक विकासशील देश के लिए व्यक्तिप्रधान विचारधारा उतनी ही दुर्भाग्यपूर्ण है जितनी किसी अपंग को मदिरा पिलाना। जैसे पहले कहा गया

है, भारतीय दर्शन और यहाँ का जन मानस एक सुदृढ़ आधार रखता है। इस आयातित विचारधारा का इन पर प्रभाव पड़ना आसान न था। ज्वलंत यथार्थ से कतरानेवाले वे साहित्यकार, जो हाथी दाँत की मीनारों में बैठे हैं, इस विचारधारा के वाहक अवश्य बने। जो बुद्धिजीवी पूँजीवादी प्रभाव द्वारा प्रारंभ किए गए युद्धों की विभीषिका से गुज़रे—जिनमें ज्याँपाल सार्त्र प्रमुख हैं—उनका झुकाव मार्क्सवाद की तरफ रहा और उन्होंने उन मान्यताओं को स्वीकार नहीं किया जिनका आज इस देश में साहित्य के माध्यम से प्रचार किया जा रहा है।

यदि भारतीय चिंतन का उदय भारतीय जन-जीवन से न हुआ तो उस थोपे हुए अथवा झपट्टा मार कर अपनाई गई विचारधारा का प्रचार स्वार्थ अथवा साज़िश नहीं तो और क्या है ?

संदर्भ

1. J. Von Rintelen - Beyond Existentialism (Introduction)
2. Kurt F. Reinhardt - Existentialist Revolt, p. 17
3. John Passmore - A hundred years of Philosophy, p. 468.
4. विलड्रॅट—दर्शन की कहानी, पृ. 238
5. E.D. Breadby - A short history of French Revolution, p. 6
6. Kurt F. Reinhardt - The Existentialist Revolt, p. 7-8
7. J.P. Sartre - The Republic of Silence, p. 498-499
8. J.P. Sartre - The Reprieve, p. 177
9. Marry Warnock - Existentialism, p. 134-135
10. J.M. Spier - Christianity and Existentialism (Introduction)
11. J.P. Sartre - Existentialism and Humanism, p. 56
12. J.P. Sartre - Existentialism and Humanism, p. 39-40
13. वी.सी. नरवणे—आधुनिक भारतीय चिंतन (भूमिका)
14. रजनीपाम दत्त—भारत : वर्तमान और भावी, पृ. 2
15. डॉ. रामविलास शर्मा—नई कविता और अस्तित्ववाद, पृ. 94
16. डॉ. धर्मवीर भारती—मानव मूल्य और साहित्य, पृ. 129

भारतीय संदर्भ और अस्तित्ववादी पारिभाषिक शब्द

स्वातंत्र्योत्तर हिंदी साहित्य में अस्तित्ववादी विचारधारा के कुछ पारिभापिक शब्दों का प्रयोग पर्याप्त प्रचलित हुआ। वैयक्तिक-स्वातंत्र्य, संत्रास, मृत्यु, क्षण, आत्मपरायापन, अकेलापन, अजनवीपन तथा एव्सर्ड आदि पारिभापिक शव्द आज के साहित्य की शव्दावली का निर्माण कर रहे हैं। कहानी एवं उपन्यासों में भय, संत्रास, मृत्यु, असुरक्षा, निर्णय-विहीनता आदि प्रश्नों को उठाया जा रहा है तथा 'क्षण की तात्कालिकता की वात भी की जा रही है। अकेलेपन को ढोया जा रहा है और अजनबीपन की समस्या पर गंभीर वातचीत हो रही है'।

हिंदी साहित्य में इन शव्दों का प्रयोग नई कविता और नई कहानी के प्रणेताओं व समीक्षकों द्वारा आरंभ किया गया। आजकल के प्रायः कहानीकार चूँकि एक ही सामाजिक प्रतिक्रिया के परिणाम हैं और एक ही साहित्यिक संस्कारों में पले और बढ़े हैं, अतः उनके प्रेरणास्रोत भी इतने समान हैं कि प्रायः उनकी शव्दावली और उनके सोचने का ढंग एक-सा दिखाई पड़ता है। अज्ञेय जैसे व्यक्तिवादी लेखक इस स्वभाव की पुष्टि करते हैं—'एक पीढ़ी के लेखकों का अनुभव लगभग समान आधार पर होने के कारण उनकी जिज्ञासाओं के वैचारिक और रागात्मक संदर्भ एक- से होते हैं और इसीलिए आदान-प्रदान अधिक सहज और स्फूर्तिप्रद हो सकता है'।[1] जहाँ तक अज्ञेय की पीढ़ी का प्रश्न है, उस पीढ़ी के मुक्तिबोध, केदारनाथ अग्रवाल व त्रिलोचन शास्त्री जैसे लेखक अज्ञेय की इस वर्गीय सौंदर्याभिरुचि से असहमत हैं, अतः अज्ञेय का कथन एक पीढ़ी के स्वभाव का नहीं, अभिजात्यवर्ग के लेखकों की रुचि का ही संकेत देता है। वर्गीय लेखकों द्वारा इन शव्दों के साहित्य में आदान-प्रदान के कारण ही ये शव्द उनके जीवन में भी प्रचलित हुए। फलतः आज का बुद्धिजीवी साहित्यकार अपने साहित्य में कुछ ऐसे ही शव्दों का प्रयोग करता हुआ स्वयं को आधुनिक समझने लगा है। ये शव्द आज भी साहित्यिक शव्दावली के मुख्य शव्द माने जा रहे हैं। इन शव्दों के सही संदर्भ समझे बिना ही धड़ल्ले से इनका प्रयोग किया जा रहा है तथा तमाम व्यावसायिक पत्रिकाओं का पेट भरनेवाली कहानियाँ इन शव्दों के सहारे ही अपनी तथाकथित आधुनिकता का परिचय दे रही हैं। वैज्ञानिक एवं तकनीकी

दृष्टि से उन्नत पश्चिमी देशों में मानव नियति एवं मानव अस्तित्व की समस्या पर समाजशास्त्रीय, मनोवैज्ञानिक तथा तात्त्विक दृष्टि से विचार करनेवाले दर्शन विशेष के संदर्भ में तो ये शब्द नए नहीं, किंतु आधुनिक भारतीय संदर्भ में यह अवधारणा अवश्य ही नवीनता लिये हुए है।

पश्चिमी साहित्य और जीवन में इन शब्दों का प्रयोग वहाँ की परिस्थितियों के कारण उद्भूत अस्तित्व की चेतना का प्रतीक हैं। युद्ध की भयानक विभीषिका के कारण यूरोप के लोगों ने अपनी ही आँखों अपना विनाश देखा। एकाकीपन, अजनबीपन, ऊबकाई, असंगति, संत्रास, मृत्यु आदि शब्द उसी निराश जीवन की अभिव्यक्ति हैं। यह सत्य है कि भारत में भी बढ़ते हुए औद्योगीकरण, नौकरशाही व संबंधों में परिवर्तन के कारण उत्पन्न तनाव की स्थितियाँ व्यक्ति को निराश किए हुए हैं, लेकिन हिंदी-साहित्य में इन शब्दों का प्रयोग पश्चिमी साहित्य के प्रभावस्वरूप ही हुआ। 'भारतीय दर्शन में उस तरह की तीव्र दिशाहीनता, असंगति, अलगाव, भय और त्रास का वैसा रूप नहीं मिलेगा जैसा अस्तित्ववादियों ने हमारे सामने उपस्थित किया'।[2] यही कारण है कि हमारे सामान्य जीवन में अभी इस प्रकार के शब्दों को अधिक महत्त्व नहीं मिला। इसलिए आधुनिक उपन्यास के संदर्भ में जब-जब चर्चा हुई, उसके साथ ही संत्रास, अकेलापन, अजनबीपन, मृत्युबोध, क्षण आदि शब्दों को अनायास ही जोड़ दिया गया। ये शब्द स्वातंत्र्योत्तर औपन्यासिक कथ्य की संवेदना को अभिव्यक्त करते हैं। समय के बदलते 'मूड' के साथ ही कथाकार ने सामयिक भावबोध को अपने उपन्यासों का विषय बनाया।

इस अस्तित्ववादी पारिभाषिक शब्दावली को हिंदी साहित्य में निश्चित रूप से वह परिवेश व स्थितियाँ प्राप्त नहीं हैं जो पश्चिमी देशों में प्राप्त थीं। अतः निश्चित रूप से यहाँ के साहित्य में इन शब्दों के अर्थ व संदर्भ भी भिन्न होंगे। साहित्य के संदर्भ में इन शब्दों पर विचार करना समीचीन होगा।

संत्रास

नथिंगनेस' की अनुभूति से प्रतिक्रिया स्वरूप जो भाव उपजता है उसे 'संत्रास' कहा जाता है। संत्रास ही मनुष्य को जीवन के पूर्णत्व की ओर प्रेरित करता है। मनुष्य को अन्य प्राणियों से पृथक् जो विशेष अधिकार प्राप्त हैं उनमें एक है उसका संत्रस्त होना। संत्रस्त व्यक्ति अपने चारों ओर के परिवेश से चिंतित रहता है और उसमें नए समाधानों की खोज करता है। संत्रास की समाप्ति पर बौद्धिकता और साहस, दोनों का लोप हो जाता है।

संत्रास के विभिन्न रूप हैं—ऊब, उदासी और निराशा। अधिकृत व्यक्तित्त्व के लिए संत्रास का होना अनिवार्य है। संत्रास पर विजय प्राप्त करने के लिए मनुष्य चेतनापूर्ण निर्णय करता है और उन निर्णयों द्वारा अपने अस्तित्व संकट का मुकाबला करता है। उनामिनों ने अपने प्रसिद्ध ग्रंथ 'डॉन क्विकज़ोट' और

'संको पॉन्ज़ा' में संकोपॉन्जा के सुखद दिनचर्या के त्यागने पर और उसके सहयोगियों द्वारा मूर्ख वताए जाने पर निम्न प्रतिक्रिया व्यक्त की–'कुछ संकीर्ण मस्तिष्क के लोग भी हैं, जिनकी धारणा है कि असंतुष्ट मनुष्य की अपेक्षा संतुष्ट सुअर होना उचित है···किंतु जिसने मानवता का स्वाद ले लिया है वह भयंकर संत्रास के वीच भी असंतुष्ट मनुष्य होना पसंद करेगा, संतुष्ट सुअर होना नहीं।' मानव मन की यह वेचैनी जितनी तीव्र होती है उसकी उन्नति का मार्ग उतना ही प्रशस्त हो जाता है।

संत्रास और भय की स्थिति एक-दूसरे से भिन्न है। भय को समझा जा सकता है और उसका मुकावला किया जा सकता है। संत्रास अनबूझ है तथा उसे समझा नहीं जा सकता। भय का निराकरण अस्तित्व का रक्षक है और संत्रास का निराकरण अस्तित्व के लिए घातक है।

पश्चिम का अमानवीकरण और भयंकर अस्तित्व संकट वहाँ की विशिष्ट परिस्थितियों के कारण है। भारत के विध्वंस और विकृति ने मानवीय अस्तित्व के लिए ऐसी विकट स्थिति उत्पन्न नहीं की। यहाँ अस्तित्व के संकट का बोध परिस्थितिगत कम, वौद्धिक अधिक है। 'यहाँ' का मानव संत्रस्त है, लेकिन अपने प्रतिदिन के अभावों से, कष्टों से, अंधकारपूर्ण भविष्य से, आपसी कलह से–बस यही संत्रास की भूमिका है।[3] पश्चिमी देशों में संत्रास की एक लंवी परंपरा रही है और इसके पीछे एक पूरी विचारधारा का आधार भी रहा है, किंतु हमारे यहाँ स्थिति एकदम ऐसी नहीं है।

ऐसा नहीं कि यहाँ व्यवस्था का शिकंजा और विरूप स्थितियों का दवाव अनुपस्थित हो–अंग्रेजी राज में लोगों ने इसे भोगा और राजनीतिक स्वतंत्रता के बाद आज तक भी हर आदमी अपने को फालतू और असमर्थ पा रहा है। लेकिन यहाँ राजनीति के निरंतर कसते हुए शिकंजे अथवा भ्रष्टाचार का ही नहीं, गहराते हुए आर्थिक संकट का भी संत्रास है। हमारा आर्थिक संकट अधिकाधिक गहरा होता गया है, किंतु उस अनुपात से समग्र समाज की जनता तथा देश के पिछड़ेपन को मथनेवाली सांस्कृतिक चेतना तथा राजनीतिक संकट तेज नहीं हुआ। हमारे समाज में यदि संत्रास को अनुभव किया भी गया है तो बुर्जुआ व्यक्तियों के संत्रास को ही, वेरोजगारी, भुखमरी अथवा भ्रष्टाचार से उत्पन्न साधारण व्यक्ति के संत्रास को नहीं। यहाँ 'संत्रास का आत्मरोदन करनेवाले बड़े लेखक, बड़े-बड़े पत्रों के संपादक हैं, बड़ी अकादमियों के अफसर हैं, प्रसिद्ध विश्वविद्यालयों के स्कॉलर हैं। वे संत्रस्त हैं, इसलिए कि कहीं भविष्य में कोई सांस्कृतिक क्रांति उनकी सुरक्षा और निरापदता को खत्म न कर दें'।[4]

इन उच्चवर्गीय वुद्धिजीवी व्यक्तियों का संत्रास वास्तविक संत्रास न होकर कृत्रिम और फैशनरूपा है, जिसे वह अपने साहित्य और अपने भाषणों द्वारा ही स्पष्ट करते हैं। यह संत्रास दो-चार लोगों के मन का भूत छोड़ और कुछ नहीं।

जनता में संत्रास नहीं, बस इतना ही है कि लोग परेशान हैं, दुःखी हैं, खोए हुए हैं, झुँझलाए हुए हैं। साधारण व्यक्ति अपने बौद्धिक ऊहापोह से इतना त्रस्त ही नहीं हुआ कि संत्रास जैसी एकांतिक भयावहता का अनुभव कर सके। यह तो हिंदी के तथाकथित अस्तित्ववादी लेखक ही हैं जो 'संत्रास' के नाम पर जीवन के प्रति निषेधात्मक वृत्ति अपनाए हुए हैं। कुछ फैशनपरस्त लोग इस बोध से असंपृक्त केवल शब्दों के चमत्कार में उलझे हुए हैं। इसी फैशनपरस्ती के कारण 'संत्रास या एब्सर्डिटी' के नाम पर 'सेल्फ' को अलग आदमी बनाकर देखने की बहुत-सी कहानियाँ लिखी गयीं हैं। सार्त्र व कामू का अनुसरण उनमें है लेकिन भारतीय परिवेश और जीवन संदर्भों की सचाई नहीं। एक भंगिमा है जो मृत्यु, संत्रास, अकेलेपन, अजनबीपन, विसंगति वगैरह शब्दों की खोल में छिपी हुई और एक मिथ्या या छद्म विद्रोह की बात करती है।··· लेकिन यह त्रास-भोग पर्याप्त नहीं है। यह एक प्रकार का आत्मतोष है। आज इस प्रकार के चालू मुहावरे हवा में हैं। आवश्यकता इन चालू मुहावरों से मुक्त होकर वास्तविकता के सीधे साक्षात्कार की है'।[5]

यहाँ के बुद्धिजीवियों व लेखकों ने संत्रास को ही गलत समझा है। उनके लिए मशीनों की गड़गड़ाहट, महानगरीय जीवन की तेज रफ्तार ही संत्रास का कारण है। संत्रास का उल्लेख साहित्य को व्यावसायिक बनाने में अधिक हुआ है। कुछ काल्पनिक स्थितियों को गढ़कर अवश्य ही इन लेखकों ने संत्रास की भयानकता दिखाने का प्रयत्न किया है, लेकिन वह कामू के 'लपेस्टे' का मृत्यु-संत्रास, काफ्का के 'कायाकल्प' व 'मुकदमा' में वर्णित व्यवस्था या सत्ता का संत्रास अथवा सार्त्र के नायक का जेल में मृत्यु के संत्रास को भोगनेवाला संत्रास नहीं। संत्रास को चित्रित करने के लिए यहाँ केवल प्रयत्न किया गया है। अज्ञेय के 'अपने-अपने अजनबी' की स्थिति संत्रास की स्थिति से अलग बेजान और कृत्रिम घटना है। इसमें मृत्यु की दार्शनिक तर्कना का ऊहापोह तो है, वास्तविक स्थितियों को जीने या झेलने का विवरण नहीं। शेखर : एक जीवनी' का शेखर मृत्यु साक्षात्कार पर भी अपने जीवन को गौरवान्वित करने को उत्सुक दिखाई देता है। यह स्थिति कृत्रिमता का आभास देती है। इसमें जीवन की वास्तविकता से अलग काल्पनिक व गढ़े हुए संत्रास का चित्रण अधिक है। तथाकथित उच्चवर्गीय लोग बंद कमरों में बैठकर बौद्धिक स्तर पर संत्रास की कल्पना करते हैं तथा इस 'गहराती' स्थिति के दलदल में फँसे अपने अस्तित्व की सार्थकता पाना चाहते हैं। आज का लेखक अपनी स्थिति से इतना चिपका रहना चाहता है कि वह कभी भी कोई विरोध जाहिर करके किसी विरोधी संवाद में फँसना नहीं चाहता। तो क्या व्यक्ति संत्रास की स्थिति को झेलने के लिए अभिशप्त है?

संत्रास को सार्वकालिक और आज के आदमी की अनिवार्यता मानकर उसका सामन्यीकरण करना संभवतः उचित न होगा। संत्रास एक स्थिति है, इसमें

परिवर्तन व विकल्प की संभावना हो सकती है। इसके लिए व्यक्तिगत संत्रास के भोग की अपेक्षा उसके निराकरण का सामूहिक प्रयास उपयोगी होगा। जहाँ तक आकस्मिक संत्रास की स्थिति का प्रश्न है उस ओर आज का मानव प्रयत्नशील भी है। पश्चिमी संत्रास जीवन की नियति हो सकती है, लेकिन भारतीय संदर्भ में संत्रास के गत्यात्मक रूप की ही झलक मिलती है। वास्तविकता यह है कि पश्चिम में विकल्प की असंभाव्यता 'संत्रास' को एक गहन दार्शनिक धारणा में विकसित करती है, जबकि भारत में विकल्प की संभावना (क्षीण ही सही) संत्रास को, स्थिति से आगे दार्शनिक आशय में ले जाने में बाधक है।

मृत्युबोध

अस्तित्ववादी चिंतन में 'मृत्यु' को प्रामाणिक अस्तित्व की कसौटी माना गया है। 'मृत्यु' उनके लिए एक बाह्य अथवा वस्तुगत घटना न होकर 'व्यक्ति' से संबंधित एक आत्मगत अनुभव तथा जीवन का विधायक तत्त्व है। भारतीय दर्शन में मृत्यु जीवन-यात्रा को समाप्त नहीं करती, अपितु उसके एक पड़ाव का परिचय देती है। यही कारण है कि भारतीय दर्शन के अनुसार मृत्यु अस्तित्व की आत्यांतिकता की परिचायक नहीं। भारतीय चिंतन की इस परात्पर आशावादिता की अपेक्षा अस्तित्ववाद में वैयक्तिक आकुलता दिखाई पड़ती है। मृत्यु की अनिवार्यता भारतीय जन मानस में अस्तित्व को उन्मीलित नहीं करती। भारतीय चिंतन में आज भी 'पुनर्जन्म' की विश्वसनीयता नहीं, संस्कार तो बना हुआ है। मृत्यु की अनिवार्यता संभवतया यहाँ भी स्वीकार्य है, लेकिन मृत्यु के बाद भी मनुष्य अपने कर्मों के अनुसार जन्म-मरण को भोगता है। इसीलिए यहाँ अधिकृत जीवन के लिए इस जीवन को एक सोपान मानता है। 'पुनर्जन्म' की यह भावना ही मनुष्य को चरम भोग से दूर रखती है, लेकिन पश्चिमी देशों में पुनर्जन्म की संभावना ही नहीं है।

पश्चिम में 'मृत्युबोध' की भयानकता का कारण विश्वयुद्ध रहे हैं, जहाँ व्यक्ति ने मृत्यु के सम्मुख खड़े होकर उसकी भयावहता, क्रूरता और पाशविकता का अनुभव किया। भारतीय संदर्भ में इस ऐतिहासिक तथ्य को भुलाया नहीं जा सकता कि जर्मन आधिपत्य के दौरान मृत्यु की भयावहता में साँस लेते भयानक अत्याचारों का वह भोक्ता नहीं रहा। इतना अवश्य है कि यहाँ का लेखक वर्ग विभाजन के समय का रक्तपात, अमानवीय हत्याओं व जीवन की क्रूरता को अनुभव करता रहा है। लेकिन मृत्यु के प्रति क्रूरता व अनिश्चितता का अनुभव यहाँ नहीं हुआ। इसीलिए मृत्यु यहाँ एक स्थिति है, दर्शन नहीं। वह कौन सा मृत्यु बोध है, जिसे भारत का साधारण आदमी भोग रहा है ? मृत्यु की विभीषिका को एक बड़े पैमाने पर दोनों ही विश्वयुद्धों में यूरोप ने प्रत्यक्षतः भोगा है, तो क्या यही भारत के संदर्भ में भी सही है ? वस्तुतः भारतीय चिंतन में मृत्यु को

इतना असाधारण महत्त्व कभी नहीं दिया गया। हमारे ऋषियों और तत्त्वज्ञानियों ने मृत्यु के संबंध में इतना विचारा है कि मृत्यु उन्हें विचलित नहीं करती। हम मृत्यु को आकस्मिक और भयंकर मानते हुए भी उसकी निश्चितता के प्रति आश्वस्त हैं। हमारे यहाँ तो मृत्यु को एक साधारण औपचारिकता माना गया है, जो एक नए जीवन का द्वार खोलती है। हम तो प्राचीनकाल से आत्मा को अमर मानते आए हैं। पश्चिमी साहित्य में मानव को जिस ढंग से अवश और निरूपाय चित्रित किया है, वैसी दृष्टि भारत की कभी नहीं रही। यहाँ तो 'अहं ब्रह्मास्मि' और 'यथापिंडे तथा ब्रह्मांडे' का मंत्र जन-मन में फूँका गया है।

आधुनिक बोध व पश्चिमी साहित्य में मृत्युबोध के दर्शन के प्रभावस्वरूप यहाँ का मृत्युबोध महानगरीय-बोध से जुड़ा है, जो मानव को भीषण स्थितियों से जोड़ता हुआ उसे आतंकित किए हुए है। इस भीड़ भरे व जटिल परिवेश में नित्यप्रति कई लोग मरते हैं, लेकिन उनके लिए कोई चिंतित नहीं होता। किसी की मृत्यु पर यहाँ अब कोई रोता-बिलखता नहीं, अपितु औपचारिकता मात्र निभाता है। मृत्यु के प्रति आज का मनुष्य अधिक निर्लिप्त होता जा रहा है। आज का क्रिया-कलाप, संवेग और मानसिक व भौतिक आवश्यकताएँ इतनी अधिक यांत्रिक हो चुकी हैं कि कोई व्यक्ति अपने पड़ोसी की मृत्यु पर अपना एक दिन भी खराब नहीं करना चाहता। जीवन की ही भाँति मृत्यु को भी एक अनिवार्य स्थिति अथवा सामान्य कार्य मानकर उसकी उपेक्षा करता है। जीवन की भाँति मृत्यु भी वह सत्य है, वह अनिवार्य है, जिसे छोड़ सकना किसी के वश की बात नहीं है।

पश्चिमी 'मृत्युबोध' के दर्शन के प्रभावस्वरूप स्वातंत्र्योत्तर हिंदी साहित्य में मृत्यु पर विचार तो हुआ, लेकिन यहाँ के लेखकों ने मृत्युबोध की अपेक्षा 'आत्महत्या' को अपने साहित्य में अधिक महत्त्व दिया है। व्यक्ति के 'स्व' में और उसके दिन-प्रतिदिन के क्रियाकलापों में व्याप्त विद्रूपता उसे आत्महत्या के लिए मजबूर करती है। 'आत्महत्या' जिसे कामू विसंगति के समाधान के रूप की अपेक्षा उसे एक 'मेलोड्रामा' ही मानते हैं। कामू के अनुसार ' 'आत्महत्या' को नकारना और जीवन को आगे बढ़ाते रहने का मतलब किसी हद तक एब्सर्ड से समझौता करना है।[6] उनके मत में 'आत्महत्या को स्वीकार करना अपने अपराधों को स्वीकृति देना है।[7] जीवन के प्रति यह भाव आज के व्यक्ति का आत्मगत भाव नहीं, अपितु बाह्यारोपित है, जिसे झेलता हुआ वह निरर्थकता और फिर आत्महत्या की ओर अग्रसर होता है। यहाँ के वातावरण में व्यक्ति का मृत्यु-संत्रास कामू व सार्त्र के मृत्युबोध से अलग सामयिक मृत्युबोध व आत्महत्या का बोध है।

प्रेमचंद ने 'कफ़न' और 'पूस की रात' कहानियों में मृत्यु की अमानवीयता को उजागर तो किया है, लेकिन वहाँ 'मृत्युबोध' जीवन की असंगति के कारण मानव मूल्य के विघटन का कारण है। प्रेमचंद ने आधुनिक संदर्भों में आर्थिक

अभाव के कारण जीवन की कुरूपताओं को विश्लेषित किया है। मृत्यु का क्रूर रूप 'गोदान' और 'मैला आंचल' में क्रमशः होरी और बावनदास की मृत्यु में देखा जा सकता है। मृत्यु के प्रति डर एवं भय उन्हें विवेक से विचलित नहीं करता। 'मृत्यु' उनके लिए अस्तित्वगत खतरा नहीं उनकी मृत्यु तो उनके जीवन के अर्थ को आलोकित करती है। जीवन की इन असंगतियों को ही 'मृत्युबोध' के रूप में हिंदी उपन्यासों में अभिव्यक्ति मिली।

'शेखर : एक जीवनी' मृत्युबोध से ही आरंभ होता है, जहाँ शेखर फाँसी के तख्ते के नीचे बैठे क्षण-क्षण इसकी प्रतीक्षा करता है। लेकिन यहाँ मृत्युबोध जीवन की निराशा की अपेक्षा उसके जीवन को अधिक सक्रिय बनाता है। उसमें एक प्रकार की जीवंतता है जो अपने अस्तित्व और चेतना के ऊपरी परतों के नीचे गहरे छिपे अपने वास्तविक अर्थ को पाना चाहता है। अज्ञेय का 'अपने-अपने अजनबी' तो 'मृत्युबोध' की स्थितियों में भी जीवन के प्रति आस्थावान है। क्रिसमस के दिन धूप का निकल आना, धूप की वह थिलगी कहीं अंतर्मन में ही सेल्मा को आशावान बनाती है। 'मृत्यु-गंध-बोध' को आधार बनाकर लिखा गया यह उपन्यास अंततः आत्महत्या में परिणत होता है। मोहन राकेश के 'अंधेरे बंद कमरे' का हरबंस जीवन की कटुताओं से परेशान दरवाजा बंद कर मदिरापान करता हुआ अपने जीवन का अंत करना चाहता है। राजेंद्र यादव के 'मंत्रविद्ध' का तारक वैचारिक स्तर पर ही आत्महत्या का शिकार बना, नास्टेलजिया की स्थिति में जी रहा है। निर्मल वर्मा के 'लाल टीन की छत' में मृत्यु, संवेदना के स्तर पर ही उभरी है। 'वे दिन' में निर्मल वर्मा ने मृत्युबोध को कुछ भिन्न धरातल पर चित्रित किया है। जहाँ युद्ध की विभीषिका के कारण पात्र भयभीत हैं और युद्ध की छोटी-छोटी चीजें भी उन्हें आतंकित करती हैं। लेकिन निर्मल वर्मा ने भारतीय स्थितियों व पात्रों की अपेक्षा पश्चिमी वातावरण को ही उभारा है।

स्वातंत्र्योत्तर हिंदी उपन्यास-साहित्य में मृत्यु के क्षणिक साक्षात्कार से उत्पन्न भय को अभिव्यक्ति तो मिली, लेकिन अस्तित्व की जिस गहन समस्या को पश्चिमी अस्तित्ववादी चिंतकों ने चित्रित किया वैसा चित्रण इन उपन्यासों में नहीं हुआ, वैसी-संभावनाएँ ही यहाँ नहीं हैं। मृत्यु के आंतरिक भय से आक्रांत यहाँ का व्यक्ति जीवन के प्रति अधिक मोहग्रस्त दिखाई देता है। मृत्यु की संज्ञा यहाँ निराशापूर्ण नहीं, उसमें एक जिजीविषा है। इसीलिए निर्मल वर्मा 'बनैला आतंक' कहकर उसे टाल देना चाहते हैं और निरंतर यही अनुभव करते हैं कि घोर निराशा और दैन्य के क्षणों में भी यह ख़याल आता है कि 'मैं इस दुनिया में जीवित हूँ, हवा में साँस ले रहा हूँ, हमेशा एक मायावी चमत्कार-सा जान पड़ता था'।[5] कमलेश्वर इसके आतंक को वैचारिक स्तर तक ही महत्त्व देते हुए साहित्य में वर्णित मृत्युबोध को 'क्षमता-बोध' स्वीकार करते हैं। 'ये मृत्युबोध नहीं, क्षमता-बोध देती है—स्थिति को स्वीकार कर सकने की क्षमता और एक कठोर

वैचारिक दृष्टि से यातना, मृत्यु, अंतर्विरोध और भयावहता को देख सकने की सामर्थ्य।[9] कुछ फैशनपरस्त लेखक मात्र शब्दों के चमत्कार को ही साहित्य में उछाल रहे हैं। 'मृत्यु को लेकर तो ऐसी सुंदर उपमाएँ इधर जमा हो गई हैं कि मृत्यु मृत्यु न होकर नए कवियों को 'प्यारा गुलमुहर' का फूल लगती है'। यह लेखक क्षमता-बोध को ही मृत्युबोध समझकर केवल अपने में ही जीते हुए अकालमृत्यु के शिकार हो रहे हैं।

सार्त्र की 'द वाल' अथवा कामू का 'लपेस्टे' का मृत्युभय एवं मृत्युभय से उत्पन्न संत्रास अभिभूत और आक्रांत करता है, लेकिन हमारे यहाँ के लेखक का मृत्युबोध अस्तित्ववादी विचार की भंगिमा को अपना कर भी कृत्रिम व झूठा लगता है। कामू का 'लस्ट्रेंजर' जिस समाज की रचना है, वह भारतीय वातावरण में असंभव है। उपन्यास में म्योरसा अपनी माँ की मृत्यु पर न किसी प्रकार की भावुकता प्रदर्शित करता है और न ही आँसू बहाता है। म्योरसा का माँ की मृत्यु पर उसकी लाश के इर्द-गिर्द कुछ व्यक्तियों का बैठकर ताश खेलना, सिगरेट पीना, तथा म्योरसा का कॉफी पीना जिस वातावरण का निर्माण करता है, वह भारतीय सन्दर्भ में संभव नहीं। यहाँ बौद्धिक और शिक्षित व्यक्ति भी अपने माता-पिता को 'ओल्ड पीपुल्स होम' में नहीं भेजता। वह असंपृक्त रूप में भी कहीं भावात्मक स्तर पर उनसे जुड़ा रहता है। इसीलिए 'लस्ट्रेंजर' के 'मृत्युबोध' की अमानवीय स्थिति यहाँ के उपन्यासों में प्राप्त नहीं। स्पष्टतः यहाँ का मृत्युबोध अस्तित्ववादी चिंतन का नहीं, महानगरीय बोध एवं नित्यप्रति बढ़ते हुए पूँजीवादी समाज के अपरिहार्य परिणामों की अभिव्यक्ति है।

क्षण

अस्तित्ववादी चिंतन में वर्तमान क्षण एक व्यापक और गहन अर्थ रखता है। उसके अनुसार भविष्य एकदम अज्ञात स्थिति नहीं है जो अकस्मात प्रकट होती है और जिसकी इस समय चिंता नहीं की जानी चाहिए। व्यक्ति की आस्थाओं, विश्वासों, और उसकी आशंकाओं में भविष्य समाया हुआ है। वह एक रचनात्मक शक्ति है जो वर्तमान का अभिन्न अंग है। इसी प्रकार अतीत भी मूल्यवान है क्योंकि उसकी अच्छाई और बुराई वर्तमान का निर्माण करती है। अतीत और भविष्य वर्तमान से जुड़े हुए हैं और इस जुड़े हुए रूप में ही वर्तमान को समझना है। इसे ही हेडेगर ने तीन मनोदशाएँ बताया है। कीर्केगार्द ने, जो एक धार्मिक प्रवक्ता था, इस तथ्य का निरूपण इस प्रकार किया है—'क्षण, यद्यपि छोटा और नश्वर होता है, किंतु यह बहुत महत्त्वपूर्ण है क्योंकि यह अंततः शाश्वतता से जुड़ा है'। मनुष्य केवल अपने ही अतीत से बँधा नहीं अर्थात् उसके निज के निर्णय व चयन ने ही उसके वर्तमान का चयन नहीं किया, अपितु समाज, राज्य, जाति और परिवार ने भी इसमें सहयोग दिया है। हेडेगर के अनुसार वह एक ऐसा

उत्तराधिकारी है जो एक विशिष्ट उत्तराधिकार में ही जीता है। भविष्य की सभी कल्पनाएँ ऐतिहासिक अतीत को ध्यान में रखकर की जाती हैं। मनुष्य अपने अस्तित्ववादी चयन में सर्वथा स्वतंत्र नहीं है। वस्तुपरक इतिहास से अधिकृत जीवन प्राप्त करने के लिए भूतकालीन स्थितियों से तादात्म्य करना होगा। अतः कीर्केगार्द के ये शब्द बहुत महत्त्वपूर्ण हैं--'एक पीढ़ी दूसरी पीढ़ी के अनुभवों से कुछ नहीं सीख सकती, उसे उन परिस्थितियों को भोगना होगा'। कीर्केगार्द के अनुसार नई पीढ़ी प्रगति नहीं करती, पिछली पीढ़ी की पुनरावृत्ति करती है।

कामू 'क्षण' के उस रूप को महत्त्व देता है जिसमें व्यक्तिगत चेतना द्वारा निर्णय लिया गया है तथा जो इतिहास निरपेक्ष है। दूसरी ओर सार्त्र उस सामूहिक-निर्णय के क्षण को 'क्षण' मानता है जिसमें ऐतिहासिकता का सहयोग है। कामू के इतिहास-निरपेक्षता का यह अर्थ नहीं लगाना चाहिए कि वह इतिहाससम्मत निर्णय का विरोधी है। उसके अनुसार न तो ऐतिहासिकता का विरोध और न ही ऐतिहासिकता का मोह मनुष्य के निर्णय के लिए अनिवार्य है।

कामू और सार्त्र के अनुसार इतिहास का विश्लेषण किए बिना अधिकृत जीवन संभव नहीं। यदि केवल वर्तमान को भोगना ही लक्ष्य हो तो व्यक्ति केवल उदासीन क्रिया ही प्राप्त कर सकता है, उत्तरदायित्वपूर्ण सक्रियता नहीं। यह उदासीन सक्रियता व्यक्ति की जागरूक चेतना का परिचायक न होकर उसकी पराजित मनोवृत्ति का द्योतक है।

हिंदी की प्रयोगवादी कविता में 'क्षण के भोग' के प्रति विशेष रुझान प्रकट हुई। यह अनुभव किया जाने लगा कि अनुभूत सत्य की उपलब्धि किसी विशिष्ट क्षण में होती है, वह विशिष्ट क्षण ही जीवन का अद्वितीय क्षण है--

> 'आज के विरक्त इस क्षण को
> पूरा हम जी लें, पी लें, आत्मसात् कर लें।'[11]

क्षण की इस व्याख्या में 'क्षणभोग' की धारणा को स्वीकार किया गया है। वही क्षण महत्त्वपूर्ण है जो हमारा भुक्त क्षण हो, जहाँ न भूत हो, न भविष्य। शुद्ध वर्तमान ही कवि का सत्य है। 'हरी घास पर क्षण भर' और 'नदी के द्वीप' इसी शुद्ध वर्तमान क्षण की अभिव्यक्ति है। क्षण की यह अद्वितीय अनुभूति ही आत्यंतिक अनुभूति है। यही क्षण सत्य है शेष सब कुछ जीवन के संदर्भ हैं। मन्नू भंडारी की 'यही सच है' कहानी की दीपा 'क्षणभोग' को ही महत्त्व देती हुई जीवन की सत्यता पाना चाहती है। क्षण की सत्यता कभी उसे निशीथ के स्पर्श में—'मुझे लगता है, यह स्पर्श, यह सुख, यह क्षण ही सत्य है, बाकी सब झूठ है अपने को भूलने का भरमाने का, छलने का असफल प्रयास है तो कभी संजय के स्पर्श में'। दीपा अपने सामनेवाले उसी क्षण का भोग करती है, जो उसे अनुभूति की सत्यता देता है। आज व्यक्ति इसी क्षण में डूबकर वास्तविकता

का बोध करता हुआ शुद्ध वर्तमान में जीता है। लेकिन क्षण के आग्रह को वह मात्र क्षणिकता का आग्रह न मानते हुए उसके संतुलन पर भी बल देता है। स्वयं अज्ञेय ने भी स्वीकारा है कि 'क्षण का आग्रह कलाकार की अनुभूति की प्राथमिकता का आग्रह है।'

आधुनिक लेखक क्षण को पूर्वापर संबंधों से जुड़ा हुआ और उससे कहीं कटा हुआ भी अनुभव करता है। क्षण के प्रति यह अंतर्विरोध ही अकसर यहाँ के साहित्य में अधिक उभरा है। अपनी वैचारिकता में जहाँ वह क्षण को प्रवाहमय मानता है, वहीं रचना में उन्मुक्त, शुद्ध वर्तमान क्षण को भोगना चाहता है। आधुनिक लेखक की प्रगति की मर्यादा इसी क्षण की मर्यादा है, जिसका औचित्य किसी परिकल्पित अनुमानित भविष्य में नहीं, वरन् इसी क्षण की ठोस और यथार्थ परिस्थितियों में किए उसके विवेकपूर्ण आचरण में है। लेकिन विवेकपूर्ण आचरण में क्षण के औचित्य को माननेवाला कवि इससे भिन्न भी क्षण की महत्ता मानता है–

'मैंने यह बार-बार देखा था
निर्णय के क्षण में विवेक और मर्यादा
व्यर्थ सिद्ध होते आए हैं सदा।'

क्षण के प्रति लेखक का अंतर्विरोध उसका वैचारिक अंतर्विरोध है। 'शायद होता यह है कि हमारे अतीत और भविष्य का जगत–दोनों अकस्मात मिथ्या पड़ जाते हैं। बीच में बच जाते हैं हम, वर्तमान क्षण के वटपत्र पर, ताकि हम जीते रहें[12]–लेकिन तब होता क्या है ? 'अकस्मात किसी एक क्षण में हम पाते हैं कि यह सब है तो, पर अकस्मात हमारे लिए अर्थहीन हो गया है और हम विराट शून्य में अकेले छूटते जा रहे हैं और हम अकेले छूटना नहीं चाहते। जीना चाहते हैं और अनस्तित्व में से अस्तित्व पाने के लिए अभिव्यक्त करना चाहते हैं अपने को, और बिना संसार के हम अपने को अभिव्यक्त कैसे करेंगे ! अतः हम किसी एक स्तर पर मूल्य और अर्थ देते हैं। हर चीज को और हर चीज के माध्यम से अपने को।'[13]

क्षण को भोगते हुए भी व्यक्ति में दायित्व चेतना निरंतर बनी रहती है। वह क्षण को पूरी ईमानदारी से भोग लेना चाहता है। ईमानदारी से भोगे गए इन क्षणों के प्रति अपने दायित्व को भी वह वहन करता है–

'मुझे एक स्थिति दो, उस स्थिति का वातावरण दो
मैं उसके अनुकूल
उस प्रवाहित क्षण के दायित्व को
वहन कर लूँगा...'।[14]

दायित्व निर्वाह उनकी दृष्टि में जीवन के जागरूक क्षणों में जीना और उनके द्वारा प्राप्त अनुभव को भोगना ही कलाकार का दायित्व निर्वाह है। क्षण के प्रति यह दायित्व बोध उसे जागरूक व सतर्क बनाए रखना है–

> 'मैं आज जागकर खोज रहा हूँ
> वह क्षण जिसमें मैं जागा हूँ।[15]

इसीलिए वह कर्मरत जीवन के क्षण-क्षण की गतिशीलता को महत्त्व देता है यह क्षण यद्यपि विस्तृत परिवेश के अनुकूल न हो, किंतु उसकी तत्परता और गहराई अपने लघु परिवेश में ही इतनी गतिशील है कि वह हमारी चेतना को स्वप्नरत निस्तब्धता देने में सर्वथा शक्तिमान है।'[2]

आधुनिक साहित्य में भूत और भविष्य से अविच्छिन्न शुद्ध वर्तमान के क्षण को ही जीवन का सत्य माननेवाला लेखक जागरूकता और सक्रियता को भी बनाए रखना चाहता है। यहाँ भी वह अपने अंतर्विरोध से मुक्त नहीं हो पाया। पूरा इतिहासबोध और परंपरा बोध व उसी के क्रम में वर्तमान का विश्लेषण ही जागरूकता का परिचायक है और उसमें नवीन परिवर्तन लाना सक्रियता। लेकिन जब यथार्थ का स्वीकारना और क्षण का भोग ही लक्ष्य होगा तो उसमें उत्तरदायित्वपूर्ण सक्रियता की संभावना ही नहीं होगी। क्षणभोग की प्रवृत्ति व्यक्ति को भूत और भविष्य से विच्छिन्न मात्र भोगवादी दृष्टि देती है, चूँकि भविष्य अतार्किक है, इसीलिए व्यक्ति उसी वर्तमान क्षण में ही सब कुछ पा लेना चाहता है। कामायनी का मनु लालायित है उस क्षण को भोग लेने के लिए–

> 'कल फिर जब परिवर्तन होगा
> तो फिर कौन बचेगा'–

सतर्कता और जागरूकता की भावना तो व्यक्ति में है लेकिन उस अद्वितीय क्षण को भोग लेने की, किसी ऐतिहासिक दायित्व-बोध की भावना नहीं।

क्षण संबंधी इस धाराणा के केंद्र में आधुनिक युग की पश्चिमी विचारधारा की विशिष्ट सौंदर्याभिरुचि का विशेष आग्रह रहा है। इसीलिए इनका क्षण संबंधी दर्शन वास्तविक ठोस यथार्थ से भिन्न अमूर्त और वायवीय बनकर रह गया है। लेखकों का क्षणवाद अनुभूति की आवेगमयी सत्ता तक ही सीमित है, उसकी सजग चेतना की अभिव्यक्ति नहीं। 'नए कवि का हर क्षण अपने में पूर्ण और एक-दूसरे से अलग है। इसलिए वे जिस क्षण की अनुभूति अथवा क्षणिक सुख का चित्रण करते हैं, वह इंद्रियबोध या इंद्रियसुख तक ही सीमित रहता है और इंद्रियबोध की अत्यंत तीव्रता के कारण ही उसे क्षण की गहराई मान लेते हैं, जबकि इंद्रियबोध अनुभूति का प्रथम चरण है, इंद्रियबोध को भाव और चिंतन की अवस्था तक ले जाने के लिए क्षणों के जिस प्रवाह से गुजरना आवश्यक है, नए कवि

काल-प्रवाह में बहने से इनकार करके अपनी अनुभूति का सहज आवेग और विकासक्रम भी खत्म कर देते हैं।[16] संभवतया इसका कारण कवि की मूल प्रवृत्ति किसी भी जीवन खंड में प्रकट एक स्थिति, एक प्रसंग के अंतर्गत एक विशेष भाव को पकड़, उसे शब्दबद्ध करना है। वह उस भाव से संबद्ध अन्य सूत्रों को पकड़कर उन्हें प्रस्तुत नहीं कर पाता'।[17]

तो क्या यहाँ क्षण की धारणा पश्चिमी अस्तित्ववादी क्षण की धारणा के अनुकूल है ?

कामू क्षण के स्फोटात्मक रूप को अपने साहित्य में महत्त्व देता है। उसके 'लस्ट्रेंजर' में क्षण के इसी स्फोटात्मक रूप की अभिव्यक्ति है। उपन्यास का पात्र म्योरसा के जीवन की समस्त स्थितियाँ अतीत व भविष्य की घटनाओं से अविच्छिन्न वर्तमान रूप में ही उभरी हैं। इनमें कहीं कोई कार्य-कारण संबंध नहीं। सार्त्र की 'इंटीमेसी' कहानी भी इसी प्रकार के स्फोटात्मक क्षणों की अभिव्यक्ति है। सार्त्र और कामू का यह 'स्फोटात्मक क्षण' वह उचित समय ही है, जिसे मानव निर्णय द्वारा प्राप्त करता है। सार्त्र अतीत और भविष्य की संभावनाओं के बीच इसी निर्णयात्मक क्षण को महत्त्व देता है। सार्त्र सामाजिक दायित्व को स्वीकार तो करता है, लेकिन मात्र दर्शन के धरातल पर ही, व्यावहारिक धरातल पर नहीं।

भारतीय साहित्य में क्षण की असंबद्ध स्थितियों में भी कालक्रम की ही अपेक्षा की जाती रही है क्योंकि क्षणिकता का अपने में सार्थक व निरर्थक कुछ भी महत्त्व नहीं—'कितने ही क्षण हैं, कितनी ही स्थितियाँ हैं जो प्रत्यक्षतः असंबद्ध लगती हैं, पर कुल मिलाकर हमारे अर्ध-चेतन मन में लहर-पर-लहर इस एक बिंदु को उभारती रहती हैं और संपूर्ण जीवन-प्रक्रिया एक क्षण से संबद्ध हो जाती है'। स्फुट क्षण की परिणति अकविता और अकहानी में अवश्य हुई, जिसने समस्त नैतिकता को अस्वीकार किया है जो उसे अराजकता और पशुत्व की ओर ले जाती है।

'लस्ट्रेंजर' भावात्मक संबंधों की अनुपस्थिति के बाद आरंभ होता है, किंतु यहाँ के उपन्यास धीरे-धीरे भावात्मक संबंधों के अस्त होते जाने से आरंभ होते हैं। 'लपेस्टे' नए सिरे से मानव-संपृक्ति का बिंदु खोजकर आरंभ होता है। यह अलग बात है कि म्योरसा जो मानव दुःख के प्रति अपनी संपृक्ति व्यक्त करता है, अंततः पराजित होता है, किंतु हमारे यहाँ का कोई उपन्यास इस रूप में आरंभ नहीं होता।

संभवतया भारतीय जीवन में संबंध एकदम अनुपस्थित नहीं हुए। वे अवशिष्ट रहे हैं। इस कारण बहुत 'कैलस' स्तर पर (जैसा लस्ट्रेंजर में है) कोई हिंदी उपन्यास आरंभ नहीं होता और 'लपेस्टे' की तरह नितांत नया संपृक्ति बिंदु खोजकर भी आरंभ नहीं होता। शायद हमारे यहाँ संबंधों में तनाव और बिखराव की ही स्थिति है, उनकी अनुपस्थिति नहीं। संबंध अतीत, वर्तमान और भविष्य की निरंतरता में चरितार्थ होते हैं। हिंदी उपन्यासों में सामान्यतः यह क्षण धारा विक्षुब्ध टूटी-फूटी

तो है, किंतु उसकी निरंतरता एकदम अनुपस्थित नहीं।

अस्तित्ववादी क्षण नितांत आत्मपरक हैं। वह क्षण को भौतिक व ऐतिहासिक परिस्थितियों की अपेक्षा चेतना के धरातल पर ही ग्रहण करते हैं। लेकिन मात्र वर्तमान से लिपटे रहना पशुवत् है। मनुष्य चूँकि बौद्धिक विकास का परिचायक हैं, अतः मात्र वर्तमान से चिपके रहना उसके व्यवहार के विरुद्ध है और फिर भारतीय मनुष्य के पास ऐतिहासिकता, संस्कृति व सामाजिक इतिहास है, अतः वह उन्हीं में बँधा क्षण की निरंतरता का ही विश्वासी है। 'क्षणवाद का सिद्धांत अपने में ही अमूर्त, अपर्याप्त, अवैज्ञानिक है जो अबुद्धिवाद को प्रश्रय देता है।'[18]

परायापन (एलियनेशन)

एलियनेशन—अलगाव एक जटिल अवधारणा के रूप में आधुनिक युग की एक ऐसी समस्या है जो अपनी गिरफ्त में मानव-जीवन के सभी पक्षों को समेट लेती है। हिंदी साहित्य में आधुनिक 'भावबोध' के नाम पर जो अलगाव, अकेलापन अथवा अजनबीपन आया, वह निश्चित रूप से पश्चिम के अस्तित्ववादी चिंतन से प्रभावित है। 'एलियनेशन' की समस्या को लेकर अस्तित्ववादी और मार्क्सवादी चिंतन में काफी विरोध रहा है। अपने इसी विरोधी रूप में यह अवधारणा आज विश्व साहित्य की एक अबूझ समस्या बन चुकी है। लेकिन हिंदी साहित्य में इस भावधारा को समझने का प्रयत्न बहुत कम किया गया। यहाँ उसकी अस्तित्ववादी धारणा को ही (वह भी खंडित रूप में) ग्रहण कर उछाला गया है।

अतः भारतीय संदर्भ में 'आत्मपरायापन' अथवा 'परायापन' की धारणा के समझने से पूर्व मार्क्सीय और अस्तित्ववादी 'एलियनेशन' की अवधारणा पर विचार अपेक्षित होगा।

'एलियनेशन' को मार्क्स ने आधुनिकता के संदर्भ में व्याख्यायित किया। इससे पूर्व हीगेल और फॉयरबाख के चिंतन में आत्मपरायापन (ऐलियनेशन) की धारणा आदर्शवादी रही। हीगेल 'आत्मपरायेपन' की अमूर्त एवं नित्य धारणा को तथा फॉयरबाख इसके दैवतात्त्विक आधार को नृतात्त्विक आधार से स्थांतरित कर 'धर्म' में संस्थित करते हैं। मार्क्स ने कार्य की प्रकृति में इसके विशिष्ट सामाजिक एवं ऐतिहासिक आयामों को व्याख्यायित किया। मार्क्स ऐलियनेशन, अकेलेपन और अजनबीपन को उतने सरल रूप में ग्रहण नहीं करता, जितने सरल रूप में अस्तित्ववादी चिंतक प्रस्तुत करते हैं। मार्क्स के अनुसार मनुष्य और मनुष्य के बीच का अलगाव चेतनाओं में संघर्ष का परिणाम नहीं, अपितु श्रम-विभाजन और व्यक्तिगत संपत्ति पर आधारित है। मार्क्स अलगाव की अभिव्यक्ति उत्पादन क्रिया में करता है। यह अलगाव उत्पादन क्रिया के अंदर है, उत्पादन के बाहर नहीं। उसके अनुसार निश्चित ऐतिहासिक अवस्थाओं में मानवीय उत्पादन (श्रम, धन, सामाजिक संबंध) तथा मानवीय गुण और योग्यताएँ मनुष्य से स्वतंत्र होकर उन्हें

अनुशासित करते हैं। यही वास्तविक मानवीय संबंधों को बनाता है। 'श्रमिक उत्पादन में जितना ही अधिक परिश्रम करता है उतना ही अपने अलगाव में वृद्धि करता है। उस उत्पादन में वह स्वयं नहीं है। इस प्रकार उस उत्पादन से अलग होकर वह अपने श्रम को एक ऐसी वस्तु बना देता है जो उससे बिलकुल अलग एक ऐसी शक्ति का रूप धारण कर लेता है कि वह शक्ति उसका सदा विरोध और शोषण करती है'।[19] अपनी इसी अवधारणा में मार्क्स परायेपन के दो स्पष्ट भेद करता है (क) पदार्थीकरण—जिसमें मनुष्य के 'स्व' के पक्षों का वाह्यीकरण होता है। वह अपने काम को बेचता है तथा जिस उत्पाद्य को बेचता है वह उसके 'स्व' से मुक्त होता है। अतः वह उत्पाद्य के साथ तादात्म्य भी करता है और उसके प्रति हानि के बोध से भी संकुल रहता है। (ख) अनजबीपन या निर्वासन जिसके अनुसार मनुष्य का 'स्व' अन्य खंड से विभक्त हो जाता है। अतः पूँजीवादी व्यवस्था में शोषित व्यक्ति शोषक के लिए एक अमानवीय पदार्थ बन जाता है। मार्क्स ने श्रमिक के ऐलियनेशन को चार स्तरों पर अनुभव किया है। वह श्रमिक के 'एलियनेशन' को ऐतिहासिक व सामाजिक आस्था मानता है, जिन पर विजय पाने के लिए सामाजिक संबंधों में परिवर्तन जरूरी है। अतः वह मानव नियति नहीं।

अस्तित्ववादी चिंतकों ने परायेपन की धारणा को, जहाँ व्यक्ति स्वयं को अकेला, अजनबी अनुभव करता है, ग्रहण किया है। द्वितीय महायुद्ध के बाद कीर्केगार्द तथा काफ्का की परायेपन की दुनिया का नया अन्वेपण हुआ। काफ्का के अनुसार, मनुष्य की समस्या 'सारत्व की नहीं अस्तित्व की है क्योंकि अस्तित्व पूर्ववर्ती है। कीर्केगार्द के अनुसार, परायापन मनुष्य की एक वैश्विक, शाश्वत, इतिहास के बाहर की दशा है। सार्त्र इस अलगाव अथवा परायेपन की समस्या को मानवीय चेतना के धरातल पर ग्रहण करता है जहाँ व्यक्ति अपने को दूसरे से 'एलियेनेटिड' अनुभव करता है। अस्तित्ववादी चिंतक समाज में अथवा व्यक्ति में अलगाव की बात करते भी हैं तो शुद्ध आत्मगत अथवा स्वचेतना के स्तर पर; जो देश-काल निरपेक्ष होने के कारण अमूर्त होकर रह जाती है। लेकिन अलगाव को शुद्ध चेतना तक परिसीमित करके न तो हम उसके वास्तविक स्वरूप को समझ सकते हैं और न ही उसके समाधान का ही कोई रास्ता पा सकते हैं।

एलियनेशन की इन दोनों अवधारणाओं में अस्तित्ववादी विचारक इसे जीवन की अनिवार्यता मानते हुए व्यक्ति को उसे भोगने के लिए अभिशप्त बताते हैं। यह बुद्धिजीवियों द्वारा ही वरेण्य है जो इस स्थिति से उबरना ही नहीं चाहते। यहाँ 'एलियनेशन' के प्रति रोमांटिक भाव है, जबकि दूसरे विचारक समाज की अमानवीय स्थिति के संदर्भ में इसकी विवेचना करते हैं। जहाँ जन मानस पिसता है, लेकिन इससे उबरने के लिए प्रयत्नशील भी है।

स्वातंत्र्योत्तर हिंदी साहित्य में विवेचित 'परायापन' बुद्धिजीवियों का ही परायापन है, जो मात्र वैयक्तिक संदर्भों में ही अर्थ पाता है। इन मध्यवर्गीय बुद्धिजीवियों ने मार्क्स के परायेपन की अपेक्षा अस्तित्ववादी परायेपन को ग्रहण कर उसे साहित्य का विषय बनाया। इसीलिए यह परायापन राष्ट्रव्यापी समस्या का रूप धारण न कर सका। हमारे यहाँ उच्च वर्ग व जन साधारण (श्रमिक) का परायापन कुछ भिन्न स्तर का है। 'हम देखते हैं कि हमारे अधिकतर आत्मनिर्वासित बुद्धिजीवी केवल चेतना के परिवर्तन को प्रस्तावित करते हैं। यह प्रस्तावना एकांगी, पक्षपातपूर्ण तथा धोखे से भरी है। आत्मपरायापन या आत्मनिर्वासन सामाजिक अवस्था है। अतः इस पर विजय पाने के लिए सामाजिक संबंधों में परिवर्तन जरूरी है। बहुधा चेतना परिवर्तन की बात को मानववाद के मोहक स्वप्न में रँगकर कहने के पीछे सामाजिक संबंधों से अधिक लाभ उठाने की प्रवृत्ति भी विकसित होती है—इसी वजह से वे लोग सार्वजनिक जीवन में या तो भाग ही नहीं लेते या बेहद सुरक्षित ढंग से लेते हैं। इस तरह उनकी व्यक्तिगत जिंदगी 'परायीकृत' होती है'।[20]

भारतीय बुद्धिजीवी का परायापन भारतीय समाज में ही विविध रूपों में उभरा उसका मनोजन्मा रूप है। 'एलियनेशन' का एक सामाजिक संदर्भ है। सेक्स की ओर इस रुझान या 'असामान्यता' का भी एक व्यवस्थागत कारण है। लेकिन यह स्थिति का विश्लेषण है, न कि उसकी स्वीकृति या 'जस्टीफिकेशन'। वह अभिशाप की प्रक्रिया है न कि आत्यंतिक सत्य, वह आदमी को इस भयावह स्थिति तक पहुँचानेवाली व्यवस्था पर चोट करता है, न कि उसका अनुमोदन या समर्थन। अलगाव की समस्या को अज्ञेय बढ़ते हुए मशीनीकरण से जोड़ते हैं—'आज के श्रमिक के लिए जीवन का अर्थ है निरर्थक यांत्रिक क्रिया की बुद्धिहीन अनवरत आवृत्ति।''' मशीन से केवल रोज़गार ही नहीं मारा जाता, मशीन से मानव का एक अंग मर जाता है, उसकी संस्कृति नष्ट होती है और उसका स्थान लेनेवाली कोई चीज़ नहीं मिलती। मशीन युग के मानव का जीवन दो अवस्थाओं में बँट जाता है—एक, जिसमें मेहनत है, पर जीवन स्थगित है, दूसरा जिसमें जीवन को पाने की उत्कट प्यास है'।[21] लेकिन अज्ञेय की यह स्थापना नई नहीं, बढ़ते हुए मशीनीकरण की समस्या पर गाँधी जी के विचारों को लेकर अज्ञेय ने अपने मत की स्थापना की है। इससे भी अधिक इस मत के पीछे संभवतः मार्क्स के विचार—परायापन पूँजीवादी समाज की देन है और इसे सामूहिक रूप से समाप्त करना होगा—को खंडित करने की मानसिकता रही है। अज्ञेय अप्रत्यक्ष रूप से पूँजीवादी व्यवस्था को बनाए रखने के हिमायती रहे। अपने मंतव्य द्वारा वह जन साधारण को गुमराह करने का प्रयत्न करते रहे। इन व्यक्तिवादी लेखकों का परायापन (साहित्यिक स्तर पर ही) वास्तविकता की अपेक्षा बौद्धिक विलासवाले परायेपन का चित्रण अधिक है जिसे यह बंद कमरों में बैठे मानसिक

स्तर पर झेल रहे हैं।

मशीन हमें कैसे पराया बना सकती है ? जो स्वयं में निर्जीव है—वह अपने में परायापन उत्पन्न नहीं करती, अपितु इसकी जिम्मेदार वह व्यवस्था है, जिसने उसका दुरुपयोग किया है। अतः यहाँ दोषी व्यवस्था है, मशीन नहीं। वह तो अपने में उपयोगी वस्तु है, जो मानव को उन्नति की ओर ले जाती है। इसके लाभ को आज से पूर्व भी साहित्यकारों ने अनुभव कर लिया था। श्रीपदुमलाल पुन्नालाल बख्शी ने अपनी पुस्तक 'विश्व साहित्य' में मशीनीकरण के लाभ की ओर इंगित किया है—'मशीन का उपयोग होने से बहुत उन्नति हो रही है और खुशहाली आ रही है, लेकिन इसके फायदे जिन लोगों के पास पहुँचने चाहिए थे उन तक न पहुँचकर मात्र पूँजीपतियों तक ही सीमित हैं'। बढ़ते हुए मशीनीकरण के कारण हमारे समूचे जन साधारण को परायेपन ने घेर लिया, लेकिन 'अलगाव' अथवा 'परायेपन' का यह घातक रोग जन साधारण में ही नहीं, पूँजीपति वर्ग में भी फैलता चला गया। सर्वहारा का श्रम एवं उसका उत्पादन पूँजीपति को भी अलगाव की स्थिति में ला खड़ा करता है। अपने ही वर्ग से स्पर्धा तथा लाभ-प्राप्ति हेतु वह इस हद तक शोषण करता है कि मजदूर ही नहीं, अपने वर्ग के विरुद्ध भी षड्यंत्र रचता है। इस प्रकार एक ओर जहाँ वह मानवीयता खोकर 'जड़-धन पशु' में बदल जाता है वहाँ दूसरी ओर प्रतिरोधपूर्ण, शोषण युक्त समाज के मानवीय संबंध में भी विकृति आ गई है। व्यक्ति और व्यक्ति के संबंध-सूत्र टूट जाते हैं। पूँजीवादी समाज में ही यह अलगाव अधिक गहराता है और व्यक्ति अपने प्राकृतिक व तात्कालिक गुणों से कटकर एक मुखौटा धारण कर लेता है, जहाँ व्यक्ति के समस्त आदर्शवादी गुण समाप्त प्रायः हो जाते हैं। हमारे समाज में एक विवश और अपंग, किंतु उर्जस्वी मानव का परायापन है जो कर्म का अवसर ही नहीं पा सका है। वह बेकारी एवं प्रयोजनहीन कर्म व अप्रतिष्ठा वाला परायापन है, जो सक्रिय होकर समाप्त किया जा सकता है। 'भारतीय बुद्धिजीवी के परायेपन की समस्या विकल्प के चयन की समस्या है और उसके सामने अंततोगत्वा यही चुनाव शेष है कि वह अपने कार्य के 'अर्थ' को जाने, अपनी सामाजिक भूमिका जाने तथा आगामी सामाजिक रूपांतर में अपने सहकर्म के लिए प्रस्तुत हो'।[22] यह सहकर्म ही 'परायेपन' से मुक्ति का मार्ग है।

अकेलापन

अकेलापन जहाँ पोज़ के रूप में आया है या एक नई रोमांटिक भंगिमा में, वह साहित्यिक कृतित्त्व का अंग नहीं है। वह नकली और झूठा है...हमारे सामान्यजन का अकेलापन फालतू (सरप्लस) होने की नियति से उद्भूत है। अकेलेपन की इस रोमांटिक भंगिमा को ही आधुनिक हिंदी साहित्य में वैयक्तिक संदर्भों में

अभिव्यक्ति मिली है। 'परायापन' से उत्पन्न यह अकेलापन आज के जीवन में इस कदर गहराता चला गया है कि व्यक्ति अपने एकाकीपन और अहंमन्यता को प्रतिष्ठित करने के प्रति सचेत है। अकेलेपन की यह समस्या किसी एक देश की न होकर विश्वभर की समस्या है। आज की सबसे बड़ी बीमारी लेपरोसी या कैंसर नहीं, अपितु समाज में व्याप्त एकाकीपन है। लोग मुसकराना और स्नेह करना विस्मृत कर चुके हैं।

यही कारण है कि आज का लेखक बार-बार व्यक्ति के अकेलेपन का आग्रह करता हुआ अपनी रचनाओं में उसकी दुहाई देता है। व्यक्ति पूर्ण जागरूकता के साथ अकेलेपन की स्थिति का उत्सव के रूप में अभिनंदन करता है। 'अकेला पड़ जाना एक उत्सव है, किंतु उस अकेले पड़ जाने से भीतर-बाहर सब जगह गूँगा हो जाना या समुदायों के अंधानुकरण में जुट जाना मृत्यु है। जो अपनेपन को जितना ठीक रूप दे पाता है, रूप देकर बाहर रख देता है, जिंदगी के अंतः अभिव्यक्ति प्रकारों में से एक या एकाधिक किसी या किन्हीं माध्यमों के द्वारा उसे सामने परोस पाता है, वह अकेलापन नहीं, उत्सव परोसता है'।[23] यह अकेलापन अपने परिवेश से जुड़े होने का अकेलापन है। समाज के बीच रहते हुए चेतना के स्तर पर अकेलेपन का अनुभव है जिसे आज का बुद्धिजीवी झेल रहा है—'मेरे पास जो कुछ घटित होता है उससे मैं अभिन्न रूप से जुड़ा हुआ हूँ। जुड़ा हुआ हूँ और पहचानता हूँ कि जुड़ा हुआ हूँ, यही मुझे अकेला करता है'।[24] अज्ञेय का यह वक्तव्य अकेलेपन और जुड़ेपन दोनों में घालमेल करता है। अकेलेपन की इस अनुभूति को अज्ञेय पंक्ति को दे देना चाहते हैं—

'यह दीप अकेला स्नेहभरा
है गर्वभरा मदमाता, पर
इसको भी पंक्ति को दे दो।

यह अद्वितीय : यह मेरा : यह मैं स्वयं विसर्जित'।

अपने अकेलेपन को दोहरे स्तर पर झेलता हुआ व्यक्ति न तो अकेलेपन से और न सामाजिक स्थिति से ही जुड़ता है, अपितु अपनी वैयक्तिक अहंमन्यता को पकड़े हुए एक विशेष प्रकार के अकेलेपन में जीता है। यह सामान्य व्यक्तियों का अकेलापन नहीं जिसे आधुनिक समाज में प्रायः सभी अनुभव करते हैं।

अज्ञेय तथा उनके समानधर्मा लेखक कुछ इसी प्रकार के अकेलेपन के शिकार हैं। वे अपने में विशिष्ट हैं कि वे चीजों और मनुष्यों—दोनों की दुनियाओं में—अकेलापन अनुभव करते हैं। इसीलिए वे समझौता भी नहीं कर पाते, करना ही नहीं चाहते। अपने वैयक्तिक वैशिष्ट्य तथा आभिजात्य गुणों को बनाए हुए कहीं अपने अस्तित्व के प्रति ही प्रश्नाकुल हो उठे हैं—'अकेला तो मैं हूँ। ठीक

हैं, अकेला हूँ। पर क्यों अकेला हूँ ? क्या इसलिए कि राह मुझे दिखी तो मैंने उसे छोड़ा नहीं, चाहे वह मुझे बीहड़ में ले जाए ? क्या मेरा अकेलापन मेरे दारिद्रय का परिणाम है। मेरी स्वाधीनता का जिसके कारण कोई साथी नहीं मिला या बना या कि मेरी ईमानदारी का कि मैंने जब तब जिससे-तिससे समझौता नहीं कर लेना चाहा ? क्या दुर्बल हूँ, इसलिए अकेला हूँ, या समर्थ हूँ, इसलिए अकेला हूँ ? या कि इसलिए अकेला हूँ कि किसी को साथ लेने में डरा हूँ ? यह मानकर कि किसी को पास आने देने से बँध जाऊँगा। स्वाधीन हूँ, इसलिए अकेला हो गया था कि डरा, इसलिए अकेला रह गया ?[25] समझौता विहीन, अस्पष्ट अकेलापन, सन्नाटे से घिरा अकेलापन वैयक्तिक विशिष्टता तो देता है, लेकिन कहीं कोई सृजनात्मक आयाम ग्रहण नहीं करता। 'नितांत एकाकीपन में मनुष्य अपनी नियति सृजित कर सकता है, किंतु व्यक्तित्त्व के विकास के साथ ही मनुष्य अपनी अपेक्षित अंतिम परिणति, नियति तक पहुँचेगा, जो एकाकीपन के बिंदु से आरंभ तो कर सकती है, किंतु उसके बाद एक पग भी एकाकीपन में नहीं जा सकती क्योंकि तब तुरंत संबंध स्थापन की प्रक्रिया आरंभ हो जाती है। यह भी कहा जा सकता है कि जीवन और मृत्यु के बीच आदमी अपनी नियति बिलकुल अकेले बना सकता है, किंतु इस तरह की बात सोची जा सकती है, सृजित शायद नहीं की जा सकती। सृजन तार्किक नहीं, एक जीवंत प्रक्रिया है, जिसे एक-दूसरे के संबंध में होना आवश्यक है'।[26]

व्यक्तिवादी लेखक अकेलेपन को नियति मानकर उसी में जीवन जीते हुए अंतर्मुखी हो उठे हैं तथा अपनी इसी अंतर्गुहा में बैठे-बैठे अपने-अपने अजनबी हो जाते हैं। इसके विपरीत दूसरे ऐसे लेखक हैं (मुक्तिबोध आदि) जो अकेलेपन की स्थिति से जूझते हुए संघर्षशील जन मानस से जुड़कर अकेलेपन का निराकरण करना चाहते हैं। क्योंकि शक्ति का सहारा न लेनेवाला लेखक जल्द ही टूट जाता है। 'अकेला लेखक दियासलाई की उस सलाई की तरह है जो टकराकर थोड़ी देर तो जलती है, लेकिन आधार के अभाव में बुझ जाती है'।[27] लेखक अपने अकेलेपन में भी समूह से जुड़े रहना चाहता है क्योंकि वह इसके माध्यम से अकेले पड़ते हुए जीवन को कोई अर्थ देना चाहता है। अकेलापन नियति नहीं, महज एक स्थिति है, जिसमें बदलाव की संभावनाएँ हैं। मानव का यह अकेलापन उसके चिंतन का, आत्मशोधन का, आत्मान्वेषण का अपरिहार्य अंग तो अवश्य है, लेकिन अनिवार्य परिणति नहीं, क्योंकि अकेलेपन में जीने की इच्छा रखते हुए भी हम साथी की खोज में रहते हैं—''अपना भाव दबा डालने की मुझे आदत है। यह मेरी बौद्धिक संस्कृति है—किंतु इसमें आत्मविरोध भी है। वह निःसंगता जल्दी ही खलने लगती है। मन चाहता है संगी, साथी रहे···मस्ती रहे। नशा रहे'।[28]

यहाँ अकेलेपन की अनुभूति भोक्ता के स्तर पर तो वैयक्तिक है, लेकिन

उसका जन्म सामाजिक संदर्भ में ही संभव है। अतः अकेलेपन के प्रति इन लेखकों के विचार विरोधाभास लिये हुए हैं। जहाँ वह समाज से कटा भी है और उससे जुड़ा भी। इन लेखकों का यह अकेलापन जिन भारतीय स्थितियों के संदर्भ में अर्थ पाता है उसे अस्तित्ववादी अकेलापन नहीं कहा जा सकता। 'अकेलेपन' की स्थिति का अर्थ है 'यदि ईश्वर नहीं तो सब कुछ करणीय है और परिणामों का वहन मनुष्य को स्वयं ही ढोना है। ईश्वर के अभाव में मनुष्य अकेला रह जाता है क्योंकि वह न तो भीतर है और न स्वयं के बाहर कोई ऐसी वस्तु पाता है जिससे सहारा ग्रहण कर सके। वह स्वयं के लिए बहाने नहीं ढूँढ़ सकता'। इस अर्थ में पश्चिमी अस्तित्ववादी विचारकों का अकेलापन ईश्वर विहीन अकेलापन है। जबकि यहाँ का अकेलापन मात्र सामाजिक व राजनीतिक अव्यवस्थाओं का परिणाम। पश्चिम की कुंठा, कुत्सा, अकेलापन, पराजय और हताशा चिंता का विषय हो सकती है, वर्ण्य नहीं, क्योंकि हमारी कुंठा, अकेलापन और अस्तित्व का संकट उससे नितांत भिन्न है। वह टूटते परिवार से उपजता है तथा आर्थिक संबंधों के दबाव से बढ़ता है—हम अपने सलीब स्वयं ढोनेवालों की स्थिति में नहीं, हमारी स्थिति तो दूसरों द्वारा गाड़े हुए सलीबों पर जबरदस्ती लटका दिए गए लोगों जैसी है।

यही कारण है कि यहाँ के उपन्यासों में जिस अकेलेपन, अजनबीपन की चर्चा होती रही है वह भारतीय संदर्भों में बहुत परिचित नहीं रही है। यह सत्य है कि यहाँ भी मशीनीकरण के कारण व्यक्ति अकेलापन अनुभव करने लगा है और बड़े-बड़े कारखानों में काम करनेवाले व्यक्तियों के आपसी संबंध निर्वैयक्तिक होते जा रहे हैं, लेकिन पश्चिमी देशों में विकसित होते मशीनीकरण व यंत्रीकरण जीवन को जिस स्तर पर अकेला बना रहे हैं वैसी अकेलेपन की स्थिति का हमें सामना नहीं करना पड़ा। इतना अवश्य है कि ऐसी भीषण स्थिति की भविष्य में कल्पना की जा सकती है। इस कल्पना का ही परिणाम है कि अकेलापन यहाँ के लेखक पर इतना हावी हो गया है कि अब वह बौखलाहट में बदल गया है केवल बौखलाहट में। लेकिन यह अकेलापन जड़ और गतिहीन नहीं। हाँ, वैयक्तिक लेखकों ने इसे अवश्य जड़ और गतिहीन बना दिया है, इसीलिए उसकी अभिव्यक्ति भी उन्माद और प्रलाप में हुई है।

अजनबीपन

आत्मपरायापन व अकेलेपन की स्थिति में आज का व्यक्ति अस्तित्व संकट को झेलता हुआ अपनी ही दुनिया में कहीं किसी असामंजस्य के कारण अजनबी होता चला गया है। कामू के 'लस्ट्रेंजर' का म्योरसा चारों ओर के समाज से कटा कहीं भी समझौता न करने के कारण अस्तित्व के संकट को झेलता हुआ अजनबी बना। कालिन विल्सन के 'आउट साइडर' में इसी अस्तित्व के संकट की अभिव्यक्ति

है। 'निर्वासित अस्तित्व इस बारे में निश्चित नहीं होता कि वह कौन है। वह एक 'मैं' की तलाश कर लेता है, लेकिन वह उसका प्रामाणिक 'मैं' नहीं है। अतः उसका मुख्य कार्य अपने आप तक लौटने का मार्ग ढूँढ़ना है'। इस दुनिया में अपने 'मैं' को खोजता हुआ व्यक्ति अपने चारों ओर अजनबी दुनिया का निर्माण कर रहा है और उसी में अभिशप्त बना इसे ही जीवन की नियति माने बैठा है।

यह 'अजनबीपन' परायापन की अनुभूति से उद्भूत एक प्रवृत्ति मात्र ही है जिसके पश्चिमी प्रभाव को यहाँ के लेखकों ने चलते मुहावरे के रूप में साहित्य में प्रयोग किया। मार्क्स बढ़ते हुए अकेलेपन व अजनबीपन के भाव का कारण पूँजीवादी औद्योगीकरण को मानता है जहाँ श्रमिक अपने श्रम से और अपनी वर्गीय भावना से कटकर शनैः-शनैः अकेलापन और अजनबीपन का अनुभव करने लगता है। इसी अकेलेपन की स्थिति को अस्तित्ववादी चिंतन में गहराते हुए आधुनिक संकट-बोध का परिणाम स्वीकार किया है। ये चिंतक 'अजनबीपन' की भावना के स्रोत को पिछले सौ वर्षों से मानव समाज में घटित परिवर्तनों को स्वीकार करते हैं, जिसके फलस्वरूप शहरों की आबादी और औद्योगीकरण में लगातार वृद्धि हो रही है। डॉ. रमेश कुंतल मेघ अजनबीपन की धारण को 'आत्मपरायेपन' से उद्भूत मानते हैं। 'आत्मपरायेपन की धारणा में ये सारे कार्य अजनबी हो जाते हैं, जो मनुष्य के लिए अभिलपित, मुक्त, सचेतन, सहज और रचनात्मक कार्य हैं। साथ ही वह निजता से छूट भी जाते हैं। इस तरह अजनबी कार्यकृति तथा निर्वैयक्तिक मनुष्य क्रमशः अकेली भीड़ तथा अजनबी इनसान के हेतु है'।

हमारे देश का व्यक्ति अजनबीपन को चेतना के धरातल पर ग्रहण करता हुआ कहीं अपनी विशिष्टता का प्रतिपादन करने का इच्छुक है। लेकिन यहाँ का अजनबीपन एक व्यक्ति का नहीं समाज का अजनबीपन है। यहाँ का व्यक्ति समाज में रहता हुआ भी अजनबी है।

पश्चिम का अजनबीपन यहाँ के रचनाकारों में एक हौवा बना हुआ है, इसीलिए वह एकदम कृत्रिम और ओढ़ा हुआ-सा लगता है। भारतीय साहित्यकारों ने पश्चिमी साहित्य में जिस अजनबीपन को देखा है उसे अपनी रचनाओं में चित्रित करने का असफल प्रयास किया है। पश्चिमी देशों के लिए अजनबीपन की स्थिति यांत्रिकता और नाजीदमन का अवशेष है। वहाँ के देशों ने दो-दो विश्वयुद्धों की भयंकर बरबादी देखी है। वहाँ हर घर में मृत्यु ने संबंधों की शृंखला खंडित की है। भयानक नरसंहार के बाद जो बचे हैं, उनके बीच पचास, दूसरे और तीसरे के बीच सत्तर, तीसरे और चौथे व्यक्ति के बीच युद्ध में मरे चालीस आदमियों का शून्य है...और यह शून्य, जो वहाँ की युद्धोत्तर जिंदगी का भयावह यथार्थ है, उस अजनबीपन को जन्म देता है, जिसकी बात वहाँ का लेखक

करता है।

भारतीय संदर्भ में अजनबीपन देश विभाजन, सत्ता हस्तांतरण व समाज में फैलते भ्रष्टाचार, विकसित होते मशीनीकरण के कारण है। इसीलिए यहाँ का अजनबीपन हमारी जड़ों की उपज नहीं है। 'अकेलापन धीरे-धीरे समा रहा है, पर वह अतिपरिचय से उद्‌भूत अपरिचय की भावना और टूटते संबंधों में समाए शून्य का प्रतिफलन है।'[29] पश्चिमी देशों में यह मात्र चेतनागत अनुभूति है, जबकि हमारे यहाँ संबंधों को निभाते हुए उसे अनुभव किया जा रहा है। विकसित जीवन स्तरीय देशों में सुबह-शाम रोटी के लिए संघर्ष करनेवाले देश में अजनबीपन का अर्थ भिन्न हो जाता है। पूँजीपति समाज में इसकी जननी वैयक्तिक संपत्ति है, पर समाजवादी व्यवस्था में नौकरशाही। उनके अनुसार व्यक्ति के अजनबीपन पर तकनीकी सभ्यता का प्रभाव अत्यंत गौण है।

इस अंतर का कारण ही भारतीय समाज व व्यक्तिगत जीवन में वैसी ऊब-अकुलाहट, संबंधों में टूटन (बिखराव तो अवश्य है) एकरसता नहीं, जिसका अनुभव पश्चिमी देशों में साधारण व्यक्ति भी करता रहा है। यहाँ यह अजनबीपन छुटपुट रूप में अवश्य मिलता है। 'अपने-अपने अजनबी' तथा 'वे दिन' आदि में इसके प्रतिपादन का असफल प्रयास है। लेकिन अंततः उनमें परिवर्तन की संभावनाएँ भी हैं, कोरा अजनबीपन नहीं। हमारे यहाँ अजनबीपन का एक अन्य कारण है—गलत शिक्षा नीति और यंत्र-संस्कृति द्वारा प्रादुर्भूत युवकों की बेरोज़गारी और विपन्नता। जिसकी परिणति यौन-अराजकता में देखी जा सकती है। इस रूप में यहाँ का अजनबीपन कम विश्वसनीय और कम प्रामाणिक है।

विसंगति (एब्सर्ड)

कामू के 'एब्सर्ड' दर्शन को स्वातंत्र्योत्तर हिंदी साहित्य में 'विसंगति', 'अवसंगति' अथवा 'निरर्थकताबोध' के अर्थ में ग्रहण किया गया। 'एब्सर्ड' दर्शन को जिसे कामू ने 'मिथ ऑफ सिसिफस' में व्याख्यायित किया है—यहाँ के लेखकों ने अपने साहित्य में एक प्रमुख प्रवृत्ति के रूप में ग्रहण तो किया, लेकिन भिन्न संदर्भों में। कामू का सिसिफस जीवनभर एक पहाड़ी चट्टान को ढ़ोते हुए निरर्थकता का जीवन व्यतीत करता रहा—यह जानते हुए भी कि इस निरर्थकता के लिए वह अभिशप्त है'। कामू जीवन की इस निरर्थकता के बाद भी मानव को जिंदा रहने के लिए बाध्य करता है। उसके अनुसार 'जीवन की अर्थहीनता को जान लेने के बाद आदमी एक दूसरे प्रकार का जीवन जीता है—लक्ष्यहीन, योजनाहीन, भविष्यहीन और आशाहीन। इस प्रकार उसके सामने फिर कोई अनुशासन अथवा बंधन नहीं रहता, वह एक पूर्ण, स्वतंत्र जीवन जीता है।' कामू आत्महत्या को एब्सर्ड की समस्या मानते हुए भी उसे महत्त्व नहीं देता। इसीलिए कामू ने 'अर्थहीनता' को स्पष्ट करने के लिए सिसिफस के मिथ का प्रयोग किया, जो

इसे ही जीवन की नियति माने हुए है।

कामू द्वारा प्रतिपादित 'एब्सर्ड' के मूल कारणों—निरर्थकता, अस्तित्व संकट, नॉशिया-भाव तथा आत्महत्या को यहाँ के लेखकों ने प्रायः 'निरर्थकता' के अर्थ में स्वीकार किया है। स्वतंत्रता के बाद यहाँ चारों ओर की आपाधापी लूट-खसोट और मोहभंग ने व्यक्ति को दुःखदायी स्थितियों का साक्षात्कार कराया। मनुष्य अपने अस्तित्व की तलाश में अपनी धुरी को नहीं खोज पा रहा है। अपने इसी 'मिसफिट' होने को ही वह जीवन की विसंगति मान बैठा है। 'चारों तरफ आदमी अपने को समाज और राष्ट्र के संदर्भ में फालतू महसूस कर रहा है। अविसंगति और किसी भी काम में शामिल न हो सकने की स्थिति ने यहाँ के आदमी को 'सरप्लस' बना दिया'। व्यक्ति अपने को विसंगत स्थिति में अनुभव करता हुआ अपनी क्षीण होती हुई शक्ति के कारण त्रस्त है। 'हमें तो हमेशा यही लगता है, जहाँ हम हैं वहाँ निहायत गलत हैं—हमें तो कहीं और होना चाहिए था और इस कहीं और होने का नहीं, किस से जुड़ पाने की प्रतीक्षा का नाम ही वर्तमान बनकर आता है। लगता है कोई और हैं जो हमारा उपभोग कर रहे हैं। जिनके हाथों हमारी दिशाएँ बंद हैं—हमारा भविष्य बंद है—और उनके सामने हम असहाय, निरुपाय हैं—हमें अपने लिए कोई अवसर नहीं है। हम 'फालतू' या 'बेकार' हैं'।[30] यह 'वैक्यूम' या शून्य उस सामाजिक-राजनीतिक वातावरण की देन है, जिसमें भारतीय जन घुट रहा है।

यहाँ के व्यक्ति की यह घुटन जो उसे 'एब्सर्ड' बनाती है सिसिफस के 'एब्सर्ड' का पर्याय नहीं। यहाँ विसंगति का कारण समाज में फैले असुरक्षा-भाव अथवा रूढ़ियों के कारण है, जिनके बीच आज का व्यक्ति अपने को घिरा हुआ पाता है। 'हमारे यहाँ की विसंगति उस दुनिया की नहीं है जहाँ बड़े शहर और उनके रेस्तराँ, क्लब-डिस्कोथीक हैं, बल्कि उस दुनिया की है जहाँ हर स्तर पर जाति-प्रथा का कड़ा होता शिकंजा है। साधारण समाज से मनुष्य को अपनी भाषा की दुनिया से काटने की अमानवीयता है। लेकिन आज हिंदी के बुद्धिजीवी कलाकार विसंगति की धारणा को कामू के अनुकरण पर रोमानी प्रवृत्ति के रूप में ग्रहण करते हैं। इस समस्या को अकविता एवं अकहानी में साहित्यिक स्तर पर ही उठाया गया है, जीवन की विसंगतियों में नहीं। इसीलिए इनका यह अनुकरण विसंगति को फैशनपरस्त अथवा कृत्रिम स्थितियों में ही उभार सका। जहाँ भारतीय मनुष्य की हालत का कोई बखान नहीं है और सारी बात एक समुन्नत समाज और समूह संस्कृति के संदर्भ में ही समझ में आ सकती है। लक्ष्मीकांत वर्मा 'अर्थहीनता का बोध' को अत्यधिक महत्त्व देते हुए उसे साहित्य की प्रमुख प्रवृत्ति मानते हैं—'क्षण-प्रतिक्षण पुरानी होती दुनिया में किसी भी मूल्यनिष्ठ व्यक्ति के लिए उसकी प्रथम प्रतिक्रिया इसी मूल्यहीनता से प्रारंभ होगी। आज की संवेदना में इस अर्थहीनता (एब्सर्डिटी) की स्थिति में ही हम शायद उन मरे हुए निर्जीव और नितांत रूढ़िग्रस्त पुरानी

दुनिया के प्रति क्रियाशील हो सकते हैं...इसलिए आज की मूल समस्या जिस अर्थहीनता से शुरू होती है, वह उसी में समाप्त भी हो जाती है। लेकिन यह अर्थहीनता नैराश्य से प्रजनित नहीं होती। यह शायद अधिक जागरूक और भिन्न स्तर पर संपूर्ण परिवेश के संबंध में सापेक्ष उपजी हुई दृष्टि है, इसलिए यह मूल्यवान भी है। जिस संदर्भ में हम यहाँ अर्थहीनता को अनुभव करते हैं वह एक निराश या हताश व्यक्ति की अर्थहीनता नहीं, वरन् एक जागरूक द्रष्टा की अर्थहीनता है। इसीलिए उसमें एक ठंडापन है और उस ठंडेपन के माध्यम से उन समस्त मूल्यों के प्रति उदासीनता है जो अपर्याप्त होने के साथ-साथ कहीं जीवन को भी पूरे संदर्भ की सापेक्षता में क्रियाशील होने से रोकते हैं।

निरर्थक मूल्यों के प्रति जागरूकता व्यक्ति की उदासीनता अप्रत्यक्षतः उन्हें अपने दायित्वबोध के प्रति भी उदासीन बनाती है। इस रूप में वह अपनी यथास्थिति से ही जुड़े रहना चाहते हैं। अर्थहीनता को भोगते रहने की यह प्रवृत्ति उन्हें रोमांटिक धारणा के करीब ले जाती है जिसमें डूबा हुआ व्यक्ति अपनी दायित्वहीनता को भी छुपाना चाहता है। आज का मध्यवर्गीय बुद्धिजीवी इसी प्रकार के दायित्व को वहन करता हुआ 'एब्सर्ड' के बीच संवादहीन स्थिति का निर्माण करता है।

पश्चिम में 'एब्सर्ड' को नियति मानकर उसे ढोते चले जाने की प्रवृत्ति पर बल दिया गया है। ऐसा बुर्जुआ समाज में ही संभव है। इसके विपरीत समाजवादी दृष्टि से इनके समाधान की संभावना बनी रहती है। 'अर्थहीनता' अथवा 'विसंगति' की मूलभूत स्थितियों व संस्थानों को बदला जा सकता है। वास्तव में यह दुनिया अर्थहीन व विसंगत नहीं, उसे समझ न पाने की अथवा दायित्वहीनता की स्थिति के कारण ही इस संसार को 'एब्सर्ड' मान लिया जाता है। 'एब्सर्ड' विश्व नहीं, स्वयं मानव हैं जो अपनी एब्सर्डिटी को विश्व में प्रक्षेपित करता है। एब्सर्ड और कुछ नहीं मनुष्य के भाव, विचार और उसके क्रियाकलाप ही हैं'।[31] भारतीय विचारक इस भ्रांति का खंडन करते हुए व्यक्ति को सचेत क्रियाशील होने का सुझाव देते हैं। इनके मत में 'एब्सर्ड' स्थिति शाश्वत नियति नहीं। संगठित व सक्रिय होकर इसमें परिवर्तन किया जा सकता है। उदासीन होकर उसे भोगना जीवन की भ्रांति है। अजनबीपन और अकेलापन, संत्रास और विसंगति, क्षोभकारी है, लेकिन उसकी स्वीकृति और उसका आदर्शीकरण, उसके सामने समर्पण उसे ही आत्यांतिक चिरंतन या सार्वकालिक सत्य मान लेना युवा लेखन का सही नहीं, गलत चेहरा है।

संपन्न स्थिति से उत्पन्न 'अर्थहीनताबोध' में व्यक्ति डूबा रहना चाहता है, लेकिन अभावग्रस्त स्थितियों से उत्पन्न अर्थहीनता व्यक्ति को सक्रिय बनाती है। हिंदी नवलेखन में अर्थहीनता के दो पहलू मिलते हैं, एक ओर तो वास्तव में ही हमारी आज की आर्थिक असमानता, अवसरहीनता, व्यक्ति का मशीन के

रूप में प्रयोग, बुद्धिजीवियों व साधारण जनता में बढ़ती हुई खाई के कारण है। दूसरी ओर पश्चिमी 'एब्सर्ड' की नकल व उसे आधुनिक साहित्य में फैशन के रूप में स्वीकार किया जा रहा है। लेकिन यहाँ के बुद्धिजीवी वर्ग को अभी वह छूट नहीं मिली कि वह संदर्भ से कटकर एब्सर्ड स्थितियों को साहित्य में उभारे। फिर इस विकसित होते देश के बुद्धिजीवी की अर्थहीनता उसे आत्मकेंद्रित होने की अपेक्षा कहीं अधिक मुक्त होने की दिशा देती है।

वैयक्तिक-स्वातंत्र्य

ग्रॉहम ग्रीन के उपन्यास 'द हार्ट ऑफ द मैटर' में लुई स्कोबी और फादर रेंक के बीच वार्त्तालाप होता है–'परमात्मा के लिए, मिसेज स्कोबी, आप यह कल्पना न करें कि हम ईश्वर की अनुकंपा के संबंध में कुछ जानकारी रखते हैं।'

'किंतु चर्च कहती है···

'मैं जानता हूँ चर्च क्या कहती है और यह भी जानता हूँ कि चर्च सब कुछ जानती है किंतु शायद वह यह नहीं जानती कि एक विशिष्ट मानव हृदय में क्या स्पंदन चल रहा है।'

इस दैवी और लौकिक नियतिवाद तथा निर्णयवाद से वैचारिक संघर्ष करते हुए मनुष्य की व्यक्तिगत-स्वतंत्रता, अस्तित्ववाद का अभीष्ट है।

तो क्या अस्तित्ववादी स्वतंत्रता का अर्थ स्वेच्छाचारिता है ? क्या वे व्यक्तिगत इच्छा तथा व्यवहार पर किसी भी नियम अथवा अंकुश को स्वीकार नहीं करते ?

वैयक्तिक स्वातंत्र्य के संबंध में सार्त्र यह मानकर चले हैं कि प्रत्येक व्यक्ति अपनी स्वतंत्रता के लिए अभिशप्त है। इसके बिना उसका अस्तित्व मूल्यहीन हो जाता है क्योंकि स्वतंत्रता ही समस्त मूल्यों की जननी है। दोस्तोव्यस्की ने सार्त्र के मत का समर्थन करते हुए कहा, 'मनुष्य की स्वतंत्रता केवल स्वतंत्रता ही नहीं, वरन् उसका भाग्य भी है'। स्वतंत्रता की इस प्रतिबद्धता के साथ ही सार्त्र यह मानते हैं, 'किसी एक व्यक्ति की स्वतंत्रता दूसरे की स्वतंत्रता पर निर्भर है और दूसरों की स्वतंत्रता उस व्यक्ति की स्वतंत्रता पर'। अस्तित्ववाद का प्रथम प्रयास ही यह है कि प्रत्येक मनुष्य को जो कुछ वह है उसके प्रति, सजग किया जाए और उसके अस्तित्व के पूर्ण उत्तरदायित्व को उसी पर स्थित किया जाए। 'जब हम यह कहते हैं कि मानव अपने प्रति उत्तरदायी है तो हम यह नहीं कहते कि वह केवल अपने प्रति ही उत्तरदायी है, अपितु यह कि वह अपने साथ सभी के प्रति भी उत्तरदायी है'।[32] निर्णय के संबंध में सार्त्र की मान्यता है कि प्रत्येक वैयक्तिक-निर्णय अंततः विश्व में दूसरे मानवों के अस्तित्व से हमारे संबंधों को निश्चित करता है।

अस्तित्ववादी चिंतन में वैयक्तिक-स्वतंत्रता चयन की स्वतंत्रता से जुड़ी हुई है। सार्त्र के अनुसार यदि मनुष्य अपना सार स्वयं नहीं चुन सकता तो उसकी

सारी स्वतंत्रता दासता से कम नहीं है। क्योंकि प्रत्येक व्यक्ति अपनी मानवता द्वारा समूची मानवता को बाँधता है और वह चयन करने से बच नहीं सकता। अपनी समस्याओं का समाधान करते समय हम अपने कार्यों का पूर्ण उत्तरदायित्व ओढ़ने के लिए प्रतिबद्ध हैं। स्वतंत्रता, मनुष्य की परिभापा के समान दूसरों पर आश्रित नहीं है, जैसे ही मैं अपने कार्य में जुटता हूँ, मैं अपनी स्वतंत्रता की कामना करने के साथ-साथ दूसरों की स्वतंत्रता के लिए प्रतिश्रुत हूँ'।

स्वतंत्रता के निरपेक्ष स्वरूप पर इन विचारकों का झुकाव अधिक है, लेकिन साथ ही एक की स्वतंत्रता पूर्णतः दूसरे की स्वतंत्रता पर निर्भर है। इस कारण वह निरपेक्ष मूल्य ही नहीं, सापेक्ष भी है। इनके विचारों में स्पष्टतः अंतर्विरोध देखने को मिलता है। यह अंतर्विरोध क्यों ? एक ओर वे 'स्वतंत्रता' को चरम धारणा या निरपेक्ष मूल्य मानते हैं, दूसरी ओर सापेक्ष भी। दोनों हालतों में (निरपेक्ष और सापेक्ष) स्वतंत्रता अमूर्त अवधारणाओं में ग्रहण की गई है। इसका ऐतिहासिक संदर्भ अनुपस्थित है इसलिए यह अंतर्विरोध व्याप्त है।

अस्तित्ववाद मनुष्य को वस्तुगत जगत का भाग नहीं मानता, इसलिए उसकी चेतना उसे 'बीइंग इन इटसेल्फ' से 'बीइंग फार इटसेल्फ' की ओर ले जाती है और यह यात्रा वह स्वतंत्र चयन द्वारा ही करता है। प्रकृतिवाद एवं विज्ञानवाद को वह इसलिए नहीं स्वीकारता क्योंकि यदि विज्ञानवाद और प्रकृतिवाद के विकास के साथ मनुष्य में निराशा, निरीहता, दुश्चिंता, संत्रास और अवसाद आदि की निरंतर वृद्धि न होती जाती तो संभवतः वह इनमें निहित निर्णयवाद का अनुपालन करता। चूँकि ऐसा नहीं है, अतः अस्तित्ववाद वस्तुओं की सामूहिकता के स्थान पर व्यक्ति-वैशिष्ट्य को स्थान देता है। इसीलिए अस्तित्ववाद व्यक्ति के स्वतंत्र अस्तित्व का चिंतन है। वह व्यक्ति को सामान्य प्रत्यय का प्रत्यय नहीं मानता। अतः व्यक्ति न कोई आदर्श लेकर आता है और न किसी विशिष्ट आदर्श के लिए जीता है।

भारतीय अध्यात्मवाद में जीव को ब्रह्म का अंश मानते हुए उसे निरपेक्ष मूल्यों का रक्षक माना है। यह विचारधारा अस्तित्ववादी चिंतन से सर्वथा विपरीत है। अस्तित्ववाद प्रकृति और जगत की यथार्थता को स्वीकार करता है, जबकि भारतीय दर्शन 'जगन्नमिथ्या' के सिद्धांत को मानता है। वैयक्तिक मूल्यों के निर्धारण में वैयक्तिक-संकल्प की स्वतंत्रता निहित है, जबकि अध्यात्मवादी मूल्यों में अथवा उनके निर्माण में वैयक्तिक-स्वातंत्र्य का प्रश्न ही नहीं उठता।

भारतीय संदर्भ में किसी निश्चित दार्शनिक सिद्धांत के रूप में 'स्वतंत्रता' की व्याख्या नहीं की गई, लेकिन कुछ लेखकों ने अवश्य अपने निबंधों में इस पर टिप्पणियाँ दी हैं। भारतीय परिस्थितियों के संदर्भ में सामूहिक स्वतंत्रता पर ही विचार होता रहा है। हमारे यहाँ निर्णयवाद, विज्ञानवाद और धार्मिक संस्थानों का शिकंजा उतना कड़ा नहीं रहा, जो वैयक्तिक-स्वतंत्रता का हनन करे। इसीलिए

यहाँ वैयक्तिक स्वातंत्र्य पर विशेष बल न देकर मानवीय जीवन की अन्य समस्याओं को अपना विवेच्य विषय बनाया। इससे भी अधिक एक अन्य कारण यह रहा है कि स्वतंत्रता जीवन से भिन्न मूल्य न होकर आंतरिक मूल्य माना जाता रहा है इस सन्दर्भ में जैनेन्द्र का मत है–'स्वतंत्रता मेरे निकट एक मूल्य है। उपयोग से अलग उसका विचार अवास्तव हो सकता है यानी स्वतंत्रता मानव का अधिकार है, इसे कहने में मुझे विशेष आशय प्राप्त नहीं होता'।[33] संभवतः इसी कारण यहाँ के विचारक वैयक्तिक स्वातंत्र्य के प्रति तटस्थ ही रहें।

सामाजिकता के संदर्भ में ही वैयक्तिक-स्वतंत्रता को अर्थ मिलता रहा है। यह बात अलग है कि पश्चिमी प्रभाव के कारण यहाँ का मानव उच्छृंखल हो उठा है तथापि उसकी वह उच्छृंखलता, वैयक्तिक-स्वातंत्र्य का नारा, संदर्भहीन-सा लगता है। धर्मवीर भारती वैयक्तिक-स्वातंत्र्यता की उस घोषणा के प्रति क्षुब्ध हैं जो पिछले कुछ वर्षों से पश्चिमी प्रभावस्वरूप यहाँ के वातावरण को प्रभावित कर रही है, 'वैयक्तिक-स्वातंत्र्य की इस अदम्य घोषणा का अर्थ अराजकता, उच्छृंखलता, निरंकुशता और दायित्वहीनता नहीं है। उसके साथ एक दायित्व भी है–मूल्यों की खोज उनकी मानववादी सामाजिक व्याख्या और आचरण में इसकी सक्रिय परिणति'। मूल्य के प्रति मानव का दायित्व ही उसके अस्तित्व की स्वतंत्रता को अभिव्यक्ति देता है। मूल्यपरक दायित्व को स्वीकार न कर जो मूल्यहीन स्वतंत्रता पर ही आग्रह करते हैं, उनकी वैयक्तिकता कितनी बंजर और शून्य, कुहायुक्त, दिशाहीन, भूल-भुलैया में भटक जाती है। धर्मवीर भारती स्वतंत्रता को सापेक्ष मूल्य रूप में, उसे 'आंतरिक मूल्य' स्वीकार करते हैं जिसे भुलाया नहीं जा सकता। वास्तव में स्वतन्त्रता सबके लिए और सामान्य जन का दायित्व है।

स्वतंत्रता के जीवन सापेक्ष मूल्य के समर्थक कमलेश्वर भी हैं। अपने में जीने को स्वीकार करके, परिवेश और समय में जीने को अस्वीकार करना एकांगिकता है। यह घोर व्यक्तिवादिता और रुग्णता का लक्षण है जिससे, अस्तित्व और मानव-नियति की समस्याओं का कोई संबंध नहीं है। स्वतंत्रता भावनाओं पर नहीं सामाजिक संबंधों पर निर्भर है, क्योंकि मनुष्य की चेतना समाज में रहकर ही उत्पन्न होती है। मानव परस्पर सहयोग द्वारा ही, स्वतंत्रता प्राप्त कर सकता है। मुक्तिबोध भी एकांगी स्वतंत्रता के कायल नहीं। वह स्वतंत्रता के साथ ही दायित्वबोध की बात भी कहते हैं। 'वास्तव में धन द्वारा किसी की आज़ादी खरीद लेने की आज़ादी का नाम व्यक्ति-स्वातंत्र्य नहीं है। क्या यह सच नहीं है कि 'फ्री वर्ल्ड' के अंतर्गत न मालूम कितनी ही तानाशाहियाँ हैं। फ्रीडम (स्वतंत्रता) का अर्थ जो लोग 'पूँजीवाद की स्वतंत्रता' लेते हैं, हम उसके विरुद्ध है'।[34] ये विचारक अनियंत्रित स्वतंत्रता, जो अराजकता का रूप धारण कर लेती है, की अपेक्षा मर्यादित स्वतंत्रता के पक्षपाती हैं।

स्वतंत्रता को सामाजिक अर्थ प्रदान करने का संभवतः यह तात्पर्य रहा

है कि यहाँ का मानव अपनी परिस्थितियों व परिवेश में ही जीता है, अतः उसकी स्वतंत्रता और उसमें निहित चुनाव के निर्णय का प्रश्न भी सामाजिक परिवेश से भिन्न नहीं हो सकता। संभवतः इसका कारण यह रहा है कि यहाँ 'चुनाव की स्वतंत्रता' ही नहीं है। यहाँ की चिंता 'चुनने की प्रक्रिया' की चिंता है। उसके पास विकल्प की स्वतंत्रता है ही नहीं। वह केवल एक विवशता की स्थिति में जो भी व्यवस्था या स्वतंत्रता का रूप है उसे केवल ढोता है, भोगता नहीं। हमारी समस्या यह हो गई है कि—'परिवेश ऐसा आक्रामक हो गया है कि हम अपने आसपास दीवार खड़ी कर सकते हैं, परिवेश का निष्कासन कर सकते हैं, बस। पसंद का परिवेश चुन या रच नहीं सकते'।[35] इसीलिए यहाँ निर्णय अथवा चुनाव का भी कोई महत्त्व नहीं रहा।

भारतीय संदर्भ में वैयक्तिक स्तर पर निर्णय की स्वतंत्रता की अपेक्षा सामूहिक हित को महत्त्व मिलता रहा है। स्वतंत्रता और निर्णय की इस धारणा के प्रति आधुनिक साहित्य का व्यक्तिवादी लेखक क्षुब्ध दिखाई देता है। वह अपने लेखन में समस्त सामाजिक-व्यवस्थाओं व मानवीय मूल्यों की अपेक्षा अपनी व्यक्तिगत स्वतंत्रता को महत्त्व देना अधिक श्रेयस्कर समझता है। लेखकों का यह वर्ग (अज्ञेय, निर्मल वर्मा आदि) स्वतंत्रता के समाज-सापेक्ष मूल्यों की आड़ में अपने निहित स्वार्थों की पूर्ति में लगा है। उनकी रचनाओं में समाज के प्रति दायित्व की भावना नहीं। ये एक झूठी अमर्यादित सामाजिकता के प्रचार के रूप में वैयक्तिक-स्वातंत्र्य की बात बार-बार उठाते हैं। ये प्रतिबद्ध हैं तो अपने समाज के प्रति। 'मैं स्वाधीन रहना चाहता हूँ, समाज से स्वाधीन नहीं, समाज में स्वाधीन'।[36] अपनी स्वाधीनता के साथ ही अपने उत्तरदायित्व का भी उल्लेख करते हैं। 'मैं व्यक्ति को अपने प्रति उत्तरदायित्व मानता हूँ, समाज के प्रति भी। यह कोई नई बात नहीं। पर मैं अपने प्रति उत्तरदायित्व को प्राथमिक मानता हूँ, और समाज के प्रति दायित्व को उसी से उत्पन्न'।[37] उत्तरदायित्व की प्राथमिकता अज्ञेय को व्यक्तिवादी बनाती है और ऐतिहासिक सामाजिक भूमिका को गौण बनाती है। सामाजिक दायित्व से ही अपने प्रति दायित्व अधिक महत्त्वपूर्ण है। अपने प्रति दायित्व से ही सामाजिक दायित्व उत्पन्न है, यानी व्यक्तिगत दायित्व और सामाजिक दायित्व में द्वंद्वात्मक रिश्ता नहीं है। ये लेखक तथाकथित सामाजिक दायित्व से भी बहुत सावधानी से मुक्त हो जाते हैं—'स्वतंत्रता सबसे बड़ी जिम्मेदारी है...नैतिक उत्तरदायित्वों की आधारशिला है, इसीलिए अधिसंख्य मनुष्य वास्तव में स्वतंत्रता से डरते हैं, बँधी हुई लीक में ही उन्हें सुविधा और सुरक्षा दिखती है'।[38] इस वर्ग के लेखक व्यक्तिवादी स्वतंत्रता की धारणा के पक्षधर हैं। इसी क्रम में ये अस्तित्ववादी स्वतंत्रता की धारणा के समर्थक भी बने।

वैयक्तिक-स्वातंत्र्य की परिणति जिस रूप में हुई उसे नंददुलारे वाजपेयी दायित्वहीन स्वातंत्र्य मानते हैं 'स्वातंत्र्य की नई प्रकार साहित्य की सीमा में कुछ

ऐसे तत्त्वों की रखने के लिए की जा रही है, जो अतिशय असामाजिक होने के कारण बहुजन समाज में स्वीकृत नहीं है। स्वीकृत न होने पर भी यदि वे तथ्य उपयोगी या आवश्यक प्रमाणित किए जा सके तो भी एक बात है। परंतु जिस दिशा से यह स्वातंत्र्य की आवाज उठी है, वहाँ आवश्यकता और उपयोग जैसे तथ्यों का प्रश्न ही नहीं उठता, वहाँ तो जो कुछ चाहे उसे कहने और लिखने के स्वातंत्र्य की ही माँग है। प्रत्येक स्वातंत्र्य के साथ उतनी ही मात्रा में दायित्व की भावना रहा करती है। पर यह नया स्वातंत्र्य, दायित्व की भावना से नितांत अछूता है'।[39]

इस दायित्वहीन वैयक्तिक-स्वातंत्र्य को ही हिंदी साहित्य में इन व्यक्तिवादी लेखकों ने अधिक महत्त्व दिया है।

संदर्भ

1. अज्ञेय–एक बूँद सहसा उछली, पृ. 237
2. शिवप्रसाद सिंह--आधुनिक परिवेश और अस्तित्ववाद, पृ. 17
3. अमृतराय–आधुनिक भावबोध की भूमिका, पृ. 128
4. डॉ. रमेश कुंतल मेघ--आधुनिकता बोध और आधुनिकीकरण, पृ. 388
5. डॉ. नामवर सिंह–संपादकीय आलोचना (पूर्णांक 4) जनवरी-मार्च, 1968
6. John Cruickshank--Albert Camus and the Literature of Revolt. P.64
7. Albert Camus–The Myth of Sisyphus, P. 12
8. निर्मल वर्मा–चीड़ों पर चाँदनी (भूमिका), पृ. 6
9. कमलेश्वर–नयी कहानी की भूमिका, पृ. 180
10. Kurt F. Reinhardt–Existentialist Revolt, P. 238
11. अज्ञेय–इंद्रधनुप रौंदे हुए, पृ. 44

12-13. वही–सात गीत वर्प (भूमिका), पृ. 9-10

14. लक्ष्मीकांत वर्मा–नई कविता अंक 8, पृ. 263
15. अज्ञेय–अरी ओ करुणा प्रभामय, पृ. 146
16. डॉ. नामवर सिंह–इतिहास और कल्पना, पृ. 15-16
17. मुक्तिबोध–नये साहित्य का सौंदर्यशास्त्र, पृ. 43
18. रामचंद्र शुक्ल–रसमीमांसा
19. Karl Marx–Economic & Philosophical Manuscripts of 1844 Part I, P. 130
20. डॉ. रमेश कुंतल मेघ–आधुनिकता बोध और आधुनिकीकरण, पृ. 203
21. अज्ञेय–त्रिशंकु, पृ. 18
22. डॉ. रमेश कुंतल मेघ–आधुनिकता बोध और आधुनिकीकरण, पृ. 243
23. भवानीप्रसाद मिश्र की कविताओं के विपय में दिया गया वक्तव्य–'बुनी हुई रस्सी'
24. अज्ञेय--लिखि कागद कोरे, पृ. 62

25. अज्ञेय—भवंती, पृ. 37
26. डॉ. नित्यानंद तिवारी—'आधुनिकता : एक दृष्टि' नई कविता, अंक 7, पृ. 61
27. डॉ. नामवर सिंह—इतिहास और आलोचना, पृ. 52
28. मुक्तिबोध रचनावली भाग-4 पृ. 40
29. कमलेश्वर—नई कहानी की भूमिका, पृ. 171
30. राजेंद्र यादव—कहानी : स्वरूप और संवेदना, पृ. 130
31. योगेंद्रशाही—अस्तित्ववाद : कीर्केगार्द से कामू तक, पृ. 30
32. J.P. Sartre–Existentialism and Humanism, P. 29
33. जैनेंद्र कुमार—'स्वातंत्र्य बनाम शहादत' आलोचना अंक 15
34. मुक्तिबोध—नयी कविता का आत्मसंघर्ष तथा अन्य निबंध
35. अज्ञेय—अंतराल, पृ. 33
36. वही, पृ. 24
37. वही—आत्मनेपद, पृ. 204
38. वही—आलबाल, पृ. 95
39. नन्ददुलारे वाजपेयी—'समाज और साहित्य'

साहित्य पर दर्शन के प्रभाव का अर्थ : व्याप्ति और सीमा

जीवन से दर्शन और दर्शन से साहित्य को बल मिलता है। इनकी संश्लिष्टता और संगति से कलामूल्यों में वृद्धि होती है और साहित्यकार को एक ऐसी अंतर्दृष्टि प्राप्त होती है जिससे उसकी पैठ गहरी हो जाती है तथा वह अपनी रचना के मर्म को समझने व उसे प्रस्तुत करने में अधिक सफल हो पाता है।

ऐसी स्थिति में दार्शनिक और साहित्यिक मानदंडों में कोई विरोध नहीं होता और जीवन, दर्शन तथा साहित्य के परस्पर संबद्ध होने को अनिवार्य स्वीकार कर लिया जाता है। वस्तुतः जीवनदृष्टि से ही दर्शन का जन्म होता है और साहित्य का भी सीधा संबंध जीवन से ही है, अतः बिना दर्शन के उत्कृष्ट साहित्य का सृजन नहीं हो सकता।

जहाँ एक ओर जीवन और दर्शन का अटूट संबंध है और जहाँ दार्शनिकों द्वारा बाह्य जगत को समग्र रूप में ग्रहण किया जाता है और तर्कों के आधार पर सामान्य रूप की व्याख्या की जाती है, वहाँ साहित्य के बाह्यांगों के प्रति चाहे जितना मत-वैभिन्न्य रहा हो, लेकिन जीवन और साहित्य के परस्पर संबंध के विषय में कोई मतभेद नहीं होता।

दर्शन, जीवन के सत्य और उसकी वास्तविकता का उद्‌घाटन करता है। साहित्य का सरोकार भी लगभग इन्हीं तत्त्वों से होता है। इतना होने पर भी इन दोनों के अनुशासनों की पद्धति और वातावरण में अंतर होता है। तत्त्वदर्शन, सत्य और वास्तविकता को तार्किक और विश्लेषणात्मक पद्धति में खोजता है और साहित्य अनुभवात्मक और संश्लिष्ट पद्धति में। इन दोनों की पद्धति में भिन्नता होने पर भी जिस प्रकार जीवन के उदात्तीकरणं के लिए दर्शन की आवश्यकता है उसी प्रकार साहित्य के औदात्य और स्थायित्व के लिए दार्शनिक चिंतन का स्पर्श अपेक्षित है। दार्शनिक चिंतन, जीवन और साहित्य दोनों के लिए महत्त्वपूर्ण भूमिका निभाता है। दर्शन प्रधानतया मानवीय व्यक्तित्त्व के गुणात्मक विकास का उपकरण है। यही कारण है कि वह जीवन-निरपेक्ष नहीं हो पाता। दूसरी

और साहित्य चूँकि जीवन की अभिव्यक्ति है, अतः साहित्य और दर्शन का संबंध भी स्वतः जुड़ जाता है। भिन्न मार्गी होने पर भी यह दोनों परस्पर ग्राह्य हैं क्योंकि साहित्य अनुभवों की विशिष्टता पर बल देते हुए भी वास्तविकता के सामान्य स्वरूप को खोजकर महानता का दावा करता रहा है, जबकि दर्शन का काम तार्किक आधार पर वास्तविकता को निरूपित करना है।

साहित्यकार, दर्शन और साहित्य के इसी भेद का निराकरण कर, साहित्य की रचना करता है। साहित्य में भावना का ज्ञानात्मक आधार तथा ज्ञान (दर्शन) को जीवनानुभवों के आधार पर ही ग्रहण किया जाना लेखक की विवेकशीलता का परिचायक है। विचार और अनुभव दोनों में द्वंद्वात्मक पद्धति को व्यावहारिक स्तर पर स्वीकार करना ही प्रगतिशीलता है। यही सृजनात्मक क्षमता का बोध कराती है। साहित्यिक लेखक अभिव्यक्ति के संदर्भ में दर्शन के प्रभाव के सभी खतरों के प्रति सचेत होकर रचना करता है, ताकि वह रचना दर्शन की कृति मात्र न रह जाए, बल्कि भावात्मक परिवेश के माध्यम से व्यापक विचार दृष्टि का भी सृजन करे। जो साहित्य प्रगतिशील विचारधारा से जुड़ता है वही जीवन की कठिनाइयों को व्याख्यायित व विश्लेपित कर सकने की क्षमता रखता है। तथा उसी में बौद्धिक अनुशासन भी होता है। मुक्तिबोध इसे लेखकीय धर्म मानते हैं। उनके अनुसार 'लेखक को मानवीय जीवन-मूल्य व साहित्यिक सौंदर्य के तत्त्वों को पूर्णता ग्रहण कर एक साथ आत्मचेतस् और विश्वचेतस् बनने की क्रिया को अधिकाधिक संतुलित, अधिकाधिक बाह्यानुभव-संपन्न, अधिकाधिक जीवनानुभव संपन्न बनना चाहिए'।[1]

आधुनिक साहित्य में क्रमशः दर्शन की भूमिका गौण पड़ने लगी। उसमें व्यावहारिक स्तर पर भावनाओं, अनुभूतियों और वैज्ञानिक सिद्धांतों को ही ज्ञान का प्रामाणिक साधन माना जाने लगा। वास्तव में इस युग में साहित्यकारों के पास ऐसी कोई जीवन-दृष्टि नहीं जो उनकी भाव-दृष्टि को अनुशासित कर सके। मध्यकालीन साहित्य एवं छायावादी और प्रगतिवादी कवियों ने समकालीन निश्चित दर्शन को आधार बनाकर काव्य-रचना की तथा जन-जीवन में उसका प्रचार किया। सूर, तुलसी, प्रसाद, निराला, महादेवी, सुमित्रानंदन पंत आदि कवियों ने किसी-न-किसी दर्शन का पल्ला पकड़कर अपनी रचनाओं के माध्यम से उसे व्यक्त किया; लेकिन आज का नया साहित्यकार किसी निश्चित दार्शनिक विचार प्रणाली को आधार बनाकर साहित्य रचना नहीं कर सका। आज साहित्यिक क्षेत्र में वैचारिक स्थापना का अभाव दिखाई पड़ता है। नई कविता का झुकाव किसी विशेष दार्शनिक विचारधारा के प्रति नहीं रहा वह तो विभिन्न दृष्टियों और विचारों का एक ढेर सा बन कर रह गई है। कुछ आलोचक तो यहाँ तक कहते हैं कि 'आज के युवा लेखन ने विचारों से बिदाई ही ले ली है।'

इन सब बातों के बावजूद भी इतना अवश्य कहा जा सकता है कि कुछ

कवि अपने दृष्टिकोण को अपनी रचनाओं में स्थान देते रहे हैं। अज्ञेय, मुक्तिबोध व केदारनाथ अग्रवाल प्रभृति आधुनिक कवि इसके सजीव उदाहरण हैं। इन कवियों ने अपनी वैचारिकता को ही अपने काव्य के माध्यम से चित्रित किया है। 'आधुनिक वैज्ञानिक युग में कवियों द्वारा जीवन-ज्ञान का 'बायकाट' सचमुच दर्शनीय और शोचनीय प्रश्न है'।[2] इसका कारण संभवतः यही है कि तत्त्वदार्शनिक उपपत्तियों और सामान्यताओं में मानव जीवन की रुचि कम होती गई, इसीलिए 'क्लासिकल' दर्शन का साहित्य में उपयोग हस्तक्षेप के रूप में जान पड़ने लगा। उदाहरण स्वरूप कामायनी और उर्वशी के वे स्थल जहाँ तत्त्व दार्शनिक उपपत्तियों का उपयोग किया गया वहाँ कवित्व की विश्वसनीयता खो गई। मध्ययुगीन काव्य में यही तत्त्वदर्शन काव्य सौंदर्य के रूप में उभरकर आया। भक्तिकालीन कवियों—कबीर, सूर व तुलसी ने अपने समकालीन दर्शन की प्रतिबद्धता को मुखर रूप से साहित्यिक परिणति प्रदान की। तुलसीदास का 'रामचरितमानस' सूरदास का 'सूर-सागर' व 'भ्रमरगीत' तत्त्वदर्शन के स्पष्टीकरण का उपकरण हैं। रीतिकालीन साहित्य में किसी दर्शन व विचार की प्रतिबद्धता को स्वीकार न कर उसकी उपपत्तियों को छिटपुट रूप में ग्रहण किया गया। क्रमशः तत्त्वदर्शन की उपपत्तियों की उपेक्षा के कारण ही आधुनिक कवियों में ऐसी विश्वदृष्टि का अभाव है जो उन्हें आभ्यांतरिक आत्मशक्ति प्रदान कर सके।

आधुनिक युग में वह दर्शन जो 'क्लासिकल' तत्त्व मीमांसा और अमूर्त सामान्यताओं से भिन्न वस्तुगत और अनुभवपरक स्थितियों के बीच वास्तविकता के स्वरूप को विशिष्ट और मूर्त रूप में ग्रहण करता हो—स्वीकार किया जाने लगा। मार्क्सवाद और अस्तित्ववाद, दोनों ही शाश्वत और अमूर्त मान्यताओं का निषेध करते हैं। वस्तुगत और अनुभवपरक स्थितियों में वास्तविकता के स्वरूप को परिवर्तनशील और ठोस मानते हैं। आधुनिक साहित्यकारों ने 'क्लासिकल' दर्शन की अपेक्षा प्रचलित चिंतन—मार्क्सवाद और अस्तित्ववाद—को अपने साहित्य के माध्यम से उजागर किया, ताकि जन-जीवन आध्यात्मिकता से भिन्न इन विचारों को समझे तथा जीवन की वास्तविकता से परिचित हो सके। यद्यपि यह दोनों चिंतनधाराएँ भिन्न दृष्टिकोण की वाहक रहीं तथापि साहित्य में यह अत्यंत मुखर रूप से स्वीकार की गईं। मार्क्सवादी विचारधारा तो अंतर्राष्ट्रीय स्तर पर विवेचन और चर्चा का विषय बनी। यह चिंतन व्यक्ति के स्थान पर समूह की बात करता है। मार्क्सवाद में व्यक्ति गौण है—समूह सर्वोपरि। उसकी दृष्टि में सामाजिक परिवर्तन की कुंजी व्यक्ति के आचरण में नहीं, वर्गों के संघर्ष में निहित है।

आधुनिक युग में दार्शनिक चिंतन आध्यात्मिक चिंतन से अलग होकर मानववादी चिंतन के रूप में परिवर्तित होता हुआ वैयक्तिकता की ओर उन्मुख हुआ और उसकी परिणति अस्तित्ववादी चिंतन में हुई। भयानक अवसरवाद और

प्रबल स्वार्थ के प्रभाव स्वरूप आज के कुछ साहित्यकार वैयक्तिकता की दुहाई देने लगे। संभवतया इसी कारण आज की कविता पर्सनल-सिच्युएशन की, कविता बनी। अस्तित्ववाद इसी 'पर्सनल सिच्युएशन्स' को महत्त्व देता है, जबकि मार्क्सवाद समूह मानव की 'सिच्युएशन्स को।

अस्तित्ववादी चिंतन ने एक निश्चित व परिभाषित दर्शन की अपेक्षा मानवीय स्थितियों को देखने-परखने की नवीन पद्धति को अपनाया, जो जिए हुए अनुभवों की सच्चाई पर आधारित है। इस मत में चिंतन अपनी अनुभूति का ही परिणाम एवं अपने जीवन में भोगे हुए यथार्थ की ही अभिव्यक्ति है। 'ये चिंतक अपनी संवेदना के भीतर से अपने अस्तित्व को परिभाषित करने का प्रयत्न करते हैं। इसीलिए ये विचार वस्तुपरक की अपेक्षा आत्मपरक अधिक है'।[3] इस चिंतन के प्रचलन से साहित्य में संत्रास, कुंठा, भय उबकाई, ऊब अकेलेपन आदि शब्दावली का समावेश हुआ और मानवीय वैयक्तिकता को प्रमुखता मिली। यद्यपि अस्तित्ववाद, जो किसी व्यवस्थित प्रणाली का निर्धारण नहीं करता, मानव की उलझी हुई स्थितियों को सुलझा सकने में सक्षम नहीं, तब भी अपने चारों ओर छाए जाल में झूलती अपनी स्थिति का वास्तविक विश्लेषण करने में सहायक होता है।

वास्तव में अस्तित्ववाद की समस्या जीवन को तथाकथित शाश्वत अमूर्त सिद्धांतों से मुक्त कर, उसके मूर्त और विशिष्ट पहलू को उजागर करना है। अस्तित्ववादी मीमांसा में तर्क परिस्थितियों और अनुभवों से गर्भित हैं, अतः वह साहित्य को अधिकृत रूप प्रदान करने में सहायक होता है। अस्तित्ववादी चिंतकों ने अपनी दार्शनिक उपलब्धियों को तर्क के परंपरागत अनुशासन से भिन्न पद्धति में अर्जित किया। इस पद्धति में साहित्यिक अनुशासन से निकटता थी, अतः यह चिंतन क्रमबद्धता और व्यवस्था के स्थान पर मानवीय अनुभूतियों का विश्लेषण अधिक कर पाया। साहित्य में इस चिंतन की मुखरता के कारण ही यह कहा जाता रहा है कि अस्तित्ववादी धारणा सर्जनात्मक साहित्य में पहले उतरी, चिंतन के क्षेत्र में बाद में। यह दर्शन से साहित्य में न आकर अपनी पहली उद्‌भूति में सर्जनात्मक क्षेत्र में ही उत्पन्न और विकसित हुआ। पूर्ववर्ती दर्शनों की तरह अस्तित्ववाद जीवन में कोई बाह्यारोपित अर्थ नहीं पाता। स्पष्ट ही अस्तित्ववादी दार्शनिक प्रपत्तियों की अपेक्षा विचारकों (सार्त्र, कामू और काफ्का) की साहित्यिक रचनाएँ इस चिंतन के प्रचार में अधिक सहायक हुईं। आधुनिक वैज्ञानिक युग में, मानवीय जीवन में छाया अकेलापन, पीड़ा, निराशा व मृत्यु की अनुभूतियों का विश्लेषण व स्पष्टीकरण सैद्धांतिक विवेचन की अपेक्षा साहित्यिक प्रस्तुतीकरण के माध्यम से ही सहज और सरल हो पाया।

जान क्रुकशैंक के मत में यद्यपि साहित्य और दर्शन एक नहीं तथापि वे एक- दूसरे को प्रभावित अवश्य करते हैं। दोनों ही एक समान चिंता और अशांति

की चर्चा करते हैं। यही कारण है कि अस्तित्ववाद का सैद्धांतिक पक्ष दार्शनिकता का पुट लेते हुए भी साहित्यिक परिप्रेक्ष्य में अधिक स्पष्ट रूप से उभरा। मारग्रेट चैटरजी के अनुसार—'दर्शन और साहित्य का यह घालमेल दार्शनिकों के लिए परेशानी का कारण बना।' दूसरी ओर यह भी सत्य है कि अस्तित्ववाद के दायरे में रहते हुए किसी व्यवस्थित दार्शनिक सिद्धांत या नैतिक मूल्य का निर्धारण संभव न हो सका। सच तो यह है कि अस्तित्ववाद व्यक्ति की अवहेलना करनेवाले नैतिक दर्शनों के सम्मुख उनकी कमजोरी को स्पष्ट करनेवाला आंदोलन था। यह सोचने का एक ढंग है जो वैचारिक विश्लेषण की अपेक्षा साहित्यिक अभिव्यक्ति के अधिक अनुरूप है।

साहित्य द्वारा अस्तित्ववादी विचारों को स्पष्ट करने की परंपरा का प्रारंभ कीर्केगार्द की रचनाओं से माना जाता है। किंतु इससे पूर्व 'होल्डर लिन' (1779-1843) ने अपने पूर्ववर्ती साहित्यकारों से भिन्न विचार दृष्टि को अपनाते हुए अपनी साहित्यिक कृति 'ब्रेड एंड वाइन' में अस्तित्ववादी विचार का परिचय दिया है। उसने इस कविता में स्पष्ट किया है कि ईश्वर किसी अन्य लोक में चला गया है और संसार में शोक छाया हुआ है। वह नीत्शे की भाँति यह नहीं कहता कि ईश्वर मर चुका है, किंतु वह यह अवश्य कहता है कि मनुष्य नितांत अकेला रह गया है और उसके दैनिक जीवन में एक भयंकर अनिश्चितता फैल चुकी है। होल्डर लिन के अतिरिक्त रूस के दो अन्य महान साहित्यकारों—टॉलस्टाय और तुर्गनेव के साहित्य में भी अस्तित्ववादी चिंतन की झलक मिलती है। टॉलस्टाय ने अपने उपन्यास 'अन्ना केरिन्ना' में बताया कि उपन्यास की पात्र अन्ना कैरिन्ना का सौंदर्य उसके कार्यों को प्रभावित करता है। इसी प्रभाव के कारण उसके अपने जीवन और अन्य लोगों के जीवन में ट्रेजिडी घटित होती है। यूरोपीय साहित्य में अपेक्षाकृत व्यवस्थित रूप में अस्तित्ववादी विचार कीर्केगार्द से लेकर सार्त्र, कामू व काफ्का की रचनाओं में दिखाई पड़ते हैं। कीर्केगार्द ने 'ए डीफाइंग डिस्कोर्सेस' में विभिन्न प्रकार के पात्रों के माध्यम से अपने विचारों का प्रतिपादन किया है। नीत्शे लेखक ही नहीं, कवि भी था। 'द ज्वायफुल विज़डम' उसकी लंबी कविता है। इस कविता में उसने ईश्वर की मृत्यु का ऐलान बड़े नाटकीय ढंग से किया है। 'द बर्थ आव ट्रेजडी' में कला का मूल्यांकन और विश्लेषण हुआ है। नीत्शे की 'द स्पेक जरथुस्त' व कीर्केगार्द की 'कंक्लूडिंग अनसाइंटिफिक पोस्टस्क्रिप्ट' एवं 'आइदर/ऑर' जैसी दार्शनिक कृतियों की भी साहित्यिकता की दृष्टि से उच्चकोटि की रचनाओं में गिनती की जाती है। दोस्तोवस्की ने अपनी रचनाओं के माध्यम से अस्तित्व संबंधी विचार तो प्रकट किए किंतु उनमें विशुद्ध अस्तित्ववादी अनुशासन की प्रतिष्ठा नहीं की। दोस्तोवस्की के समस्त विचारों का माध्यम उपन्यासों के चरित्र और वह घटनाएँ हैं, जिसने समूचे यूरोपीय जन मानस को झकझोरकर रख दिया था। 'मेमायर्स फ्रॉम अंडरग्राउंड' दोस्तोवस्की की विश्व साहित्य की क्रांतिकारी पुस्तक

है। इस पुस्तक ने अपने समकालीन व परवर्ती चिंतकों को सह अनुभूति का अनुभव कराया। इन्हीं विशेषताओं के कारण दोस्तोवस्की विश्व के दिग्गज साहित्यकार माने जाते हैं। अस्तित्ववादी साहित्यकारों की इस शृंखला में मार्सेल का उल्लेख न करना अनुचित होगा। स्वतंत्र रूप से दर्शन संबंधी किसी विशेष पुस्तक की रचना तो उन्होंने नहीं की, किंतु उनके नाटकों में अस्तित्ववादी विचारों की अस्पष्ट झलक अवश्य मिलती है। इन विचारों को समझने के लिए उनके नाटकों और डायरियों का अध्ययन आवश्यक हो जाता है। दार्शनिक की अपेक्षा साहित्यिक चिंतक के रूप में अपने अस्तित्व को बनाए रखना उन्हें अधिक प्रिय था, संभवतः इसीलिए अपने को अस्तित्ववादी कहे जाने पर उन्हें सख्त आपत्ति थी।

अस्तित्ववादी विचारकों के एक अन्य वर्ग ने, जो निरंतर अपने जीवन में अस्तित्ववाद के खतरे को झेलते हुए भी जी रहे थे, किसी सैद्धांतिकता के प्रतिपादन ,की बजाय साहित्यिक कृतियों में विचार सूत्रों का संश्लिष्ट चित्रण किया है। इस चिंतन के साहित्यिक प्रचारकों—सार्त्र, कामू और काफ्का—की साहित्यिक रचनाएँ अस्तित्ववादी चिंतन को जितनी अधिक ख्याति प्रदान कर सकीं, उतनी उनकी विशुद्ध दार्शनिक रचनाएँ नहीं। ऐसी बहुत सी साहित्यिक पुस्तकें हैं जो प्रत्यक्ष अथवा अप्रत्यक्ष रूप से अस्तित्ववादियों के दार्शनिक प्रभाव से मुक्त हैं, किंतु फिर भी अस्तित्ववादी साहित्यकार अपनी इस सादृश्यता के आधार पर ही दार्शनिकों को प्रभावित करने के लिए प्रयत्नशील हैं। सार्त्र ने अपने पूर्ववर्ती चिंतकों के अव्यवस्थित चिंतन सूत्रों को एकत्र कर उन्हें व्यवस्थित रूप में प्रतिपादित करने का प्रयत्न किया, किंतु वे अस्तित्ववाद को मात्र दर्शन के रूप में प्रतिष्ठित नहीं कर सके। अस्तित्ववादी चिंतक से साम्यवादी चिंतक के रूप में वे प्रतिष्ठित नहीं होना चाहते थे। सार्त्र के नाटक 'नो एक्जिट' व 'द फ्लाइज़' साहित्यिक अभिव्यक्ति और दार्शनिक प्रपत्तियों के परस्पर संबंध के परिचायक हैं। उनके विश्वविख्यात उपन्यास 'लॉ नासिया' में साहित्य और दर्शन के तत्त्व इस प्रकार संश्लिष्ट रूप में वर्णित हैं कि इन दोनों तत्त्वों को अलगाने का प्रयत्न असफल तो होगा ही, साथ ही कृति का कलात्मक सौंदर्य भी नष्ट होगा। इन रचनाओं के अध्ययन से सार्त्र के दर्शन का स्पष्ट आभास मिलता है। इस दिशा में इनकी दार्शनिक कृति—'बीइंग एंड नथिंगनैस'—में साहित्यिक कृतियों के पात्रों की चर्चा उनके दार्शनिक और साहित्यिक व्यक्तित्त्व को पुष्ट करने में सहायक हुई हैं।

कामू की यह मान्यता कि साहित्य एब्सर्ड का काल्पनिक पुष्टिकरण है—उसके चिंतन का वह आधारभूत तत्त्व है जो साहित्य के माध्यम से अभिव्यक्त हुआ। वह साहित्य को 'एब्सर्ड' से छुटकारा पाने का साधन नहीं मानता। वह विचारों की पुष्टि के लिए नहीं, अपितु 'एब्सर्ड' के भावों की अभिव्यक्ति के लिए ही साहित्य की रचना करता है। इसीलिए उसके दर्शन की अभिव्यक्ति विशुद्ध

दार्शनिक तत्त्वचिंतन द्वारा नहीं साहित्यिक कृतियों—'लस्ट्रेंजर', 'लपैस्टे' और 'मिथ ऑफ सिसिफस' के अध्ययन से ही की जा सकती हैं। इन कृतियों में वह 'एब्सर्ड' की दार्शनिक तार्किकता की ओर ध्यान न देकर उसकी अनुभूति कराने में अधिक उत्सुक दिखाई पड़ता है। कामू ने स्वयं इसे स्वीकार किया है—'मैं साहित्य की रचना कर रहा हूँ किसी दर्शन की नहीं'।[4]

19वीं शताब्दी के अंत में काफ्का के रूप में एक महान अस्तित्ववादी साहित्यकार का जन्म हुआ। उसके उपन्यासों—'द कॉसल', 'द ट्रॉयल' व लघु कथाओं के पात्रों को निरंतर इस अजनबीपन से दूर करने का प्रयास करने पर भी निराशा के अंधकार में खो जाना पड़ता है। वह जीवन में निराशा को तो अंगीकार नहीं करता, लेकिन उस निराश स्थिति में भी सूक्ष्म रूप से कॉफ्का की विचारदृष्टि में आशा की किरण पाई जाती है। निरर्थकता और एकाकीपन की संवेदनाओं और चिंताओं को 'द कॉसल' में और अपराध भावना की चिंता 'द ट्रायल' में बहुत गहराई से अभिव्यक्त हुइ है। साहित्यकार के अतिरिक्त अपने चित्रों के माध्यम से भी काफ्का ने मानवीय जीवन में विरोधाभासों को प्रतीकों के माध्यम से व्यक्त कर अपने विचारों को पुष्ट किया है।

इन विचारकों के अतिरिक्त कुछ अन्य विचारकों—ए.एच. मॉरलो, चेखव, इब्सन, टी.एस. इलियट, जेम्स ज्वाइस और बर्दएव जैसे प्रबुद्ध साहित्यकारों ने भी समसामयिक विचारों से प्रभावित होकर अपनी साहित्यिक रचनाओं में छिटपुट रूप में अस्तित्ववादी प्रभाव का उल्लेख किया है। अंग्रेजी दर्शन और साहित्य के अन्य विचारकों और साहित्यकारों में एस.टी. कॉलरिज, जॉन ब्रेन और इरिस मॉरडोक (जो अकेली समकालीन ब्रिटिश उपन्यासकार है।) पर भी अस्तित्ववादी लेबल लगाया जा सकता है। जिस प्रकार 'हैमिंग्वे' के पात्र अपने कर्मों के जरिए अपनी नियति से मुकाबला करते हैं, उसे देखकर कुछ आलोचक उन्हें भी अस्तित्ववादी विचारधारा से प्रभावित बताते हैं। यह सत्य है कि अस्तित्ववादी चिंतकों की साहित्यिक रचनाएँ उत्कृष्ट कोटि की रचनाएँ मानी जाती हैं, लेकिन इस चिंतन पर आधारित प्रत्येक कृति एक महान रचना नहीं कही जा सकती। कुछ रचनाएँ ऐसी भी हैं जो अनुभूति में न ढलकर मात्र विचार के स्तर पर वैयक्तिकता की दुहाई देती हैं। इनमें अस्तित्व का संकट जैसा गंभीर प्रश्न भी नितांत अगंभीर और सतही बन गया। 'कहीं तो ऐसा भी हुआ है कि एक पूरी विचार शृंखला को केंद्र बनाकर पात्र और परिस्थितियाँ बुनकर रख दी गई हैं'।[5] कहीं-कहीं परिस्थितियाँ गढ़ी हुई और असामान्य-सी प्रतीत होती हैं'।[6]

बहरहाल इतना तो अवश्य कहा जा सकता है कि अस्तित्ववादी प्रमुख विचारकों का उद्‌देश्य अपनी कृतियों के माध्यम से दर्शन और साहित्य के परस्पर विरोध को खंडित करना ही रहा है। इन विचारकों के इस विद्रोही भाव के कारण ही कीर्केगार्द की अप्रत्यक्ष संप्रेपण शैली, नीत्शे का सूक्ति कथन, दोस्तोवस्की का

मनोवैज्ञानिक चरित्र-चित्रण, कॉफ्का का स्वप्नतंत्र, सार्त्र की अस्तित्ववादी भाषा तथा बिंबविधान एवं कामू के एब्सर्ड ने विश्व साहित्य को नए आयाम दिए।

बीसवीं शताब्दी के वैचारिक संक्रमण के फलस्वरूप और इससे भी अधिक साहित्य में शीतयुद्ध के अत्यधिक प्रचार के कारण हिंदी साहित्य में अस्तित्ववादी चिंतन की चर्चा होने लगी। इस दशक में लेखक व्यक्तिवादी विचारधारा की ओर उन्मुख हुए। अस्तित्ववादी विचारधारा का सीधा संबंध चूँकि वैयक्तिक सत्ता से है, अतः इन लेखकों का रुझान भी इसी चिंतन की ओर हुआ। हिंदी साहित्य में भी अस्तित्ववादी स्थितियों और शब्द रचनाओं का धड़ल्ले से प्रयोग होने लगा।

हिन्दी-साहित्य में अस्तित्ववादी चिन्तन की अभिव्यक्ति न तो दर्शन के रूप में हुयी और न ही रचनात्मक साहित्य के सन्दर्भ में। हाँ इतना अवश्य है कि नयी-कविता के अभ्युदय के बाद इस चिन्तन को साहित्य में आम मुहावरे के रूप में अथवा कुछ पारिभाषिक शब्दों के प्रयोग में अपनाया गया। ऊब, उबकाई, संत्रास, आत्महत्या की चाह, अजनबीपन, अकेलापन, मृत्यु-साक्षात्कार के क्षण आदि के अहसास से उत्पन्न होने की परेशानी आदि लक्षण इन नयी कविता लिखने वाले कवियों में देखे जा सकते हैं।

वास्तव में इस चिंतन को हिंदी साहित्य में अपनाने का कुछ विशेष आग्रह न होकर मात्र नए का आकर्षण है। इए नए के आकर्षण का ही परिणाम है कि यहाँ अस्तित्ववादी चिंतन का कृत्रिम व ओढ़ा हुआ रूप ही दिखाई पड़ता है। हिंदी साहित्य जगत में अस्तित्ववाद की मूलप्रेरणाओं और वैचारिक आग्रहों को बहुत सही ढंग से नहीं समझा जा सका। परिणामतः यह चिन्तन कलाकारों में अपेक्षित सर्जनात्मक ऊर्जा तो पैदा न कर सका, किंतु उनके आम मुहावरे के आकर्षण के कारण साहित्य में उतर अवश्य गया।

हिंदी साहित्य की यह विडंबना रही है कि इस चिंतन को साहित्य में अधिकाधिक ग्राह्य बनाने के लिए इस चिंतन के कुछ सूत्रों को लेकर कुछ लोगों ने इसे बड़ी दार्शनिक मुद्रा में उछालना शुरू किया और बड़े रूमानी अंदाज में कहना शुरू किया कि आज मनुष्य पूरी तरह अवश और विवश है। इसी मानसिकता से आक्रांत हिंदी साहित्य में कुछ ऐसी रचनाओं की चर्चा होती रही है जिसे आलोचकों द्वारा अस्तित्ववादी रचना की संज्ञा दी जा रही है। अज्ञेय के 'अपने-अपने अजनबी' उपन्यास को अस्तित्ववादी उपन्यास कहा जाता है। इसमें बर्फ, बाढ़ और व्यवस्था—तीनों के संदर्भ में मृत्यु-साक्षात्कार के क्षणों में मृत्यु, मृत्युगंध, उबकाई, स्वतंत्रता और चयन आदि शब्दों का प्रयोग किया गया है। लेखक का यह महत्त्वाकांक्षी प्रयास यद्यपि अस्तित्व चिंतन की ओर ले जाता है तथापि इसमें न तो अर्थहीन जिंदगी का वह भयावह संत्रास ही है जो काफ्का में है और न ही कामू-सार्त्र जैसी दार्शनिक प्रामाणिकता। उपन्यास पढ़ते समय पाठक उससे तादात्म्य स्थापित नहीं कर पाता। ऐसा लगता है कि दर्शन को अतिरंजना के

रूप में यहाँ स्वीकार किया है। इसे अस्तित्ववादी उपन्यास कहना संभवतः इस चिंतन और रचना के साथ अन्याय होगा। स्वयं लेखक का कथन इसकी पुष्टि करता है—'उसका ढाँचा अस्तित्ववादी नहीं है। अस्तित्ववादी विचारकों ने जिस चरम स्थिति का प्रश्न उठाया और उसके आधार पर जीवन को अर्थहीन बताया, उसी चरम स्थिति को मैंने अपने उपन्यास में उठाया है। जीवन को अर्थहीन नहीं दिखाया, बल्कि यह दिखाने की कोशिश की है कि अर्थवत्ता कहाँ से आती है। इस रूप में अस्तित्ववादी तर्क व चिंतन का यह उपन्यास जवाब हो सकता है'।[7]

'नदी के द्वीप' में ऐसे कथन एवं भावाभिव्यक्तियाँ अवश्य देखने में आती हैं जो अस्तित्ववादी चिंतन की स्थितियों को उभारती हैं। इस उपन्यास में प्रयुक्त चिंतन कहीं-कहीं साहित्यिक विशेषताओं के साथ इस प्रकार घुल-मिलकर उभरा है कि आलोचकों को शंका होने लगती है। उपन्यास में क्षण के भोग की चर्चा की रुझान कुछ-कुछ अस्तित्ववादी चिंतन जैसी है। अज्ञेय के कलाकार पर अस्तित्व चिंतन के प्रभाव को यहाँ के आलोचक प्रायः ही स्वीकार करते रहे हैं। अज्ञेय ने यॉस्पर्स, बूबर, डी.एच. लारेंस, इलियट आदि अनेक लोगों की दृष्टियों से कविता और उपन्यासों के विषय, पात्र और विचार चुने, रचे और समझे हैं।...'मम और ममेतर' की समस्या का चित्रण यास्पर्स और बूबर से अधिक प्रभावित है—बौद्ध धर्म से कम।

अज्ञेय पश्चिमी दर्शन को अपनाने का लोभ तो संवरण न कर सके, किंतु पूर्णतः अस्तित्ववादी चिंतन को ध्यान में रखकर रचना करना अज्ञेय का उद्देश्य नहीं रहा। इस तथ्य की पुष्टि करने के लिए अज्ञेय ने कहा—'ऐसे बहुत कम लोग हैं जो किसी तरह के 'वादी' उपन्यास लिखते हैं। वादी उपन्यास प्रायः घटिया होते हैं, लेकिन अस्तित्व का आधुनिक स्थिति में क्या अर्थ है और कौन से आधार हो सकते हैं जिन पर हम अपना अस्तित्व टेक सकते हैं। यह प्रश्न एक महत्त्वपूर्ण आधुनिक प्रश्न है। जो पुराने आधार थे, उन पर आज के शिक्षित समाज का प्रत्यय नहीं होता। इस बात को पहचानकर लिखे गए उपन्यास इसलिए अस्तित्ववादी हो जाते हैं तो बहुत सी चीजों को अस्तित्ववादी कहा जा सकता है। लेकिन मेरी समझ में वैसा कहना गलत होगा। मोटे तौर पर कह सकता हूँ कि उस तरह का वैज्ञानिक संकट हमारे देश में नहीं देखा गया, जिसमें अस्तित्ववादी रचनाएँ प्रकट होती हैं'।[8]

निर्मल वर्मा के साहित्य में अस्तित्ववादी चिंतन विदेशी वातावरण के संदर्भ में ही अर्थ पा सका है। विदेशों में रहते हुए भारतीय परिवेश से कटे रहना उनके लिए स्वाभाविक ही है। इनके उपन्यास 'वे दिन'; 'लाल टीन की छत' तथा कुछ कहानियाँ—'सितंबर की एक शाम', 'मिस पाल' आदि में अस्तित्ववादी विचार को यदि कहीं चित्रित करने का प्रयास किया भी है तो वह स्पष्ट नहीं हो पाया।

वह अपने साहित्य की पृष्ठभूमि यूरोप के जीवन में ही खोजते हैं और अत्याधुनिकता का आवरण ओढ़े विदेशी पात्रों के साथ तादात्म्य करने में संलग्न हैं। इस प्रवृत्ति को देखते हुए आलोचकों को कहना पड़ा—'निर्मल वर्मा ऐसा रंगसाज है जिसके पास रंगों का अत्यंत सीमित क्षेत्र है। उसे ही थोड़े बहुत हेर-फेर के साथ लेखक ने अपनी तूलिका से लगभग समान रंग का आकार प्रदान किया है'।[9]

राजेंद्र यादव अपनी प्रारंभिक रचनाओं में तो नहीं, बाद की रचनाओं में इस विचारधारा से प्रभावित दिखाई देते हैं। स्वयं लेखक इस तथ्य की पुष्टि करते हुए कहता है—'सारा आकाश का समर तो अस्तित्ववादी परिस्थितियों में ही जी रहा है। वह निरंतर घर के वातावरण से, पत्नी से, बाहर के वातावरण से, कहीं भी समझौता नहीं कर पाता। परिणामतः निरंतर आत्महत्या की ओर प्रेरित होता हुआ पूर्णतः अस्तित्ववादी परिस्थिति को स्वीकार करता है'।[10] अपने साहित्य पर अस्तित्ववादी चिंतन के विषय में उनका मत है—'निस्संदेह हमारे कथा-साहित्य पर अस्तित्ववाद का पर्याप्त प्रभाव पड़ा है। इस प्रभाव ग्रहण करने का बहुत अधिक दुरुपयोग भी हुआ है क्योंकि उस प्रभाव को भारतीय परिवेश की सापेक्षता में ग्रहण नहीं किया गया। यदि मैं अपनी कहानी का नाम लूँ तो 'प्रतीक्षा' और बहुत हद तक 'टूटना' कहानी भी 'सारा आकाश' की कड़ी में ही गिनी जा सकती है'।

धर्मवीर भारती के उपन्यास 'सूरज का सातवाँ घोड़ा', नाटक 'अंधा युग' व कहानी 'मरीज नंबर सात' में इस चिंतन के कुछ तत्त्वों को देखा जा सकता है। कमलेश्वर भी इस चिंतन से कहीं आक्रांत दीखते हैं। कामू, सार्त्र और काफ्का ने जिस प्रकार आधुनिक काल में हिंदी कहानीकारों को प्रभावित किया है कमलेश्वर भी उससे अपने को बचा नहीं पाए। शिवप्रसाद सिंह को आज के टूटते, हारते-रोते और पिसते हुए मानव तथा उसके जीवन से मोह है और वही उनके कथा-साहित्य का नायक भी हैं। डॉ. देवराज का 'अजय की डायरी' तथा 'मैं, वे और आप', मोहन राकेश का 'अँधेरे बंद कमरे' इसी शृंखला की कड़ी हैं। 'लहरों के राजहंस' नाटक का नंद भी अस्मिता की पीड़ा से पीड़ित है।

राजेंद्र यादव, जैनेंद्र के 'त्यागपत्र' की मृणाल को कुछ दबी जबान में अस्तित्ववादी पात्र स्वीकार करते हैं। 'उसका निरंतर निराशा की ओर बढ़ना अस्तित्ववादी विचारधारा का प्रतीक है'। लेकिन मृणाल वैयक्तिक स्तर पर निराशा की घोर स्थिति में भी टूटती नहीं, अपितु अध्यात्म की ओर उन्मुख है। उसका अध्यात्म की ओर उन्मुख होना ही उसे अस्तित्ववादी चिंतन से अलगाता है और मनोवैज्ञानिकता के अधिक करीब ले जाता है। रामविलास शर्मा जैसे प्रबुद्ध आलोचक मुक्तिबोध पर भी अस्तित्ववादी चिन्तन का छींटा मारने से नहीं चूकते। एक स्वप्नकथा में मुक्तिबोध मनोविश्लेपणशास्त्र, रहस्यवाद, अस्तित्ववाद और मार्क्सवाद में सामंजस्य स्थापित करने का प्रयास करते हैं। आधुनिक साहित्य

के काव्य, कहानी व उपन्यास ही नहीं आलोचना क्षेत्र भी अस्तित्ववाद के प्रयोग से अछूता नहीं रहा। आलोचक, सार्त्र के समीक्षा सिद्धांतों से विशेष रूप से प्रभावित हुए हैं इसका प्रमाण नई समीक्षाओं में देखने को मिलता है।

अस्तित्ववादी चिंतन अपने साहित्यिक रूप में, भले ही कुछ विकृत रूप में ही सही, आधुनिक प्रवृत्ति मानी जाती है। पिछले दो दशकों में तो आत्मपरकता का ही प्राधान्य रहा है। कुछ कहानीकारों को छोड़कर वैयक्तिक स्तर पर व्यक्ति की कुंठा, अनास्था एवं नैराश्य को, जो निश्चय ही देश की जीवन पद्धति की मौलिक उद्भावना नहीं, वरन् पश्चिम से (काफ्का, कामू और सार्त्र से) उधार ली हुई है—बहुसंख्यक कहानियों में चित्रित करने की चेष्टा की है। साहित्यकारों द्वारा प्रयासपूर्वक अपनाया गया यह चिंतन साहित्य में उस रूप में ग्राह्य नहीं हुआ जिस रूप में मार्क्सवाद। मार्क्सवाद तो एक विशेष 'वाद' के रूप में ग्रहण किया जाता रहा है। उसके मूलतत्त्वों की नियमानुकूल शिक्षा देकर उसे मानने व प्रचार करने की प्रवृत्ति हिंदी साहित्य में भी रही है। साहित्यकारों ने अपने विचारों के माध्यम से अथवा अपने लेखन के माध्यम से उसे प्रस्तुत भी किया है। यशपाल तो मार्क्सवादी विचारधारा को अपने लेखन का विशेष कोष बनाकर लिखते रहे, किंतु अस्तित्ववाद को किसी विशेष सीमा में स्वीकार कर एक विशेष प्रकार की दीक्षा के रूप में नहीं अपनाया गया।

लेखक भले ही कथित चिन्तन से उस सीमा तक आक्रांत न भी हो, किंतु आलोचक इसी दृष्टि से आलोचना करने के लिए प्रतिबद्ध हो चुके हैं। यही कारण है कि वे जिस किसी रचना को आँकते हैं, उसे अस्तित्ववादी रचना करार देते हैं। संभवतया यहाँ के लेखकों की अपेक्षा आलोचक कहीं अतिवादी स्तर पर इस चिंतन से आक्रांत हैं।

संदर्भ

1. मुक्तिबोध—'नई कविता का आत्मसंघर्ष तथा अन्य निबंध', पृ. 175
2. मुक्तिबोध—नई कविता का आत्मसंघर्ष तथा अन्य निबंध', पृ. 34
3. डॉ. शिवप्रसाद सिंह—आधुनिक परिवेश और अस्तित्ववाद, पृ. 9
4. John Cruickshank - Albert Camus and Literature of Revolt, P. 153
5. सार्त्र—'रोडस टु फ्रीडम'
6. वही—'लूज़र विंस'
7. अज्ञेय से भेंटवार्ता—12.1.78 कार्यालय, नवभारत टाइम्स
8. वही
9. प्रभाकर माचवे—'हिंदी शार्ट स्टोरीज इन 1968-69' द संडे ट्रिब्यून—4 जनवरी, 1970
10. राजेंद्र यादव से भेंटवार्ता—कार्यालय (अक्षर प्रकाशन), 24.10.76

औपन्यासिक वस्तु और अस्तित्ववाद

स्वातंत्र्योत्तर हिंदी उपन्यासों में वस्तु की धारणा में स्पष्ट रूप से पर्याप्त परिवर्तन हुआ। विशिष्ट और क्षणबद्ध स्थितियाँ ठोस और मूर्त ही नहीं हैं, बल्कि उनमें ही सार को पहचानने की रुझान उत्पन्न हुई। इस प्रकार वस्तु की सार्थकता और प्रामाणिकता का बिंदु बदल गया। यों तो भारतेंदु-युग से ही वस्तु की सार्थकता और प्रामाणिकता का पुराना मानदंड (सार्वभौम और सार्वकालिक) घुलने लगा था, लेकिन स्वतंत्रता के समीप तक वह किसी-न-किसी रूप में हस्तक्षेप करता रहा। इसके बाद प्रायः यह स्वीकार कर लिया गया कि क्षणकालिक स्थितियाँ परिवर्तनशील भले ही हों, लेकिन सारहीन नहीं। परिवर्तनशील विशिष्ट स्थितियों में सार की पहचान या खोज ही स्वातंत्र्योत्तर औपन्यासिक वस्तु का विशिष्ट चरित्र है।

आध्यात्मिक एवं आदर्शवादी मूल्यों के प्रति विश्वास के कारण जीवन पहले अपने में समृद्ध था, उसमें एक अर्थ था, किंतु वह धीरे-धीरे चुकता चला जाता है। पुराने मूल्यों की सार्थकता पर प्रश्नचिन्ह लगा दिया जाता है; उन्हें संदेहप्रद और सारहीन समझा जाने लगता है।

'इतना समझ में आता है कि जिये जाने से जीवन धीरे-धीरे चुक जाता है कि हर उन्मेष का परिणाम एक निमेष है और काल के विस्तार में निमेष और उन्मेष, दोनों अस्थायी हैं। सुख, सुख नहीं है, काई पर फिसलते हुए पाँव का एक स्पंदन मात्र है, मात्र रेत में डूबती हुई बूँद की एक अकुलाहट⋯परंतु वह स्पंदन, वह अकुलाहट ही क्या जीवन का पूरा अर्थ, जी लेने का कुल पुरस्कार नहीं है?⋯आकाश में कहीं लटके हुए नीले-काले बिंदु⋯कोरे सिद्धांतों के⋯वे अधिक स्थायी, अधिक सत्य कैसे हैं' ?[1]

'लहरों के राजहंस' का नंद द्वंद्वमय स्थिति में जीवन की क्षणिक संवेदनात्मक अनुभूति को जो मात्र एक बूँद की अकुलाहट ही है, जीवन की सार्थकता स्वीकार करता है। वही स्थितियाँ जो क्षणिक सुख प्रदान करती हैं, अधिक अर्थपूर्ण हैं क्योंकि जीवन की सार्थकता उस क्षणिकता का ही फल है जो उसे अर्थ देती हैं, काल के विस्तार में वह क्षणिक संवेदनात्मक अनुभूतियाँ अस्थायी अवश्य हैं, लेकिन भावना के जागने का कारण तो क्षण ही है। नंद का द्वंद्व निरंतर उसे आध्यात्मिक सिद्धांतों से क्षणिकता की ओर आकृष्ट करता

है। वह स्वयं विचार करता है कि क्या क्षणिक अनुभूति को जीने और पाने का अर्थ जीवन की सार्थकता नहीं ? क्या सिद्धांतों के स्थायित्व और शाश्वत को पाना ही सत्य है ? क्या इसी पर टिक जाना ही जीवन का सत्य है ? अपनी द्वंद्वात्मक स्थिति में, वह विशिष्ट परिवर्तनशील स्थिति में, सार की खोज करता जान पड़ता है।

व्यक्ति-सत्य की ओर जाने की नंद की यह स्थिति ही आज की औपन्यासिक वस्तु एवं पात्रों को नया बोध देती है। 'शेखर : एक जीवनी' का शेखर, 'नदी के द्वीप' का भुवन, 'वे दिन' की रायना, 'अजय की डायरी' का अजय अथवा 'उखड़े हुए लोग' का सूरज सभी स्थापित मान्यताओं से छूटने के प्रयत्न में अनुभूति के प्रति समर्पित जीवन को ही महत्त्व देते हैं। यह क्षण-स्थितियाँ जो निरंतर रिक्त करती जाती हैं उन्हीं स्थितियों में अर्थ पाने की आकांक्षा एवं उससे उत्पन्न तनाव ही औपन्यासिक वस्तु का निर्माण बिंदु है। 'अनुभूतिगत मान्यताओं के महत्त्व के कारण ही जीवन की गहनता का और उसकी समग्रता का काव्यात्मक वक्तव्य उसमें विरल है।...वे जीवन की निरंतरता का, प्रवाहमानता का, काल में अखंडता का आभास मात्र दे पाते हैं, समग्र अनुभूति के रूप में उसे संप्रेषित नहीं करते'।[2]

तो क्या पहले के उपन्यास क्षणकालिक स्थितियों के ज्ञान से अपरिचित थे ? पहले के उपन्यासों में पात्रों का क्षणकालिक स्थितियों के प्रति झुकाव तो देखने को मिलता है, लेकिन वह काल की निरंतरता में ही जीवन का अर्थ पाते हैं। मृणाल के जीवन में भी क्षणिक अनुभूतियाँ महत्त्वपूर्ण हैं। वह इन विशिष्ट अनुभूतियों को नहीं, शाश्वत मूल्यों को ओढ़ती हुई जीवन की निरंतरता में सत्य पाना चाहती है। गोदान का होरी जीवन के अनुभव विशिष्ट एवं क्षणिक अनुभूतियों में नहीं अपने सामाजिक-नैतिक परिवेश की समग्रता में जीवन का अर्थ पाता है। सन् 1950 के बाद के हिंदी उपन्यासों में क्षणिक स्थितियों में ही जीवन का सार खोजा जाने लगा। विशिष्ट क्षण ही अनिवार्य हैं उनकी उपेक्षा नहीं की जा सकती, इसलिए हिंदी उपन्यासों में प्रायः सर्वत्र जीवन की समग्रता नहीं, खंडमयता दिखाई पड़ती है।

इन नए उपन्यासकारों ने क्षण की स्वीकृति में ही जीवन के सार की संभावना खोजी। 'नदी के द्वीप' की रेखा तो अनुभूति के प्रति समर्पित इन क्षणों में ही जीवन का अर्थ पाना चाहती है, भावना का क्षण उसके निकट जीवन जीने का सार है, उसके लिए सब मंजिलें झूठी हैं, कोई रास्ता नहीं रहता..."मैं सचमुच कहीं पहुँचना ही नहीं चाहती—चाहना ही नहीं चाहती। मेरे लिए काल का प्रवाह भी प्रवाह नहीं, केवल क्षण और क्षण का योगफल है... मानवता की तरह ही काल का प्रवाह भी मेरे निकट युक्ति सत्य है, वास्तविकता क्षण की है। क्षण सनातन है'।[3] नंद की द्वंद्वमय स्थिति जिसमें वह सिद्धांतों और शाश्वत मूल्यों

के विरुद्ध निरंतर क्षण को महत्त्व देने में प्रयत्नशील है रेखा उसका निर्णयात्मक उत्तर देती है। जीवन स्वयं ही क्षणों की धारा पर उछलते हुए गेंद की तरह है और हर क्षण का अनुभव ही जीवन का सत्य है। क्षण की चरम अनुभूति ही रेखा को जीवन का 'फुलफिलमेंट' देती है। 'आइ एम फुलफिल्ड' उसके जीवन का वह क्षण है जिसके प्रति वह कृतज्ञ है। भुवन के साथ भोगे गए क्षणों में ही उसने जीवन के सौंदर्य को जाना। भोगे हुए क्षण का सौंदर्य शेखर ने भी जाना। यही जीवन का वह क्षण है जिसके बाद वह कुछ चाहना ही नहीं चाहता। 'यही क्षण···शप्तपर्णी की छाँह में जो शीतलता है···उसके बाद चाहने की गुंजाइश ही नहीं'।

क्षणिक स्थितियाँ जिसे कोई आकार नहीं दिया जा सकता, जिसकी कोई पहचान नहीं, जो निरंतर जीवन को रिक्त करती जाती हैं, लेकिन उन्हीं में अर्थ पाने की आकांक्षा भी है। 'वे दिन' की रायाना और 'मैं' के बीच बढ़ता हुआ संबंध, महज एक घटना ही, एक बिंदु पर 'एक होने' के सुख में बदल जाती है। जीवन निरंतर चुकता चला जाता है, लेकिन क्षण में जीने की आकांक्षा जो उन्हें क्षणभर ही सही, यह अनुभव करा सके, जीवन में अर्थ दे सके, वही तो महत्त्वपूर्ण है। 'तीन दिन, तीन वर्ष···समय कुछ भी मानी नहीं रखता···अगर हम एक सुलगते क्षण में अँधेरे के बीच उस 'ताप' को पकड़ सकें···यह जानते हुए भी कि उसके बुझने के बाद हम फिर दुबारा अपने-अपने अँधेरे में ठिठुरने लगेंगे'।[4] स्थितियाँ कहीं भी अर्थ नहीं देती लेकिन यह आकांक्षा कि इन स्थितियों में उभरते वह क्षण, जो रायना के साथ बिताए, सुलगते क्षणों के रूप में वह बोध निरंतर अपहचान के बीच भी सुख प्रदान करते हैं। संपर्क के यह मूल्यवान क्षण ही तो भुवन को प्रतीक्षा के क्षणों की अजस्र प्रवाहिनी नदी से भी अधिक लंबी प्रतीक्षा कराते हैं। '··· मूल्यवान और संपृक्त क्षण क्योंकि प्रतीक्षा के क्षण··· वह प्रतीक्षा चाहे कितनी लंबी हो, कर्म की इस अजस्र प्रवाहिनी नदी से भी लंबी, भुवन प्रतीक्षा करेगा जैसे कि निस्संदेह, गौरा भी प्रतीक्षा करेगी'।[5] इसी प्रतीक्षा में सुख की क्षणिक अनुभूति अपने होते रहने का बोध है, यही जीवन की सार्थकता है। कहीं भी काल का प्रवाह या स्थितियाँ जीवन का फल नहीं। भावना के जागने का परिणाम ही वह क्षण है जो जीवन को नया अर्थ देता है।

क्षण की यह अनिवार्य स्थिति जिससे जीवन का सत्य और अर्थ प्राप्त होता है, किसी 'क्लासिकल' आस्था को स्वीकार नहीं करती। 'गोदान' अपनी क्लासिकल आस्था के कारण ही युगों तक न मिटनेवाली तसवीर है। 'गोदान' के होरी और धनिया अजंता के भित्ति चित्रों की भाँति हैं, जो सैकड़ों वर्ष बाद भी उतने ही प्राणवान और जीवंत बने हुए हैं क्योंकि उनकी प्रेरणा का स्रोत क्षणिक नहीं, मूलभूत और युग- युगव्यापी है'।[6] लेकिन सन् 1950 के बाद के इन उपन्यासों में जीवन की विसंगति एवं विच्छिन्नता के कारण प्रत्येक क्षण में

ही जीवन के पूर्णत्व की आकांक्षा है। अतः आज औपन्यासिक वस्तु की प्रकृति विवरणात्मक, रूपात्मक नहीं, संवेदनात्मक है। व्यक्ति और परिवेश के जीवंत संबंध क्षण को स्पंदनशील और सार्थक सिचुएशंस के रूप में प्रस्तुत करता है। जीवन के इन असंख्य क्षणों में भी अनुभव का महत्त्वपूर्ण क्षण, जिसमें जिंदगी का हर क्षण जीने को स्वतंत्र है, जीवन को सत्य प्रदान करता है। क्षण में रहने की मस्ती ही 'उखड़े हुए लोग' के सूरज के लिए जीने का मूल है। 'लिव इन द मोमेंट'' क्षण में जियो, जो क्षण सामने है, उसका बेस्ट यूज करो, एंज्वाय करो'। निरंतर परिवर्तनशील जीवन में न तो कुछ शाश्वत है और न ही स्थायी। यह जीवन जो स्वयं क्षणों का समूह है उसमें सिद्धांतों की शाश्वतता और स्थायित्व की अपेक्षा रेखा क्षण में जीना अधिक श्रेयस्कर समझती है—'मैं क्षण-से-क्षण तक जीती हूँ न, इसीलिए कुछ भी अपनी छाप मुझ पर नहीं छोड़ जाता'। जीवन में कुछ भी पिछला अपने साथ न ले जाने की आदत 'वे दिन' की रायना में भी है। स्थितियों में ही क्षणिक सुख की आकांक्षा जीवन की वह विवशता है जो निरंतर व्यक्ति को 'वर्तमान' में जीने का बोध कराती है। 'तंतुजाल' की नीरा जीवन की इसी विवशता के कारण वर्तमान में जीती है। वह प्रवाह में बहती जा रही है किसी अनंत प्रवाह में। जहाँ दिक्काल की सीमाएँ भी नष्ट हो चुकी हैं।''' उसके जीने का भी एक क्षण रहा है, सार्थक क्षण। अनुभूत क्षण। उसके अस्तित्व का एकमात्र उपलब्ध क्षण'''। और उसके यह अनुभूत क्षण अकिंचन नहीं, उसी में व्यक्ति अपने को उपलब्ध करता है। वह अनुभूत क्षण अनजाने में कितना ही महत्त्वपूर्ण बन जाए, इसे कौन जानता है ?

क्या मात्र क्षण को स्वीकारना प्रकारांतर से विचारों को स्वीकार करना नहीं?

वास्तव में इन उपन्यासों में देश-कालातीत सिद्धांतों के विरुद्ध क्षणिकता के प्रति आग्रह है। और इस स्तर पर अर्थ के लिए कोई दूसरा विकल्प नहीं है। पहले के उपन्यासों में विकल्प स्वीकृत सामाजिक मूल्यों अथवा विचारों में था। मृणाल की 'आत्मपीड़ा' सामाजिक मूल्यों के रूप में निश्चित दर्शन है जो उसकी पीड़ा का उदात्तीकरण करता है। उस पर आदर्शवाद एक रोमांटिक मोह की तरह हावी है। विकल्प होरी के पास भी है जो उसे जीवन के अनेक मार्गों में ले जाता है। लेकिन रेखा अथवा रायना की पीड़ा कहीं भी इस प्रकार के विकल्प को स्वीकार न कर अनुभव के विशेष क्षणों में ही जीवन का अर्थ पाना चाहती हैं। चूँकि लेखक का विशिष्ट आग्रह आनुभूतिक तीव्रता पर ही है, अतः विकल्प उनके पास है ही नहीं। क्षणिक स्थितियाँ स्वयं अपर्याप्त हैं, क्षण क्षणभंगुर हैं, क्षण का अस्तित्व ही कितना ? किंतु वह ठोस और जीवनगर्भा है।

क्या देश-कालातीत आदर्शों के मुकाबले क्षणिक स्थितियों को अधिक सारवान प्रमाणित नहीं किया गया ?

स्वातंत्र्योत्तर हिंदी उपन्यासों के संबंध में इस तरह की चर्चा अवश्य होती

है कि उस पर अस्तित्ववादी विचारधारा का प्रभाव किसी-न-किसी रूप में है। यहाँ यह परखने की कोशिश की गई है कि स्वातंत्र्योत्तर उपन्यासों की वस्तु को इस विचारधारा ने किस रूप में प्रभावित किया है।

हमें देखना यह है कि स्वतन्त्रता पूर्व और स्वातंत्र्योत्तर उपन्यासों की वस्तु में स्पष्ट अंतर कहाँ और किस तरह का है ? क्या 'जीवन कठिन होता जा रहा है' और 'जीवन में निरर्थकता प्रवेश करती जा रही है'। इन दो वाक्यों द्वारा इस अंतर को समझा जा सकता है ?

स्वातंत्र्योत्तर हिंदी उपन्यास अपने पूर्ववर्ती उपन्यासों से भिन्न परिवर्तित और विकसित युगबोध को आधार बनाकर लिखे गए। 19वीं और 20वीं शताब्दी के इस परिवर्तित युग में मनुष्य के सोचने-विचारने का नज़रिया कुछ इस रूप में परिवर्तित हुआ कि परंपरागत विचार उसके सम्मुख क्षीण होते गए। बढ़ती हुई यांत्रिकता मानव जीवन पर इस कदर हावी होती गई कि उसमें जीवन दबता ही चला गया। कठिनाइयों, विसंगतियों व निराशा से घिरे मानवीय जीवन में निरर्थकता का बोध हुआ। बौद्धिक युग का ऊहापोह व कठिनाई के कारण निरर्थकता नियति की तरह एक दार्शनिक गरिमा लिये उभरने लगी। यही आज के औपन्यासिक वस्तु का स्वरूप बनी।

तो क्या पहले के उपन्यासों में जीवन की कठिनता, दुरूहता व निरर्थकता का बोध नहीं ?

जीवन की कठिनता पूर्ववर्ती उपन्यासों (प्रेमचंद, रेणु, नागार्जुन, अमृतलाल नागर, जैनेंद्र, यशपाल) में भी थी लेकिन दार्शनिक प्रकृति उन उपन्यासों में निरर्थकता का बोध नहीं कराती।

प्रेमचंद युगीन औपन्यासिक वस्तु में व्यक्ति जीवन का अवसाद, घुटन और जीवन की कठिनता सामाजिक परिप्रेक्ष्य के अंतर्गत देखी जाती थी। इसीलिए उनके साहित्य में व्यक्ति की समस्याओं को समझने व सुलझाने के लिए वैयक्तिक चेतना की अपेक्षा विस्तृत सामाजिक भूमिका को महत्त्व मिला, जबकि अस्तित्ववादी चिंतन से प्रभावित या उससे समता रखनेवाले उपन्यासों में अहंपीड़ित मानव अपनी आंतरिक असंगति के कारण निरर्थकता को मनुष्य की नियति बना डालता है। मानव की बढ़ती हुई बौद्धिकता एवं अहंभाव के तीव्र, व्यापक होते जाने के कारण जीवन में असफलता का बोध अधिक सालने लगा। होरी के जीवन की कठिनता उसे जीवन से हटाती नहीं। कठिन स्थितियों में भी उसे आशावान् बनाती है। विपदाओं के कारण होरी के भौतिक जीवन में टूटने की तेज होती प्रक्रिया व प्रगाढ़ नैराश्य उसे व्यक्तिगत सुख की अपेक्षा सामाजिक दायित्व की ओर उन्मुख करते हैं। स्थितियों के दबाव में मजदूर बना होरी 'मजूरी करना कोई पाप नहीं' की भावना से जीवन में आशावान बना रहा। निश्चय ही यह उसके जीवन की बहुत कठिन स्थिति है। अर्थाभाव के कारण वह अपनी

जीवनाभिलाषा को पूर्ण नहीं कर सका। उस घोर दारुण स्थिति में भी वह जीवन के करुण संदर्भ को ही उभारता है, निरर्थक संदर्भ को नहीं। होरी के जीवन की यह त्रासद स्थिति मानवीय विडंबना के रूप में उभरी। वह जीवन भर श्रम करता हुआ भी दो वक्त का भरपेट भोजन तक न जुटा पाया। इस क्रम व्यवस्था में यह आदमी का करुण संदर्भ है, जिसे बदला जा सकता है; निरर्थकता के दर्शन से गौरवान्वित नहीं किया जा सकता।

होरी ही क्यों ? 'तयागपत्र' की मृणाल भी समाज से अलग एक इकाई के रूप में विसंगतिमय जीवन व्यतीत करती है। लेकिन कहीं उसने जीवन की निरर्थकता को नहीं जाना। वह अपने 'होने' और 'न होने' के बीच संघर्ष करती हुई उदासीनता व पीड़ा के बोझ से दबती हुई सामाजिक परिवेश को (भले ही वह दूषित व गर्हित समाज हो) अस्वीकार नहीं करती। यह सत्य है कि मृणाल की यह यातना परिस्थितिजन्य न होकर स्वयं ओढ़ी हुई अथवा लेखक द्वारा दर्शन रूप में आरोपित है तथापि उस आत्मपीड़न में भी मृणाल कहीं समाज को नहीं तोड़ना चाहती। स्वयं टूटकर भी समाज को बनाए रखने के पक्ष में है। 'मैं समाज को तोड़ना-फोड़ना नहीं चाहती हूँ। समाज टूटा कि फिर हम किसके भीतर बनेंगे? इसलिए मैं इतना ही कर सकती हूँ कि समाज से अलग होकर उसकी मंगलाकांक्षा में खुद टूटती रहूँ'। क्या मृणाल स्वयं टूटकर समाज को बचा सकी ? होरी और मृणाल, दोनों ही भिन्न-भिन्न परिस्थितियों में अपने सामाजिक परिवेश में टूटते रहे, लेकिन जीवन के प्रति इनमें कहीं निरर्थकता बोध नहीं देखा गया। मृणाल तो सामाजिक व्यवस्था में कलंकित भी हुई और अपमानित भी। इसके बावजूद वह इसी समाज में बनना व बिगड़ना चाहती है क्योंकि समाज का जिम्मा हम पर ही है—जो समाज में है, समाज की प्रतिष्ठा कायम रखने का जिम्मा भी उन पर है। वह उनका कर्तव्य है'। जीवन में करुणा व समाज के प्रति कर्तव्यबोध मृणाल को निरर्थकता की अपेक्षा अध्यात्म की ओर ले जाता है।

विसंगति, विद्रूपता व असामंजस्य जीवन में उस समय भी था और आज भी है, लेकिन दोनों की स्थितियों में भिन्नता है। आज के उपन्यासों में व्यक्तिगत समस्याओं में उलझे पात्र निरर्थकता को नियति के रूप में ढो रहे हैं। इस तथ्य को अस्वीकार नहीं किया जा सकता कि जैनेंद्र व्यक्तिवादी उपन्यासकार रहे हैं, लेकिन उनके उपन्यासों में वैयक्तिकता उस स्तर की नहीं जो अज्ञेय, निर्मल वर्मा आदि के उपन्यासों में उभरी।

शेखर जीवन की समानांतर स्थिति को अस्वीकार करता है। बाल्यकालीन जिज्ञासाएँ व घटनाएँ जिनके लिए वह निरंतर प्रतिक्रियाएँ करता है उन सबके प्रति वह ईमानदार है, लेकिन उसके जीवन में फैली विसंगतियाँ उसे निरर्थकता का बोध कराती हैं। शेखर यह महसूस करने लगा कि आज समस्त व्यवस्था ही गड़बड़ा गई है, सर्वत्र कलुप है, पतन है, ह्रास है। अकेला समाज ही नहीं जीवन आमूल

दूषित है··· ईश्वर, मानव—सब कुछ आमूल दूषित···दूषित और सड़ा हुआ, विरुद्ध लड़ने को कुछ भी नहीं है। या सब कुछ है, जो कि एक ही बात है—मिट्टी को काटा जा सकता है, पर दलदल को नहीं···उसमें धँसना ही धँसना है'। अपने ही बौद्धिक एवं अहंपीड़ित बोध से वह जान चुका है कि जीवन निरर्थक है। चाहे वह समाज में रहकर सामाजिक-नैतिक स्तर का हो अथवा वैयक्तिक स्तर का। 'कहीं भी जीवन की सार्थकता नहीं। जीवन इतनी अधिक विसंगतियों से घिरा है क्या उनसे मुक्ति पाना संभव है यदि विसंगति ही जीवन की नियति है तो जीवन की सिद्धि क्या है? क्या है इसकी संपूर्ति ? सब झूठ—शून्य, शून्य, शून्य ? बल्कि शून्य से भी कम, एक क्षण'। जीवन की इस शून्यता में जहाँ चारों ओर घोर अंधकार है वहाँ जीवन का असहाय होना स्वाभाविक है। 'नदी के द्वीप' की रेखा अपने जीवन की इस असहायता को पहचानती है—'हम अधिक-से-अधिक इस प्रवाह में छोटे-छोटे द्वीप हैं, उस प्रवाह से घिरे भी और उससे कटे भी, भूमि से बँधे भी और स्थिर भी, पर प्रवाह में सर्वथा असहाय···न जाने कब प्रवाह की एक स्वैरणी लहर आकर मिटा दे, बहा ले जाय'। रेखा अपने जीवन में अग्रसर होती हुई भी किसी निश्चित दिशा तक नहीं पहुँच सकी, भटकन की अनेक दिशाओं में वह यात्रा करती रही 'मैं···ऐसी यात्रा पर हूँ, जो कहीं पहुँचती ही नहीं, अंतहीन है···'। जीवन की निरर्थकता एवं असहाय स्थिति 'अँधेरे बंद कमरे' के हरवंस और नीलिमा के जीवन को भी आक्रांत किए हुए है। इससे उबरने की समस्त चेष्टाएँ व्यर्थ हो चुकी हैं। 'मुझे तो लगता है मैं हमेशा के लिए गुम हो गया हूँ और मेरा अतीत, वर्तमान और भविष्य—सब कुछ इस दलदल में खो गया है। मैं इससे बाहर निकलने की जितनी ही चेष्टा करता हूँ उतना ही इसमें धँसता चला जाता हूँ'। जीवन को सामान्य बनाने के संभव प्रयत्न जिससे जीवन की स्थिरता बनी रहे हरबंस को निरर्थकता की ओर ले जाते हैं। समस्या का वह कहीं समाधान नहीं पाता, बल्कि अधिक उलझता ही रहा है। 'मैं तब से अब तक निरंतर अँधेरे में भटक रहा हूँ जहाँ मुझे किसी भी तरफ उजाले का कोई मार्ग नज़र नहीं आता। मुझे लगता है जैसे मैं एक काल-कोठरी में बंद हूँ और जीवनभर मुझे उस काल-कोठरी में बंद रहकर हाथ-पैर पटकते जाना है'। 'वे दिन' में जीवन की निरर्थकता अपने पूरे उभार में प्रकट हुई है कहीं जीवन सुरक्षित नहीं। भीषण निराशा और उदासीनता की स्थिति छाई हुई है। निराशा में डूबा व्यक्ति मानो जीना ही नहीं चाहता—'होटल, बार, बुडापेस्ट, तोकार्ड, हंगेरियन पापरिका और···उसके बाद ?···उसके बाद ? 'आई विल डाई'। जीवन के प्रति यह आतंक प्रत्येक व्यक्ति को आतंकित किए हुए है। 'वे दिन' में जीवन घिसटता-लड़खड़ाता बीत रहा है।

जीवन में इस निरर्थकता के प्रवेश का कारण बौद्धिक जागरूकता, समसामयिक स्थितियों का बोध व उसके प्रति विचारात्मक दृष्टि है, जो संभवतः

होरी और मृणाल में नहीं है। ऐसा नहीं कि उनकी सूझ-बूझ अपने युगानुकूल नहीं थी, अपितु वह इन सबसे अलग एक सामूहिक जीवन जीना अधिक श्रेयस्कर समझते रहे। अपनी समस्याओं को सामूहिक रूप से सुलझाने के प्रयत्न में रहे, जबकि शेखर, रेखा, हरबंस, नीलिमा, अजय, शरद अपनी समस्याओं को वैयक्तिक, बल्कि कहना चाहिए व्यक्तिगत स्तर पर सुलझाने में प्रयत्नशील रहे और कहीं भी उसका समाधान पाने में सफल न हो सके।

समाज को स्वीकार कर जीना उतना ही कठिन है जितना डिब्बे के 'वैक्युम' में। सामाजिक और आंचलिक (रेणु, नागार्जुन) उपन्यासों में भी टूटन, घुटन व छटपटाहट है। पात्र समाज से भिन्न वैयक्तिक जीवन जीना चाहते हैं, लेकिन समाज के भीतर रहकर, समाज से कटकर नहीं। और समाज में उनका जीना परिस्थितिगत है। 'बूँद और समुद्र' का महिपाल स्वयं को समाज से अलग इकाई रूप में प्रतिष्ठित करना चाहता हुआ आंतरिक रूप से समाज विरोधी नहीं। उसका आत्महत्या करना इसी का परिणाम है। भगवतीचरण वर्मा, यशपाल, नागार्जुन अपने उपन्यासों में व्यक्तिवादी दृष्टिकोण को स्वीकार करते हुए भी न तो व्यक्ति को समाज से अलग रख सके और न अपने दृष्टिकोण को ही। इन उपन्यासों में व्यक्ति और समाज समानांतर स्थिति में चलते हैं। यशपाल के उपन्यासों में वैयक्तिक समस्या का समाधान मार्क्सवादी चिंतन में उपलब्ध है, अतः उनका जीवन कठिन होने पर भी निरर्थकता की ओर अग्रसर नहीं है। यहाँ तक कि अवैध संतान की समस्या का हल भी वे इसी चिंतन में पाते हैं। 'दादा कामरेड' की शैल इसका सजीव उदाहरण है। शैल का कथन—'दादा, जोत कभी नहीं बुझती। हम चलेंगे, जोत को जारी रखेंगे। मुझे ले चलो'। अथवा मृणाल का कोयलेवाले की अवैध संतान को स्वीकार करना, उनका सामाजिक संदर्भ है। जबकि रेखा का गर्भपात का निर्णय वैयक्तिक है। वह बौद्धिक स्तर पर तो भुवन से जुड़े रहना चाहती है, लेकिन जहाँ उसे सामाजिक रूप देने का प्रश्न है, उसे वह नकारती है। रेखा के संदर्भ में यह परिस्थिति चूँकि वैयक्तिक स्तर पर उभरती है, अतः इसका समाधान सामाजिक परिस्थितियों में नहीं खोजा गया। ये पात्र जीवन की निरर्थक स्थिति का समाधान पाते भी हैं तो उस अर्थ में नहीं जिस अर्थ में प्रेमचंद, जैनेंद्र, रेणु आदि के उपन्यासों में। इन उपन्यासों में पात्र बौद्धिक स्तर पर जीवन की एब्सर्ड स्थिति से उबरने की अपेक्षा उससे जुड़े रहना चाहते हैं। उसमें परिवर्तन की संभावना को अजनबी बना देते हैं, इसीलिए असामंजस्य की स्थिति सामाजिक व नैतिक स्तर की अपेक्षा नियतिवादी स्वरूप ग्रहण करती है।

नियतिवादी होने का तात्पर्य यह नहीं कि जीवन स्थिर व अवरुद्ध हो चुका है, परिवर्तन एवं विकास की संभावनाएँ नहीं, बल्कि जीवन असामंजस्य की एक स्थिति की गिरफ्त से निकलकर पुनः दूसरी में फँसता चला जाता है। जीवन की

यह टूटन, जहाँ सब कुछ टूट रहा है, निरर्थक और सारहीन हो गई है। डॉ रघुवंश के 'अर्थहीन' की राज जीजी के जीवन का यह अनुभव 'मेरा यह टूटना कितना निरर्थक और सारहीन है किसी आस्था के कण-कण का नष्ट हो जाना सहा जा सकता है, पर यह आस्थाहीन टूटते जाना भयानक शून्य जैसा लग रहा है'। निरर्थकता की इस बेबसी में, चारों ओर की भयानकता में वह केवल शून्य में, सीमाहीन शून्य में, धँसती जा रही है। जहाँ उसके लिए कोई आश्रय या संबल नहीं रह गया, सब कुछ नितांत निरर्थक, सारहीन और अस्तित्वहीन हो गया है। जीवन की इस निरर्थकता व अस्तित्वहीनता से उबरने का कितना ही प्रयत्न किया जाए अंधेरे बंद कमरे की नीलिमा के लिए यह सब बेकार है। 'मैं जितना चाहती हूँ कि उस रास्ते से लौट चलूँ, उतना ही अपने को घाटी के नजदीक पहुँचते हुए पाती हूँ'।

इन उपन्यासों में पात्र निरंतर अपनी सामाजिक एवं वैयक्तिक समस्या से दार्शनिक स्तर पर जूझते रहे। अतः उनके जीवन की टूटन, अकेलापन, अजनबीपन, निरर्थकता, वैचारिक स्तर पर उभरी।

पति-पत्नी के संबंधों में बढ़ता हुआ तनाव जीवन की निरर्थकता को गहराता है। पति-पत्नी का वह धार्मिक समझौता आज की व्यवस्था में कृत्रिम हो गया है। एक-दूसरे के प्रति समर्पित भाव समाप्त प्राय हो चुका है। दोनों के बीच एक हिसाब है, अविश्वास है। 'अँधेरे बंद कमरे' में हरबंस और नीलिमा का संबंधों में बढ़ता हुआ तनाव उन्हें समझौते की स्थिति में नहीं पहुँचाता। उनमें बढ़ती हुई दुराव की भावना एक-दूसरे को अलग करती जान पड़ती है। कड़वी छटपटाहट लिये वे जीवन को जी रहे हैं। लेकिन दोनों एक-दूसरे से अलग रहने को भी और साथ रहने को भी विवश हैं। 'अजय की डायरी' में अजय व उसकी पत्नी के बीच संबंध इसी स्थिति में पहुँच चुका है जहाँ सामाजिक संबंधों के कारण एक-दूसरे के साथ समझौता है लेकिन भावात्मक स्तर पर नहीं। संबंधों में आई निरर्थकता महेंद्र भल्ला के 'एक पति के नोट्स' में भी देखी जा सकती है।

पति-पत्नी के संबंधों में तनाव यद्यपि जैनेंद्र के उपन्यासों में और बहुत कुछ 'बूँद और समुद्र' आदि उपन्यासों में भी चित्रित हुआ है, लेकिन वहाँ पति-पत्नी में एक-दूसरे से बदले की भावना नहीं। एक पक्ष दूसरे पक्ष को दबाना नहीं चाहता, जबकि इधर के उपन्यासों में संबंधों में विच्छेद होने पर भी अथवा तनाव के बढ़ने पर भी एक-दूसरे को अभियोगी की भूमिका में देखते हैं। अपनी-अपनी शक्ति द्वारा 'टॉरचर' किया जाता है। 'आपका बंटी' उपन्यास में पति-पत्नी के संबंधों में टूटन होने पर शकुन बंटी के माध्यम से अजय को टॉरचर करना चाहती है और अजय शकुन को। डॉ. जोशी के साथ संबंध जोड़ने में शकुन के मन में कहीं अजय से बदला लेने की भावना भी काम करती है। 'उसे साफ लगता था कि जोशी या किसी का भी चुनाव उसे करना है तो जैसे अपने लिए नहीं करना है, अजय को

दिखाने के लिए करना है...' आज तक वह जो कुछ भी बन सकी उसमें भी अजय को पराजित करने की भावना ही थी एक अनजान-सी चुनौती थी। इतने पर भी जब सामनेवाला नहीं टूटा तो उसकी प्रगति उसके लिए ही जैसे निरर्थक हो उठी। पति-पत्नी के संबंधों में बढ़ते हुए तनाव व त्रास के कारण 'एब्स्ट्रेक्शन' का समावेश हो गया है। 'एक पति के नोट्स', 'वे दिन', 'नदी के द्वीप', 'सारा आकाश' में संबंधों के 'एब्स्ट्रेक्शन' के कारण निरर्थकता प्रवेश करती जा रही है। संबंधों को किसी ताजा या उत्तेजक रूप से देखने, समझने या रचने के बजाय निरर्थकता और निस्संगता की एक नई स्थिति को स्थापित किया है।

आज के जीवन को निरर्थकता की ओर ले जाने का एक अन्य कारण आर्थिक संकट भी रहा है। यह ठीक है कि आर्थिक समस्या प्रेमचंद के उपन्यासों में पूर्ण रूप से उभरी, लेकिन आर्थिक अभाव प्रेमचंद के उपन्यासों में सामाजिक परिवेश व सामूहिक जीवन की कठिनता का परिचायक बना। इसीलिए वहाँ निरर्थकता को दार्शनिक स्तर नहीं मिला।

इस परिवर्तित युग में महानगरों के निर्माण के कारण परिवार छिन्न-भिन्न हुए, आत्मनिर्भरता की भावना का विकास हुआ, परिवार का प्रत्येक व्यक्ति उच्च शिक्षा व नौकरी की तलाश में इधर-उधर भटकने लगा। उन्हें कहीं सफलता न मिली। व्यक्ति को बोध हुआ 'कहीं कुछ नहीं' कहीं कोई मार्ग नहीं। 'शेखर : एक जीवनी', 'उखड़े हुए लोग', 'सारा आकाश' में यह समस्या बहुत स्पष्ट रूप में उभरी। अर्थाभाव के कारण शेखर का भटकना तथा 'हमारा समाज' व अन्य रचनाओं को प्रकाशित करवाने की असामर्थ्य 'सारा आकाश' के समर तथा 'उखड़े हुए लोग' के शरद की बेकारी, जीवन की निरर्थकता का बोध कराती हैं। ये पात्र परिवार से अलग, अनजान नगर में, अनजान लोगों के बीच अपना जीवन बिताने के प्रयत्न में भटकते जीवन एवं निरर्थकता को ढो रहे हैं।

तो क्या इन उपन्यासों में विवेचित निरर्थकता अस्तित्ववादी निरर्थकता का पर्याय है ?

हिंदी के इन उपन्यासों में जीवन की निरर्थकता का बोध तो हुआ, लेकिन वहाँ अस्तित्ववादी निरर्थकता की अपेक्षा वैयक्तिक स्तर पर विशिष्ट प्रकार का अवसाद एवं करुणा अधिक मुखर हो उठी, जो जीवन को पहले से भी अधिक अतृप्त और निराश बनाती है। यह स्थिति न तो पात्रों को आतंकित करती है और न यह उनके जीवन की नियति है। अस्तित्ववादी चिंतन में निरर्थकता भोगे हुए यथार्थ अनुभव द्वारा प्राप्त जीवन-दृष्टि है। इन उपन्यासों में यह निरर्थकता अनुभव से अर्जित दृष्टि न होकर एक प्रचलित अंतर्राष्ट्रीय बौद्धिक धारणा के प्रति अतिरिक्त ललक अधिक जान पड़ती है। कामू व काफ्का के उपन्यासों में वैयक्तिक जीवन की जिस निरर्थकता का चित्रण हुआ है निरर्थकता का वह संदर्भ इन उपन्यासों में प्राप्त नहीं होता। कामू के म्योरसाँ के जीवन की वह निरर्थक

स्थिति जिसमें सब कुछ अव्यवस्थित है अनबूझ है, उसके जीवन की वास्तविकता है; उसके चारों ओर का समाज ही दूषित है, अव्यवस्थित है। कॉफ्का का जोसफ अव्यवस्था की यंत्रणा को भोगता हुआ जीवन की निरर्थकता का अनुभव कर रहा है। हिन्दी उपन्यासों में न तो वैसा समाज है और न वैसी अव्यवस्था ही। म्योरसाँ और जोसेफ के जीवन की निरर्थकता यहाँ के औपन्यासिक पात्रों में उतने उत्कट रूप में दिखाई नहीं देती।

स्वातंत्र्योत्तर-औपन्यासिक वस्तुस्थिति में पूर्ववर्ती सामाजिक उपन्यासों की अपेक्षा 'वैयक्तिक-स्वातंत्र्य' पर अधिक बल दिया जाने लगा। सामाजिक, नैतिक व धार्मिक परिवेश की अपेक्षा व्यक्ति के स्वतंत्र अस्तित्व की तलाश की ओर आधुनिक औपन्यासिक वस्तु की रुझान बढ़ी। यों तो छायावादी युग में ही व्यक्ति को महत्त्व मिलने लगा था, लेकिन 'व्यक्ति-चेतना' अंततः 'समष्टि-चेतना' की ओर ही अग्रसर होती रही। समष्टि-चेतना के प्रति इस उदारता के कारण ही प्रेमचंद, जैनेंद्र, भगवतीचरण वर्मा, यशपाल आदि के उपन्यासों में वैयक्तिक-जागरूकता का स्वर कुछ दबा-सा रहा। इसके बाद के उपन्यासों में 'वैयक्तिक-स्वातंत्र्य' की भावना समस्त प्राचीन धारणाओं एवं व्यवस्थाओं को नकारती हुई 'अस्तित्वगत स्वतंत्रता' के रूप में प्रतिष्ठित हुई। यह अस्तित्वगत-स्वतंत्रता आज के उपन्यासों को पूर्ववर्ती औपन्यासिक वस्तु से अलग करती है।

तो क्या 'वैयक्तिक-स्वातंत्र्य' जो आज के उपन्यासों का वैचारिक बिंदु है, अस्तित्ववादी चिंतन में स्वीकृत 'स्वातंत्र्य' का पर्याय है ?

इन उपन्यासकारों ने उपन्यासों में स्वतंत्रता के प्रश्न को उठाया तो अवश्य है, जो अपने में एक नया प्रयास भी है, लेकिन वह अस्तित्ववादी स्वतंत्रता का पर्याय नहीं। अस्तित्ववादी विचारक स्वतंत्रता को निरपेक्ष मूल्य मानते हुए उसकी दार्शनिक विवेचना करते हैं, जबकि इन उपन्यासों में एक ओर तो स्वतंत्रता को चरम मूल्य और दूसरी ओर समाज-सापेक्ष मूल्य के रूप में स्वीकार किया गया है। दोनों ही रूपों में उनकी स्वतंत्रता का क्या रूप है ? यह विवेच्य विषय है।

स्वतंत्रता की खोज के प्रश्न के प्रति प्रतिबद्ध इन उपन्यासों के पात्र सामाजिक परिवेश की अपेक्षा वैयक्तिक परिवेश में ही अस्तित्व का अर्थ पाना चाहते हैं। पात्र अपनी पहचान 'मानव' रूप में नहीं 'व्यक्ति' अथवा 'द्वीप' में कराते हैं। नियमित एवं परिपाटीबद्ध जीवन को अस्वीकार कर वैयक्तिक-अनुभूति के आधार पर जीवन का संचालन करना ही इनकी 'वैयक्तिक-स्वतंत्रता' का मानदंड है। इनके अनुसार जीवन में किसी भी व्यवस्था व नियम को स्वीकार करने का अर्थ है अस्तित्व की स्वतंत्रता का बेमानी हो जाना। उपन्यासों के पात्र अपने अस्तित्व की स्वतंत्र इकाई में सामाजिक हस्तक्षेप स्वीकार नहीं करते। शेखर तो जीवन के आरंभकाल से ही समस्त सामाजिक मान्यताओं को अस्वीकार करता रहा है। वह समाज की इकाई तो है, लेकिन उसका समूचा आग्रह समाज पर

नहीं, इकाई पर है—'स्वतंत्र होना, इकाई होना, अपने आपको एक खंड, एक टुकड़ा अस्तित्व का, एक अल्पांश न देखकर समूचा देखना—चाहे वह अकेला कण, किंतु संपूर्ण, जिसका एक स्पष्ट वास्तविक रूप है, एक छोटे से अस्तित्व का पृथक् तेजपुंज'। शेखर के जीवन की घटनाएँ आरंभ से ही उसे 'व्यक्ति' पहले बनाती हैं, किसी संगठन का सदस्य पीछे। उपन्यास के आरंभ में ही शेखर अपने 'वैयक्तिक-स्वातंत्र्य' का परिचय देता है—शेखर निस्संदेह एक व्यक्ति का अभिन्नतम निजी दस्तावेज (ए रिकार्ड ऑफ पर्सनल सफरिंग) है। शेखर की यह पर्सनल सफरिंग ही उसे नैतिक प्रतिबद्धताओं के विरुद्ध स्वतंत्र व्यक्ति बनाती है। शेखर के जीवन की इस प्रवृत्ति को अज्ञेय ने भी स्वीकार किया है—'शेखर की स्वातंत्र्य की खोज टूटती हुई नैतिक रूढ़ियों के बीच नीति के मूल स्रोत की खोज है'।[7] वैयक्तिक अनुभव ही उसके व्यक्तित्त्व का निर्माण करते हैं। 'वह बुद्धि उसकी थी, उसके उपयोग के लिए थी, वह उसका मनचाहा उपयोग करता था और वह जानता है जहाँ उसने अपनी सहज बुद्धि की प्रेरणा मानी वहाँ उचित किया और जहाँ उसकी बुद्धि को दूसरों ने प्रेरित किया, वहीं वह लड़खड़ाया'। शेखर दूसरों की सोची हुई बातों से आश्वस्त नहीं होता। उसके जीवन की स्थितियाँ ही उसे आत्मज्ञान करा देती हैं कि कोई ऐसा नहीं जिस पर निर्भर रहा जा सके। बाबा मदनसिंह का सूत्र—'हर एक को अपना रास्ता खुद बनाना चाहिए'।—शेखर की वैयक्तिक स्वतंत्रता को बल देता है।

'नदी के द्वीप' की रेखा किसी सामाजिक नियम को अपने जीवन में स्वीकार नहीं करती 'पर भुवन, तुम समाज की दृष्टि से देखते हो, वह दृष्टि गलत नहीं है; अप्रासंगिक भी नहीं, निर्णायक भी वह नहीं है। व्यक्ति को दबाकर इस मामले का जो भी निर्णय होगा—गलत होगा, घृण्य होगा, असह्य होगा'। असंपृक्त द्वीप—एक इकाई के रूप में जीना ही उसकी वैयक्तिक स्वतंत्रता है। 'मेरे कर्म का—सामाजिक व्यवहार का नियमन समाज करे, ठीक है, मेरे अंतरंग जीवन का नहीं—वह मेरा है। मेरा यानी हर व्यक्ति का निजी'। असंपृक्त द्वीप की भाँति एक इकाई के रूप में जीना ही रेखा की वैयक्तिक-स्वतंत्रता है। भुवन से जुड़कर भी रेखा उससे अलग इकाई के रूप में जीती है। भुवन और अपने संबंधों को वह कोई नाम, रूप नहीं देना चाहती। 'वे दिन' की रायना अपने साथ अतीत के किसी भी संबंध को, घटना को अपने हर अतीत की पहचान तक को स्मृतिपटल से मिटाती जाती है। 'सदैव पहले जैसी होने' के लिए अपने पति के सहवास के दिनों को भी भूलना चाहती है। अपनी अस्तित्वगत स्वतंत्रता की स्थापना 'मैं सिर्फ रायना हूँ' वाक्य से करती हुई 'मिसेज रैमान' के सम्बोधन को भी अस्वीकार करती है। किसी भी पहचान को उतना ही जानना चाहती है जितना उसके लिए काफी हो—'हम उतना ही जानते हैं, जितना ठीक है'। इससे अधिक की उसे आवश्यकता ही नहीं। अपने वैयक्तिक-स्वातन्त्र्य के कारण

उपन्यास के पात्र अधिक कुछ जानना ही नहीं चाहते। इसीलिए वह एक-दूसरे के लिए 'अँधेरा' बने हुए हैं।

'अजय की डायरी' की दीपिका सब कुछ जानना-पहचानना तो चाहती है, किंतु अपने अस्तित्व को निश्चित ढर्रे से बाँधना नहीं चाहती। स्वतंत्रता के प्रति उसकी सजगता सामान्य मानव प्रकृति को भी स्वीकार नहीं करती—'आप चाहते हैं कि सब लोग एक ढर्रे के हों, किसी का अलग निजी व्यक्तित्त्व न हो। इसके विपरीत मैं मानती हूँ कि मुझे दूसरों से भिन्न होने का पूरा अधिकार है'। इसी उपन्यास की पात्र हेम हर किसी की 'प्राइवेसी' के अधिकार को महत्त्व देती हुई समाज एवं बहुमत की निर्भरता व दबाव का विरोध करती है। समाज व मानवता का पक्षपाती अजय भी नहीं। वह उस मानवता को, जो उसके व्यक्तित्त्व को अवरुद्ध करती है, छलावा मानता है उसका मानना है 'मैं मानवता के लिए नहीं जी सकता। मानवता झूठ है, धोखा है, छलावा है। मानवता समाज है—निर्मम, निरुद्वेग, निष्ठुर। मानवता के हृदय नहीं है, उसके आँसू नहीं निकलते, वह कभी संवेदना से द्रवित नहीं होती। मानवता और समाज, वे और उनके कानून, मुझे उस सबसे वंचित रखना चाहते हैं जो मेरे मानव की ऊर्ध्वगति के लिए जरूरी है'। बहुमत एवं समाज के ढर्रे पर चलनेवाली जिंदगी को डॉ. देवराज के उपन्यास 'मैं, वे और आप' का पात्र निगम जो किसी संदर्भ, सिस्टम व व्यवस्था का विश्वासी नहीं, मानवता की पुकार के समस्त नारे बेमानी और अर्थहीन मानता है—उसका अलगाव, उसका अकेलापन एकदम एब्सोल्यूट है, निरपेक्ष और चरम। सामाजिक व्यवस्था का दबाव निगम को सह्य नहीं। उसका व्यक्तित्त्व इस लायक ही नहीं। वह निश्चित ढर्रे व स्थिरता की अपेक्षा जीवन को 'स्वतंत्र' रूप में जीना चाहता है। एक व्यवस्थित और नियमित जीवन ढर्रे पर चलनेवाली जिंदगी को वह स्वीकार नहीं करता। वैयक्तिक-स्वातंत्र्य के लिए निश्चित ढर्रे व स्थिरता को अस्वीकार करते हुए आंदोलनात्मक स्थिति में ही उपन्यास के पात्र अपने अस्तित्व की सत्ता बनाते हैं—'जिंदगी का अर्थ है आंदोलन, बेचैनी, सकून और संतुलन का अभाव'। डॉ. रघुवंश के 'तंतुजाल' की रोगग्रस्त नीरा इतनी सेल्फकॉन्शस है कि तंतुओं के जोड़ द्वारा अपनी स्वतंत्रता को पाना चाहती है। 'अर्थहीन' की राजलक्ष्मी भयानक परिस्थितियों में भी अडिग, समझौता न करते हुए अपने अस्तित्व की स्वतंत्रता को बनाए रखती है।

वैयक्तिक-स्वातंत्र्य के प्रति प्रतिबद्ध आज के व्यक्ति ने सामाजिक व्यवस्था के साथ ही कहीं व्यक्तिगत संबंधों को भी अस्वीकार किया है। संबंधों की यह कटुता पति-पत्नी के संबंधों में अधिक उभरी है। दोनों ही एक 'इकाई' रूप में जीवन की स्वतंत्रता चाहते हैं। वैयक्तिक-स्वातंत्र्य की भावना से आक्रांत अंधेरे बंद कमरे की नीलिमा को निर्भरता स्वीकार्य नहीं—'मैं अकेली रहकर भी किसी तरह जिंदगी जी लूँगी। मैं उस पर बोझ नहीं बनना चाहती'। कार्य-कारण की

शृंखला एवं व्यवस्था से मुक्त होना ही नीलिमा की स्वतंत्रता है। समाज द्वारा दिया गया 'पत्नी' संबंध उसे स्वीकार्य नहीं। इसे वह दकियानूसी विचार मानती है। वैयक्तिक-स्वातंत्र्य की चेतना 'आपका बंटी' की शकुन में भी है। शकुन अपने पति अजय के 'पोज़ेसिव' स्वभाव को अपने पर हावी नहीं होने देना चाहती। अपने व्यक्तिगत अस्तित्व को बनाए रखने के लिए उससे अलग होना वह अधिक श्रेयस्कर समझती है। 'अजय बहुत इगोइस्ट भी है और बहुत पोज़ेसिव भी। अपने को पूरी तरह समाप्त करके ही तुम उसे पा सको तो पा सको। अपने को बचाए रखकर तो उसे खोना ही पड़ेगा'। अजय का व्यक्तित्त्व शकुन को भारी जान पड़ने लगा था। अजय व शकुन में 'एडजेस्टमेंट' की कमी, दोनों को मुक्त जीवन जीने के लिए प्रेरित करती है। संबंधों को निभाने के खातिर वह कहीं भी अपने को मारना नहीं चाहती। यहाँ तक कि बंटी और डॉ. जोशी को भी अपने वैयक्तिक-स्वातंत्र्य की अधिकार सीमा में नहीं आने देना चाहती।

इन उपन्यासों में 'वैयक्तिक-स्वातंत्र्य' अपेक्षाकृत अधिक मुखर तो हुआ, किन्तु इनमें अस्तित्वादी विचारधारा के अनुरूप स्वतंत्रता को जीवन निरपेक्ष मूल्य स्वीकार नहीं किया गया। पात्र हर क्षण वैयक्तिक-स्वतंत्रता की घोषणा तो करते हैं, लेकिन स्वतंत्रता को चरम मूल्यों की उपलब्धि का मात्र साधन मानते हैं—'स्वतंत्रता अच्छी चीज है, लेकिन वह पर्याप्त नहीं। स्वतंत्रता चरम मूल्यों की उपलब्धि की आवश्यक शर्त है, पर वह स्वयं में चरम मूल्य नहीं'। वैयक्तिक-स्वातंत्र्य का पक्षपाती 'अजय की डायरी' का अजय यह भी स्वीकार करता है 'व्यक्ति-विशेष के सुख-दुख से कुछ ज्यादा ऊँची चीज़ है, जिनके लिए हमें जीना है'। उपन्यास के पात्र वैयक्तिक-स्वतंत्रता को समाज से काटकर नहीं, समाज में ही रहकर प्राप्त करना चाहते हैं। जहाँ एक ओर वह 'पर्सनल सफरिंग' की बात करते हैं वहीं उनमें 'मेरा समाज और युग बोलता है···वह मेरे और शेखर के युग का प्रतीक है'। 'वैयक्तिक स्वातंत्र्य' उन्हें समाज से कहीं अलग नहीं कर पाया। अज्ञेय रेखा के संदर्भ में समाज की कल्पना को निर्मूल मानते हुए 'नदी के द्वीप' को समाज के जीवन का चित्र न मानकर एक व्यक्ति के जीवन का चित्र मानते हैं। 'नदी के द्वीप' समाज के जीवन का चित्र नहीं है, एक अंग के जीवन का है, पात्र साधारण जन नहीं हैं, एक वर्ग के व्यक्ति हैं और वह वर्ग भी संख्या की दृष्टि से अप्रधान है'।[8] लेकिन रेखा अपने वैयक्तिक जीवन में भी समाज की कल्पना (सोशल कॉन्सैप्ट) को नहीं भुला पाती। उसका गर्भपात कराना इसी सोशल कॉन्सैप्ट की भूमिका है। भुवन के जीवन की बाधा न बनकर भी, उससे मुक्त होकर भी कहीं अंतर्मन में उसी से जुड़ी रहना चाहती है—'भुवन अगर तुमने मुझे प्यार किया है, तो प्यार करते रहना,—मेरी यह कुंठित बुझी हुई आत्मा स्नेह की गरमाई चाहती है—कि फिर अपना आकार पा सके, सुंदर मुक्त उर्ध्वाकांक्षी···। रेखा व्यक्तित्त्व की इकाई है, द्वीप है पर प्रवाह से अलग उसका

कोई अर्थ नहीं। प्रवाह से कटकर उसका अस्तित्व ही नहीं। 'अपने-अपने अजनबी' की सेल्मा का विश्वास—'वास्तव में स्वतंत्र है कौन ? कोई भी नहीं। न तो हम अकेले हैं, न हम स्वतंत्र हैं। बल्कि अकेले नहीं और हो ही नहीं सकते, इसलिए स्वतंत्र नहीं है'। अपना रास्ता खुद बनानेवाला शेखर भी यह अनुभव करता है, इतना विशिष्ट एवं इतना एकांत वह नहीं कि दूसरे लोग उसमें रुचि न ले सकें। 'मेरे व्यक्तिगत जीवन में मानव के समष्टिगत जीवन का भी इतना अंश है कि समष्टि उसे समझ सके और उसमें अपने जीवन की एक झलक पा सके'।

इन उपन्यासों में वैयक्तिक-स्वातंत्र्य' के नाम से आए अंतर्विरोधों के कारण पात्रों का सही दृष्टिकोण प्राप्त नहीं होता। अस्तित्ववादी चिंतन में 'स्वतंत्रता' का विशेष अर्थ है। लेकिन इधर के उपन्यासों में 'स्वतंत्रता' किसी ठोस मूल्य की अपेक्षा चेतनात्मक धरातल पर वर्णित है। अस्तित्व चिंतन में स्वीकृत 'पूर्ण स्वतंत्रता' का प्रश्न अपने सही संदर्भों में हिंदी के इन उपन्यासों में अर्थ नहीं पा सका। अस्तित्ववाद में 'वरण की स्वतंत्रता' को एक अविच्छिन्न मूल्य अथवा दायित्व के रूप में स्वीकार किया गया है; वह हिंदी के इन व्यक्तिवादी उपन्यासों में पूरी तरह प्रतिफलित नहीं होता। यहाँ स्वतंत्रता की स्वच्छंद अभिव्यक्ति तो है, किंतु अनिवार्य दायित्व बोध नहीं है। दरअसल यह सीमा अस्तित्ववादी चिंतन के भाववाद में ही निहित है। सार्त्र के अनुसार, 'वरण की स्वतंत्रता' व्यक्ति को खुद के प्रति जिम्मेदार बनाती है, इसलिए वह अनिवार्यतः दूसरों के प्रति भी जिम्मेदार होगा। लेकिन इधर के उपन्यासों में स्वतंत्रता के प्रति अंतर्विरोध के कारण दायित्वबोध की अपेक्षा वैयक्तिक-स्वातंत्र्य को अधिक महत्त्व मिला। अगर व्यक्ति सभी प्रकार के नैतिक एवं सामाजिक मूल्यों से विच्छिन्न होकर या सिर्फ खुद के प्रति जिम्मेदारी रखता है तो यह जिम्मेदारी इस बात की कतई कोई 'गारंटी' नहीं देती कि वह दूसरों के प्रति भी समान रूप से जिम्मेदार होगा ही। 'वरण की स्वतंत्रता' जिसे यहाँ का लेखक चरम मूल्य के रूप में स्वीकार करता है, व्यावहारिक धरातल पर अकसर ही अनियंत्रित एवं स्वच्छंद रूप धारण कर लेती है। 'शेखर : एक जीवनी' में शशि की 'अमानवीय ट्रेजेडी' शेखर की अनियंत्रित स्वतंत्रता का ही परिणाम है, जिसकी तीखी आलोचना नंददुलारे वाजपेयी जैसे आलोचक को भी करनी पड़ी। समाज व व्यवस्था के दकियानूसी मूल्यों के विरुद्ध अनियंत्रित वैयक्तिक-स्वातंत्र्य 'नदी के द्वीप', 'एक पति के नोट्स', 'मछली मरी हुई', 'सूरजमुखी अँधेरे के' उपन्यासों में अकसर देखने को मिलती है। इन उपन्यासों में वैयक्तिक स्वातंत्र्य के नाम पर स्वच्छंद सेक्स-भोग की प्रवृत्ति एवं 'फुलफिलमेंट' (क्षणिक ही सही) की सेक्स-संबंधी विकृतियाँ ही अभीष्ट रही हैं।

जहाँ तक पारंपरिक मूल्यों के प्रति आक्रोश का प्रश्न है वह इन उपन्यासों

में अवश्य मिल जाता है, किंतु यह आक्रोश मात्र बौद्धिक अनुभूति के रूप में उभरता है अतः किन्हीं नए मूल्यों की स्थापना नहीं कर पाता। जबकि प्रेमचंद के उपन्यासों में व्यवस्था की गड़बड़ाहट के विरुद्ध मानवीय मूल्यों की स्थापना मिलती है। उनके उपन्यासों में आक्रोश जीवन प्रसंगों की समुचित नियोजना के तहत उभरता है। 'गोदान' तो नए मूल्यों की स्थापना का वह अस्त्र है जिसने मानव को समस्त अव्यवस्था के विरुद्ध सचेत किया। बाद के उपन्यासों में (जैनेंद्र, यशपाल, भगवतीचरण वर्मा) वैयक्तिक-स्वातंत्र्य के संदर्भ में मानवीय मूल्यों को भी स्वर मिला। लेकिन आज के उपन्यासों में किन्हीं नवीन मूल्यों की अभिव्यक्ति की अपेक्षा परंपरागत मूल्यों का अस्वीकार ही अधिक उभरा है।

आखिर स्वतंत्रता किससे ? इस प्रश्न का उत्तर स्वातंत्र्योत्तर औपन्यासिक वस्तु में कहीं स्पष्ट नहीं। समाज के प्रति न तो कहीं पात्रों का विद्रोह है और न ही कहीं उनके जीवन में समाज विरोधी विकृतियाँ ही आड़े आईं। यहाँ समाज, नैतिकता, व्यवस्था कहीं किसी के विरुद्ध कोई आवाज नहीं। पात्र इन सबसे उदासीन तुलियन बाग में, कश्मीर की घाटियों में, बर्फघर में, प्राग के रेस्टोरेंट, बुडापेस्ट अथवा स्वीमिंगपूल पर अपने ही आंतरिक अंतर्द्वंद्वों से पीड़ित अपनी व्यक्तिगत स्वतंत्रता के हिमायती हैं। शेखर अवश्य ही कहीं इस या उस दुर्व्यवस्था से पीड़ित है, लेकिन कहीं वह उस अव्यवस्था के विरुद्ध आवाज नहीं उठाता। समाज को बदल डालने की कसम तो लेता है, लेकिन कहीं समाज को बदल नहीं सका। अंततः वह शिथिल होता गया और शशि के साथ जुड़कर तो और भी शिथिल। इन उपन्यासों के पात्र अपने कथनों व भाषणों द्वारा अवश्य ही सामयिक अव्यवस्था का प्रश्न उठाते हैं और वैचारिक स्तर पर उसका हल भी सोचते हैं, लेकिन कहीं उसे सृजनात्मक रूप नहीं दे पाते। अपनी मानसिक विकृतियों और रुग्णता पर 'वैयक्तिक-स्वातंत्र्य' का लेबल अवश्य लगाते हैं।

प्रेमचंद के उपन्यासों में 'स्वतंत्रता' का अर्थ आज़ादी के संदर्भ में लिया जाता रहा है। जहाँ व्यक्ति सामाजिक, आर्थिक व नैतिक धरातल पर टूट रहा था। वह समस्त शोषणों और विपत्तियों से त्राण पाना चाहता था, जिसमें कार्य-कारण संबंध भी निहित था। 'गोदान' का होरी निरंतर इन शोषणों व मानव को परतंत्र करनेवाली शक्तियों के विरुद्ध कुछ दबे स्वर में लड़ता रहा। यह लड़ाई गोबर के माध्यम से मुखर भी हुई। प्रेमचंद अपने समय में फैले सामंतवाद व पूँजीवाद के विरुद्ध मानवीय स्वतंत्रता के पक्षपाती रहे तथा उन मानवीय मूल्यों को अर्थ देते रहे जो पूरे युग की आवाज थी। 'स्वतंत्रता' का संदर्भ उनके उपन्यासों में व्यक्ति के रूप में नहीं, मानव के रूप में उभरा। जैनेंद्र, यशपाल आदि के उपन्यासों में सामाजिक अव्यवस्था से प्रताड़ित मानव एक निश्चित दर्शन व विचार के धरातल पर मानवीयता को उभारता है। 1950 के बाद के इन उपन्यासों में वैयक्तिक स्वातंत्र्य की भावना ऐतिहासिक संदर्भहीन स्वार्थ केंद्रित अधिक है।

स्वार्थ भावना ने व्यक्ति को निर्मम बनाया जिससे वैयक्तिक-स्वातंत्र्य अनियमित होता चला गया और पूँजीवादी अमानवीयता एवं विकृतियाँ अधिक उभरने लगी। यही विकृतियाँ मानसिक रुग्णता और निषेधात्मक रूप धारण करती चली गईं। ये उपन्यास न तो प्रेमचंद युगीन समाजिक संदर्भ में स्वतंत्रता पर टिक सके और न ही अस्तित्ववादी वैयक्तिक स्वातंत्र्य को अपना सके। एक धारा (सामाजिक) से मुक्त होने और दूसरी (अस्तित्ववादी) के प्रति रुझान की कशमकश में वे अंततः 'सर्वनिषेध' भाव से आक्रांत 'गुनाहों का देवता' अवश्य बने।

वैयक्तिक-स्वातंत्र्य के प्रति बढ़ती रुझान के कारण व्यक्ति अपने अस्तित्व के प्रति अधिक सचेत व सक्रिय हुआ। पूँजीवादी व साम्राज्यवादी प्रतिगामी शक्तियों के चंगुल से मुक्त होने के प्रयास में वह अमानवीय शक्तियों की परतंत्रता के खिलाफ विद्रोही बना। समस्त सामाजिक व नैतिक पद्धतियाँ उसकी दृष्टि में अर्थहीन होने लगीं। इन अर्थहीन पद्धतियों से टकराते हुए व्यक्ति ने नए सिरे से मूल्यों का निर्माण करना चाहा। नए मूल्यों के प्रति उसका आग्रह, जागरूकता व विद्रोही मानसिकता ही स्वातंत्र्योत्तर हिंदी औपन्यासिक वस्तु की अंतःशक्ति बनी।

विद्रोह की यह प्रवृत्ति कबीर व तुलसी की वाणी में सामाजिक, धार्मिक एवं दार्शनिक आस्थाओं के विरुद्ध, भारतेंदु के साहित्य में राजनीतिक धरातल पर, छायावादी व प्रगतिवादी विचारधारा में सामन्तवादी मूल्यों के विरोध में तथा प्रेमचंद, निराला, नागार्जुन, यशपाल व रेणु आदि के उपन्यासों में विकृत सामाजिक आस्थाओं व साम्राज्यवादी शक्तियों के खिलाफ निरंतर उभरती रही है। लेकिन इनके साहित्य में विद्रोह सामाजिक खोखलेपन एवं विकृत व्यवस्था का आमूल उन्मूलन करते हुए किन्हीं निश्चित समाधानों व सुधारों में परिणत हुआ। परिणामतः यहाँ विद्रोह का स्वरूप कुछ नए आयामों के साथ, भिन्न मानसिकता के रूप में, वैयक्तिक जीवन स्थितियों से निष्पन्न अपने संदर्भ में ही सार्थकता की तलाश करता है। 'व्यक्ति' की 'अस्मिता' के महत्त्व प्रतिपादन के कारण स्वातंत्र्योत्तर उपन्यासों में विद्रोह की प्रकृति बाह्य स्वीकृत दर्शन पर आधारित न होकर वैयक्तिक जीवन की विकृतियों और विसंगतियों के कारण है।

स्वातंत्र्योत्तर उपन्यासों में विद्रोह की भूमिका सामाजिक संघर्ष की अपेक्षा वैयक्तिक धरातल पर अधिक व्यापक रूप में उभरी। शेखर वैयक्तिक-स्तर पर जीवन की विकृतियों एवं विसंगतियों में अस्तित्व की तलाश करना चाहता है। सामाजिक व्यवस्था, परंपरागत मूल्य व विचार के प्रति अनास्था रखता हुआ वह अस्तित्व मात्र का विद्रोही बना। 'हमारी विद्रोही प्रेरणा धर्म के, राजसत्ता के, अर्थसत्ता के और अंत में अपने प्रति विद्रोही है'। समाज के प्रति विद्रोही भाव के कारण शेखर का आंतरिक संगठन निरंतर टूटता गया और यह टूटना ही अंततः उसे

सिखाता है 'यदि कोई किसी का है तो वह उसकी अपनी बुद्धि का, मनुष्य को उसके सहारे चलना है, उसी के सहारे जीना है'। शेखर का यह बौद्धिक बल उसे ईश्वर, माता-पिता और अंततः संपूर्ण व्यवस्था के विरुद्ध उसके विद्रोह को प्रबल बनाता गया। क्रमशः वह अनुभव करने लगा 'विद्रोही बनते नहीं, उत्पन्न होते हैं, वह आत्मा का कृत्रिम परिवेष्टन नहीं उसका अभिन्नतम अंग है'। जन्मतः विद्रोही शेखर की जिज्ञासा को वर्तमान जीवन-मूल्य तथा परंपरागत मान्यताएँ सहज ही शांत नहीं करतीं। जीवन में एक व्यापक अर्थ की तलाश में व्याकुल बाबा मदनसिंह का यह सूत्र 'तोड़ना ही धर्म है बनता तो अपने आप है' शेखर के विद्रोह को अधिक प्रबल करता है। यहाँ तोड़ने का धर्म संभवतः परंपरागत मान्यताओं, व्यवस्था व समाज को तोड़ने का है। समाज को तोड़ने का उग्रभाव ही उसे कहीं अज्ञेय के शब्दों में 'क्रांतिकारी' भी बनाता है। उपन्यास का आरंभिक शब्द 'फाँसी' शेखर के क्रांतिकारी होने का संकेत देता है। लेखक इसकी पुष्टि भी करता है कि शेखर का जीवन वैज्ञानिक कार्य-कारण शृंखलाओं से आबद्ध एक क्रांतिकारी की मनोवृत्ति के अनुकूल है जो निरंतर उसे सच्चाई के निकट ले जाता है'''क्रांतिकारी अंततोगत्वा एक प्रकार के नियतिवादी होते हैं। लेकिन यह नियतिवाद उन्हें अक्षम और निकम्मा बनानेवाला कोरा भाग्यवाद नहीं होता वह उन्हें अधिक निर्मम होकर कार्य करने की प्रेरणा देता है'''और क्रांतिकारी नायक ने अपने जीवन में इसी नियति के सूत्र को पहचानने का प्रयत्न किया है'। शेखर असहयोग आंदोलन के कार्यकर्ता के रूप में विदेशी भाषा का बहिष्कार कर और कपड़ों को जलाकर अपने क्रांतिकारी होने का प्रमाण देना चाहता है।

किंतु क्या शेखर क्रांतिकारी बन सका ? शेखर को क्रांतिकारी बनाने की कल्पना तो लेखक ने की है, लेकिन क्रांति की भावना उसमें स्वाभाविक नहीं, आरोपित है। कहीं भी वह क्रांति के सम्मुख समर्पित नहीं क्रांतिकारी के लिए क्रांति की अंतःशक्ति के बाद उससे महत्त्वपूर्ण वस्तु है क्रांतिकारिता के, विद्रोह-भावना के प्रति एक पूजाभाव। इसी के द्वारा उसमें इतनी सामर्थ्य आती है कि वह अपने कार्य में अपने को खोकर, उसमें अपने व्यक्तित्त्व को संपूर्णतः तल्लीन करके भी उसकी तटस्थ विवेचना कर सकता है; इसी के द्वारा वह बहता है तो अपनी इच्छा से बहता है, मरता है तो आत्म-बलिदान की भावना से मरता है, संसार में अपने को भुलाता है तो अपने व्यक्तित्त्व को पहचान कर'। क्रांतिकारी होने की यह विशेषता शेखर में कहीं भी तो नहीं। भूमिका में चित्रित विद्रोह का बाह्य आकार और भावुक क्षमता तो शेखर में है, लेकिन उसे स्थायित्व और सार देनेवाली अनिवार्य आग्नेय आंतरिक प्रेरणा नहीं। आंतरिक शक्ति से हीन होता हुआ शेखर एक ऐसे व्यक्ति के रूप में उभरता है जो उसे मात्र अपनी ही कामवृत्तियों के प्रति आक्रामक बनाता है। उसकी यह आक्रामक वृत्ति ही निरंतर उसे उग्र से उग्र बनाती गई। वह समाज से जुड़कर कुछ नहीं करता,

करना ही नहीं चाहता। इसीलिए वह अकेला व्यक्ति जैसा चाहता है, जो करता है, उसमें कहीं कोई बाधा नहीं। हर समस्या जैसे शेखर के व्यक्तित्त्व में ही घुलकर रह जाती है। अपनी ही भावनाओं के चक्रवात में घूमता हुआ, घटनाओं और कोरे विचारों के ताने-बाने में ही विद्रोही—रोमांटिक विद्रोही—बनता चला जाता है।

सामाजिक-नैतिक मान्यताओं के विरुद्ध तीखा, किंतु मौन विद्रोह 'नदी के द्वीप' की रेखा व 'वे दिन' की रायना में समाज के प्रति चुनौती के रूप में उभरा है। अस्तित्वगत जागरूकता उन्हें समाज के तथाकथित संबंधों से जुड़ने नहीं देती। सामाजिक संबंधों के प्रति यह अस्वीकृति ही रेखा को गर्भपात की ओर ले जाती है। भुवन को अपनी प्रत्येक अनुभूति में एवं अपने अस्तित्व की सार्थकता पाने की इच्छुक रेखा तथा जीवन की पूर्णता की खोज में प्रवृत्त रायना कहीं दीन व क्षुद्र नहीं होने पाई। रेखा के वैयक्तिक विद्रोह की यह दृढ़ता भुवन को तो जीवन में परास्त होने से बचाती रही, लेकिन क्या रेखा स्वयं परास्त होने से बच सकी ? जीवन-सृजन के जिस 'पैटर्न' को वह भुवन को देती रही, स्वयं अपने जीवन में अनुभूति को सँजोकर भी, फुलफिल्ड होकर भी, मात्र रेखा होने के अभिमान में उस पैटर्न को स्वीकार नहीं कर सकी। इसीलिए उसके व्यक्तित्त्व में जो कुछ मुखर है, वह है अमानवीय सामाजिक विधान के प्रति विद्रोह। सामाजिक पैटर्न की यह अस्वीकृति रायना में भी है। वह अपने पति व प्रेमी, दोनों से संबंध रखती हुई भी असंपृक्त जीवन जीती है। बौद्धिक प्रखरता व अस्तित्वगत चेतना के कारण ही 'नदी के द्वीप' एवं 'वे दिन' का वस्तु-संगठन रूढ़िवादी व नैतिकता बोध को नकारता है।

सामाजिक अव्यवस्था में जीवन का विषम एवं कठिन संघर्ष 'उखड़े हुए लोग' के शरद को ईश्वर, धर्म एवं नैतिकता के प्रति अविश्वासी बनाता है। शरद और जया का अविवाहित होकर भी पति-पत्नी के रूप में एक साथ रहना आज की व्यवस्था के प्रति विद्रोह है। जीवन की स्थितियाँ शरद को विद्रोही बनाती हुई अस्तित्व मीमांसा की ओर ले जाती हैं। ज़िंदा वह रहना चाहता है 'आत्मा को देखें तो ज़िन्दा रहना सम्भव नहीं और सिर्फ ज़िन्दा रहे तो जीने का अर्थ क्या है ?' फिर बिना अर्थ जिया ही क्यों जाय? जीवन से उखड़े रहना ही उसकी विद्रोही वृत्ति है। सूरज अवश्य कहीं स्थितियों से आक्रांत समझौतापसंद है, लेकिन अंततः वह भी विद्रोही हो उठता है। सत्या मिल के संदर्भ में मजदूरों के आंदोलन से उपन्यास में विद्रोह का ऐतिहासिक रूप तो उभरा है, लेकिन वह अधिक विस्तार नहीं पा सका। उपन्यास के सभी पात्र अपनी जीवनगत स्थितियों से उखड़े हुए और आक्रांत, कहीं-न-कहीं विद्रोही हैं। 'सारा आकाश' में सामाजिक रूढ़ियों की घुटन के बीच प्रभा मौन विद्रोही है। उपन्यास के अंत में समर अवश्य ही अपने परिवार के प्रति विद्रोह करता है, लेकिन उसका यह विद्रोह उसकी असफल चेष्टा

में परिणत होता दिखाई देता है। शिरीष समर से कहीं अधिक विद्रोही है। परंपरागत संस्कृति उसकी दृष्टि में 'गोबर-संस्कृति' है जो भूस के पुतले की तरह जलती है। विद्रोह की वैयक्तिक भूमिका पर धर्मवीर भारती का 'सूरज का सातवाँ घोड़ा' समस्त मध्यवर्गीय विसंगतियों एवं विकृतियों के व्यंग्यात्मक रूप में प्रस्तुत हुआ। माणिक मुल्ला जीवन की सपाटबयानी से कटा आर्थिक विडंबनाओं एवं नैतिक विशृंखलताओं का विद्रोही है। 'गुनाहों का देवता' का चंदर द्वंद्वमय स्थिति मे पड़ा किसी निश्चित विद्रोह को रूप नहीं दे सका; जबकि 'सूरज का सातवाँ घोड़ा' का माणिक मुल्ला जीवन के खोखलेपन का विद्रोह हँसते-हँसते करता है। उसका मत है—'जो लोग भावुक होते हैं और सिर्फ रोते हैं, वे रो-धोकर रह जाते हैं, पर जो लोग हँसना सीख लेते हैं वे कभी-कभी हँसते-हँसते उस जिंदगी को बदल भी डालते हैं'।[9] माणिक मुल्ला पूँजीवादी अर्थव्यवस्था की भयानकता से आक्रांत पूरी व्यवस्था को बदलना चाहता है। उसका विद्रोह प्रेम की असफलता के कारण नहीं अपितु आज के आर्थिक संघर्ष व नैतिक विशृंखलता के कारण है, जो आज के व्यक्ति को निराशा, कटुता व अँधेरा देता है।

अस्तित्व की सार्थकता की तलाश 'अजय की डायरी' के अजय व दीपिका को समाज द्वारा स्वीकृत संबंधों के प्रति विद्रोही बनाती है। वैयक्तिक विद्रोह इस खेमे के अन्य उपन्यासों 'अपने-अपने अजनबी', 'अर्थहीन', 'तंतुजाल', 'सूरजमुखी अँधेरे के', 'अँधेरे बंद कमरे', 'मंत्रबिद्ध' आदि में भी जहाँ-तहाँ दिखाई देता है।

तो क्या इन उपन्यासों में असुविधाजनक स्थिति के कारण विद्रोह वैयक्तिक धरातल पर चित्रित हुआ ? जहाँ तक उपन्यासों में असुविधाजनक स्थिति का प्रश्न है, संभवतः इन उपन्यासों में इस प्रकार की स्थितियाँ कहीं अर्थ नहीं पा सकीं। उपन्यासों के सभी पात्र व उनकी समस्याएँ उच्च-मध्यवर्ग के स्तर की हैं। रेखा, रायना, शेखर, अजय, दीपिका, जया, शरद और शकुन सभी पात्रों को जीवन में असुविधाएँ कहीं नहीं सतातीं। वह बौद्धिक तर्क-वितर्कशील मानसिक विकृतियों के कारण जन्मतः विद्रोही हैं। इसीलिए असुविधाजनक स्थिति के प्रति न तो विद्रोह है और न ही कोई झगड़ा ही।

तो क्या ये उपन्यास विद्रोह के किसी विशेष वैयक्तिक प्रत्यय को धारण करते हैं ? इस कारण संस्थान व समाज के प्रति विद्रोही हैं ? संस्थान के प्रति विद्रोह तो निराला, प्रेमचंद, नागार्जुन के साहित्य में भी है। देखना यह है कि इन के उपन्यासों में विद्रोह की प्रकृति क्या रही ?

जहाँ तक पूर्ववर्ती साहित्यकारों के विद्रोह का सवाल है, निश्चित रूप में उनका विद्रोही स्वर साहित्य में अर्थ पा सका है। उनका विद्रोह यदि एक व्यवस्था को बदलना चाहता है तो वे सृजन की नई दिशा भी दिखाते हैं, जहाँ जीवन का नया अर्थ है। निराला अपने पूर्ण साहित्य में विद्रोही रहे, लेकिन 'राम की शक्तिपूजा'

में सृजन की ओर झुकाव उनके विद्रोह को विस्तृत भूमिका देने में सफल है। 'बादल राग' में भी अंततः कहीं सृजन का आयाम है, जो नवीन भावबोध देता है। प्रेमचंद के उपन्यास तो स्वयं ही अपने पूर्ववर्ती साहित्य के प्रति विद्रोही स्वर लिये हुए हैं। उनका विद्रोह मानवीय स्तर पर सामाजिक करुणा के अर्थ में है। 'प्रेमचंद की रचनाओं में विरोध का व्यापक आंदोलन अपने संदर्भ में यथार्थ है। 'रंगभूमि' के वस्तुस्वरूप में पात्र विद्रोही की विस्तृत भूमिका में ही अपनी पहचान कराते हैं। 'रंगभूमि' के पात्रों में विशेषकर सूरदास के स्वर में भारतीय जनता का तत्कालीन संघर्ष उभरता दिखाई देता है। जीवन का स्पष्ट लक्ष्य उसके सामने है, जिसके आधार पर वह संघर्ष को तीव्र बनाता गया। औद्योगीकरण के कारण ग्रामीण जनता के शोषण का वैज्ञानिक परिणाम सूरदास के वर्ग–संघर्ष का आधार है। 'कर्मभूमि' के अमरकांत का चरित्र भी क्रांतिकारी है। किसानों व मजदूरों का नारकीय जीवन भी पूँजीपतियों की क्रूरताओं के सम्मुख विद्रोही है। रेणु के 'मैला आंचल' में सामंती अवशेष और नवपूंजीवादी व्यवस्था के विरुद्ध विद्रोह जीवन के समग्र अनुभूति-सार के रूप में प्रस्तावित हुआ है। नागार्जुन के 'बलचनमा' का विद्रोह अपने ऐतिहासिक संदर्भ में सही अर्थ पाता है। अपने शोषण से आतंकित मृत्यु के प्रति सचेत बलचनमा की मानसिकता विद्रोह की सामूहिक चेतना का संकेत देती है। भूमि पर अचेत होकर गिरना, लुढ़कना, निश्चित रूप से विद्रोह की निरंतरता को रेखांकित करता है ।

स्वातंत्र्योत्तर हिंदी उपन्यासों में विद्रोह निषेधात्मक अर्थ ग्रहण करता है। विद्रोह की यह भूमिका न तो किसी मान्यता अथवा दर्शन के प्रति विशेष आग्रह की प्रबलता है, न कहीं आवेगमूलक तीव्रता ही। इनमें किसी वस्तुनिष्ठ दृष्टिकोण की अपेक्षा जीवन का सतही व सरलीकृत रूप ही मुखर हुआ है। पहले के उपन्यासों की अपेक्षा यहाँ विद्रोह की भूमिका बौद्धिक तटस्थता के कारण वैचारिक तर्क-वितर्क तो प्रस्तुत करती है, लेकिन वह सृजनात्मक धरातल ग्रहण नहीं कर पायी। विभिन्न मान्यताएँ किसी संपृक्ति के स्तर पर नहीं, तर्क के स्तर पर ही प्रस्तुत होती हैं। वास्तविक संबद्धता का यह अभाव ही हिंदी के इन उपन्यासों की विचारवस्तु को भी प्रायः इतना फीका, निर्जीव और कृत्रिम आरोपित जैसा बना देती है।[10] इसीलिए इनका वैयक्तिक विद्रोह कहीं भी नवीन मूल्यों की स्थापना नहीं करता। विद्रोही शेखर तोड़ना तो जानता है, लेकिन बनाना नहीं। अनैतिकता में बदलाव माणिक मुल्ला भी चाहता है। तोड़ने व बदलने की आकांक्षा रेखा, अजय, सूरज, रत्ती, शरद, जया, समर–सभी में है, लेकिन बनाना वह नहीं जानते। इसी तोड़ने में क्रमशः वह स्वयं ही टूटते चले गए–शेखर जहाँ सब कुछ बदलने की कसम लेता है वहीं अंततः टूटता हुआ···'मैं एक छाया हूँ, एक स्वप्न, एक निराकार आक्रोश···भावना से भावना तक भटकता हुआ एक विचार–हर जगह आग देता हुआ और स्वयं ज्वाला में झुलसता हुआ, जल उठता

हुआ एक पिंड मात्र है'। जो स्वयं अनुभव करता है 'मुझ में उठता है एक क्रुद्ध विद्रोह, इसलिए नहीं कि मैंने क्या कुछ खोया है, या कितना कष्ट उठाया है, बल्कि इसलिए कि मैंने कितना दुःख दिया है कि किन-किन भोले हृदयों को कैसी कठोर चोटें पहुँचाई हैं'। अपना बोझा स्वयं ढोनेवाली अभिमानिनी रेखा···'टूटती हुई रीढ़वाली इस देह के लिए एक सहारा, एक छत, की याचिका बनी। रेखा का विद्रोह भावनात्मक स्तर पर ही अधिक उभरा जो निरंतर उसे तोड़ता ही चला गया। उसका विद्रोह किसी तीव्र रोष अथवा किसी सामाजिक कार्य में अथवा किसी भी प्रकार की क्रिया में नहीं प्रकट होता वह मूलतः आवेग के स्तर पर, भाव जगत के स्तर पर ही प्रकट होता है। विद्रोह की यह टूटन मन्नू भंडारी के 'आपका बंटी' की शकुन और बंटी में भी है। अजय के प्रति विद्रोहिणी शकुन भावात्मक स्तर पर अजय से अलग नहीं हो पाती। डॉ. जोशी से जुड़कर भी अजय शकुन के जीवन से निकल नहीं पाया। उपन्यास के अंत में गाड़ी में जाते हुए बंटी की भावकल्पना का वह द्वंद्व, जिसमें वह अपनी अस्मिता ही खो चुका है 'कनफ्यूज़्ड' स्थिति में उसे सब कुछ धुँधला-सा दिखाई देता है। विद्रोही बंटी का टूटना वास्तव में परिस्थितियों के प्रति समर्पण है। विद्रोह 'अपने-अपने अजनबी' की योके में है, लेकिन टूटना योके की भी नियति है।

तो क्या यह टूटन होरी, सूरदास, बलचनमा, मृणाल एवं बावनदास में नहीं ? टूटना होरी, सूरदास, बलचनमा, मृणाल और बावनदास में भी है, लेकिन उनका टूटना उनकी व्यक्तिगत विकृतियों व असंगतियों का परिणाम नहीं, आक्रामक सामाजिक अव्यवस्था के कारण है, जो अंततः उन्हें एक नियत बेचारगी की मृत्यु देता रहा। मृत्यु के इस संग्राम में वह हारे नहीं, टूटे अवश्य हैं; जिसमें उनकी विजय है। उसके टूटे-फूटे अस्त्र उसकी विजय पताकाएँ हैं। अपनी टूटन में भी वह एक नवीन सृजन का संकेत देते हैं। लेकिन बाद के उपन्यासों में अमूर्त और अपरिभाषित धरातल पर एक विसंगत स्थिति से दूसरी विसंगत स्थिति में ही विद्रोह को अर्थ मिला। इन उपन्यासों में स्थितियाँ बदलती नहीं अपितु और अधिक विसंगत होती चली गई हैं, जहाँ उनका विद्रोह अर्थ नहीं पा सका, एक नियति अवश्य बना।

तो क्या इन उपन्यासों में विद्रोह की नियति पश्चिमी अस्तित्ववादी विचारकों के विद्रोह के अनुरूप है ?

कामू के 'द–रिबेल', 'मिथ ऑफ सिसिफस', 'द प्लेग' व 'काफ्का' के उपन्यासों में जिस अस्तित्व-संकट के प्रति विद्रोह का वर्णन किया है वह व्यक्ति का स्वाभाविक विद्रोह है। कामू विद्रोह को सतत प्रक्रिया के रूप में स्वीकार करता है और विद्रोह की महत्ता इसी में मानता है कि वह सक्रिय विरोध करे और बड़े से बड़ा त्याग करे। यद्यपि वह जानता है कि आशा और विश्वास उसे प्राप्त नहीं हो सकते। कामू ने विद्रोह में जिस 'संयम' पर बल दिया है वैसा विद्रोह

इन उपन्यासों में कहीं चित्रित नहीं किया गया। कामू के उपन्यासों में पात्र जीवन की निरर्थकता को स्वीकार करते हुए भी विद्रोह करते हैं। निरर्थकता की भाँति ही विद्रोह भी उनकी नियति है। क्योंकि जीवन विसंगत है, अतः उस विसंगति में ही विद्रोही की सार्थकता है। 'सिसिफस' का विद्रोह विसंगति में ही अर्थ पाता है। लेकिन स्वातंत्र्योत्तर हिंदी उपन्यासों में जब निरर्थकता ही नियति की उस चरम सीमा से अछूती है तो विद्रोह की भूमिका भी भिन्न हो जाती है। यहाँ विसंगति मनुष्य को निष्क्रिय बनाती है, जबकि विद्रोह एक चेतन प्रक्रिया है। अतः इनका विद्रोह अस्तित्वमय न होकर मानसिक विकृतियों का परिणाम है।

'द प्लेग' का डॉ. रियो जिस विसंगत स्थिति में निरंतर विद्रोही बना वह उसकी नियति की सार्थकता है। डॉ. रियो सृष्टि में व्याप्त समस्याओं के प्रति विद्रोह को सही मानते हुए 'प्लेग' की विभीषिका को भौगोलिक महत्त्व देता है तथा उसके प्रति अपने विद्रोह को व्यष्टि से समष्टि की ओर अग्रसर करता है, जबकि हिंदी के इन उपन्यासों में विद्रोह विपरीत दिशा में सामाजिक धरातल से वैयक्तिक और वैयक्तिक से आत्मिक रूप ग्रहण करता है। यहाँ विद्रोह नहीं, विद्रोह की अनुगूँज है और वह भी मात्र उद्‌गार और भावात्मक उद्रेक बनकर रह गया, इसीलिए वह वास्तविक व सर्वस्तरीय विद्रोह नहीं, ओढ़ा हुआ और इकहरा है जिसमें परिवर्तन की तीव्र पुकार तो है, लेकिन उसका स्पष्ट रूप नहीं।

स्वातंत्र्योत्तर हिंदी औपन्यासिक वस्तु में 'एब्सर्ड' की अनुभूति जीवन के अर्थ को व्यंजित करती रही है। व्यक्ति के अस्तित्व और उसकी दुनिया के बीच एक अलगाव होता जा रहा है। इस अलगाव को न समझ पाने के कारण तथा जीवन में कुछ भी न कर सकने की असमर्थता ने व्यक्ति को निरर्थकता का बोध कराया। जीवन की निरर्थकता एवं अस्तित्व की असुरक्षा के प्रति संघर्ष करते व्यक्ति ने इस तथ्य को पहचाना कि इस विसंगति से पलायन नहीं किया जा सकता, अपितु इसे भोगते हुए ही अपने अस्तित्व को अर्थ देना है। व्यक्ति की इन 'एब्सर्ड' स्थितियों को उद्‌घाटित करना ही स्वातंत्र्योत्तर हिंदी औपन्यासिक वस्तु की एक अन्य विशिष्ट पहचान रही है।

तो क्या इन उपन्यासों में चर्चित 'एब्सर्ड' भाव कामू के एब्सर्ड का पर्याय है ?

हिंदी के इन उपन्यासों में 'एब्सर्ड' भाव के मूल्यांकन से पूर्व कामू द्वारा प्रतिपादित 'एब्सर्ड' को समझना प्रासंगिक होगा।

कामू विसंगति (एब्सर्ड) को स्पष्ट करते हुए कहता है कि 'संसार तर्क की कसौटी पर नहीं कसा जा सकता। एक गैर तार्किक संसार और मनुष्य की इच्छा के बीच संघर्ष की स्थिति का नाम विसंगति है'।[11] मनुष्य हर बात को समझना चाहता है और यही उसकी महत्ती इच्छा है। विसंगतिमय इस संसार में नैतिक आदर्शों की गुंजाइश नहीं। वह यह भी बताता है कि विसंगति पूर्णतः

लाइलाज है। मनुष्य संसार के अन्य प्राणियों से भिन्न है। उसकी चेतना उसे अन्य प्राणियों से अलग करती है। संसार उसके लिए केवल अज्ञात ही नहीं, अज्ञेय भी है। मनुष्य और उसके चारों ओर फैले परिवेश में एक ऐसी खाई है जो किसी भी प्रकार पाटी नहीं जा सकती। इसीलिए व्यक्ति इस विसंगत और सहानुभूतिहीन संसार में अपने को निर्वासित तथा विच्छिन्न अनुभव करता है। इस संसार को वह तभी समझ सकता है जब वह मनुष्य न होकर चारों ओर फैले संसार का अंश बन जाए। कामू स्पष्ट करता है कि 'यदि मैं वृक्ष होता अथवा बिल्ली होता तो जीवन मेरे लिए इतना अगम न होता। उसकी कोई समस्या न होती। क्योंकि मेरे और संसार के बीच कोई भेद नहीं। कामू के अनुसार विसंगति निरपेक्ष और सार्वभौमिक है। इसका अनुभव सहज ही हो सकता है जिस प्रकार आस्तिक मनुष्य को दैवी अनुकंपा का बोध होता है उसी प्रकार अकस्मात् ही विसंगति का भी अनुभव हो सकता है। लेकिन कामू सामान्यतः विसंगति को चार कारणों से मानता है'।

मनुष्य के जीवन की यांत्रिकता और उससे उत्पन्न ऊब विसंगति को जन्म देती है। निरंतर कर्म करता हुआ मनुष्य अपने जीवन के उद्देश्य और उसके मूल्यों के प्रति शंकालु हो उठता है। कामू का 'मिथ ऑफ सिसिफस' का सिसिफस निरर्थक कर्म करने के लिए अभिशप्त है। देवताओं और मृत्यु के प्रति घृणा और जीवन के प्रति अनुराग के बदले सिसिफस को अनिवर्चनीय दंड भुगतना पड़ा। वह अंधघाटी में एक बोझिल चट्टान को पहाड़ की ऊँचाई तक ले जाता है और हर बार वह नीचे की ओर लुढ़क जाती है। वह फिर ऊपर ले जाता है, चट्टान पुनः नीचे गिर जाती है, वह फिर उसे ऊपर ले जाता है यही क्रम अनवरत चलता रहता है। 'सिसिफस अपने कार्य की निरर्थकता जानता है और यह भी जानता है कि वह इसके लिए अभिशप्त है क्योंकि इस निरर्थक श्रम से अधिक कठोर दूसरा दंड और नहीं हो सकता'। उसने प्रतिदिन की इस विसंगति को समझ लिया है कि इसका परिणाम अंततः शून्य ही है। निरर्थकता के बावजूद भी सिसिफस में कर्म के प्रति उदासीनता नहीं। उन पत्थरों के बीच खड़ा सिसिफस पुनः अपने संतुलित कदमों से यातना-शिविर की ओर चल देता है, यदि वह जीवन में सफल हो जाए तो उसकी निरर्थकता का कोई मूल्य ही नहीं। कामू के 'लास्ट्रेंजर' का म्योरसाँ जीवन की समस्याओं का कहीं तर्कपूर्ण अर्थ नहीं पाता। वह अवास्तविक जीवन जीता हुआ समझ लेता है कि निरर्थकता ही जीवन का एकमात्र मूल्य है, जो जीवन को जीने योग्य बनाती है।

विसंगतिबोध का दूसरा कारण है मनुष्य का अपने जीवन की निरर्थकता से अवगत होना और अपनी विशिष्टताओं के कारण अपने और संसार के बीच एक अलगाव महसूस करना। संसार से अलगाव की अनुभूति ही संसार के साथ उसके संघर्ष को जन्म देती है। यह संघर्ष ही एकमात्र उसका सत्य है। अपने अजनबी

संसार में, जिसे वह समझ नहीं पाता, अपने अस्तित्व के खतरों को स्पष्ट रूप से महसूस करता है। कामू का 'लपेस्टे' इसी अस्तित्व संकट का प्रतीक है जहाँ ओरान नामक शहर आपदाओं की कैद में जकड़ा अस्तित्व संकट को झेल रहा है। संकट की इस निर्ममता के प्रति निरंतर विद्रोह किया जा रहा है, लेकिन वह मात्र तर्कहीन, बुद्धिहीन एवं विवेकशील उग्रता के अलावा और कुछ नहीं। मानवीय जीवन की यह अनिश्चितता भी विसंगति बोध है।

विंसगति के इसी क्रम में कामू मनुष्य के जीवन की कुछ ऐसी निरर्थक और यंत्रवत क्रियाओं को उद्घाटित करता है जिसका अर्थहीन मूक अभिनय उसे आसपास की प्रत्येक वस्तु (दुनिया) के बीच हास्यास्पद स्थिति में ला खड़ा करता है। कामू के अनुसार यह वह अनुभूति है जो किसी व्यक्ति को काँच की दीवार के पीछे टेलीफोन पर बात करते देख हमें होती है। उसके पार होनेवाले क्रियाकलाप तो हम देख पाते हैं, लेकिन उन्हें अर्थ देनेवाली ध्वनियों की अनुपस्थिति में वह समस्त क्रियाएँ मात्र निरर्थक स्वाँग ही लगती हैं। 'तब ऐसा लगता है कि कोई अमानवीय कठपुतली कुछ क्रियाएँ कर रही है। यह अस्पष्ट व्यग्रता की अनुभूति कि आखिर वह जीवित क्यों है' ?[12] इसे समझने में हमारा मस्तिष्क सर्वथा अक्षम है। यही अक्षमता हमें विसंगति का बोध कराती है। जीवन के अनवरत चलनेवाले क्रियाकलापों के प्रति कामू के 'लास्ट्रेंजर' का म्योरसाँ अरब व्यक्ति की हत्या करने के बाद मुकदमे की लंबी तफसीलें सुनकर ऊब महसूस करता है। कचहरी के जज का निरंतर एक ही प्रश्न को बार-बार दुहराना तथा वहाँ का उबा देनेवाला वातावरण नोसे (Noces) को व्यंजित करता है। यह विसंगति की तीसरी स्थिति है।

मृत्युबोध को कामू ने विसंगति का चतुर्थ और अंतिम कारण माना है। समय के व्यतीत होने की तीव्रानुभूति नश्वरता के तथ्य का साक्षात्कार कराती है। यही अनुभव उसे अंतिम और निश्चित आशंका से परिचित कराता है। जिसके सम्मुख उसका अस्तित्व उद्घाटित होता है। कामू के अनुसार यह मृत्यु अनुभवशील नहीं। बोध के स्तर पर मृत्यु का अनुभव कठिन है। वह तो वैयक्तिक अनुभव है। एक व्यक्ति की मृत्यु हमें आतंकित कर सकती है, तटस्थ कर सकती है, लेकिन आत्मानुभव नहीं दे सकती। इसीलिए कामू मृत्यु को मनुष्य की अनिवार्य नियति मानते हुए उसे विसंगति का आरंभ मानते हैं। 'द मिथ ऑफ सिसिफस' इसी प्रश्न से आरंभ होता है कि जीवन 'जिया जाए अथवा समाप्त किया जाए' इसका प्रारंभ आत्महत्या की चर्चा से होता है। कामू के विचार से मनुष्य धीरे-धीरे स्वयं को मृत्यु की ओर इसलिए ले जाता है कि उसके जीने में कोई तर्क दिखाई नहीं देता। कोई भी मनुष्य आत्महत्या इसलिए करता है कि वह घिसे-पिटे जीवन से ऊब जाता है। मृत्युबोध का विचार करते हुए कामू स्पष्ट करता है कि मानसिक विसंगति की अनुभूति मनुष्य को शारीरिक हत्या के लिए बाध्य करती

है और बौद्धिक स्तर पर विसंगति का ज्ञान बौद्धिक विनाश की ओर ले जाता है। विसंगति से छुटकारा पाने के इन दोनों तरीकों को कामू निरर्थक मानता है। उसके अनुसार यह विसंगति का हल नहीं, उससे पलायन है। 'नॉसेस' (Noces) में वह स्पष्ट करता है कि 'आत्महत्या विसंगति के अस्तित्व की पुष्टि है। मृत्यु स्वयं में ही विसंगति का एक अंग है जो मृत्यु को स्वयं अंगीकार करते हैं उनमें वास्तव में जिजीविषा का भाव सबसे अधिक रहता है'।[19] अतः कामू आत्महत्या को निरर्थक मानते हुए विसंगति को सँजोकर रखने का पक्षपाती है। उसके अनुसार यही मूल्यों को जन्म देती है और मनुष्य को अपनी जिन्दगी को और भी अधिक गहराई से जीने के लिए आमन्त्रित करती है।

कामू द्वारा प्रतिपादित चारों प्रकार ही स्थितियाँ ही विसंगति का पूर्ण अनुभव कराती हैं। व्यक्ति इन खतरों से घिरा विसंगतियों के कारण निरंतर संत्रास का अनुभव करता है।

क्या स्वातंत्र्योत्तर हिंदी उपन्यासों में विसंगति के ये चारों कारण उपलब्ध हैं।

स्वातंत्र्योत्तर हिंदी उपन्यासों में सामाजिक मनोवैज्ञानिक स्थितियों से निरर्थकता पैदा हुई और पात्रों का संघर्ष सामाजिक-मनोवैज्ञानिक स्तर तक ही अधिक चरितार्थ होता है। किंतु ये सामाजिक-मनोवैज्ञानिक स्थितियाँ एक दार्शनिक स्थिति भी पैदा कर सकती हैं। जिसमें मनुष्य—सिसिफस की तरह निरंतर प्रयत्न करने और पराजित होने के लिए आत्यंतिक रूप से अभिशप्त है। इस प्रकार निरर्थकता की मानसिकता के दो स्तर हो सकते हैं। (1) सामाजिक-मनोवैज्ञानिक स्तर (2) दार्शनिक स्तर।

सामाजिक और मनोवैज्ञानिक स्थितियों के कारण पैदा हुई विसंगति हिंदी उपन्यासों में प्रायः देखने को मिलती है। पात्र सामाजिक अव्यवस्था में जीने को विवश जीवन का सही मार्ग खोजने के लिए भटक रहे हैं। 'अँधेरे बंद कमरे' में बैठे वह जीवन की संगति खोजना चाहते हैं। लेकिन उन्हें कहीं कोई संगति मिल ही नहीं पाती। हरवंस के जीवन की यह विसंगति उसके और नीलिमा के बीच उत्पन्न हुए अलगाव व तनाव के कारण है। उसके जीवन की निरर्थकता निरन्तर बढ़ती ही जाती है। वह इस निरर्थकता से जितना अधिक उबरने का प्रयत्न करता है उसी में धंसता चला जाता है। 'मुझे तो ऐसा लगता है कि मैं हमेशा के लिए गुम हो गया हूँ और मेरा अतीत, वर्तमान और भविष्य सब कुछ इस दलदल में खो गया है। मैं इससे बाहर निकलने की जितनी ही कोशिश करता हूँ उतना ही उसमें धँसता चला जाता हूँ'। नीलिमा से अलगाव के कारण हरबंस के जीवन की संगति क्रमशः नष्ट होती जा रही है। 'मैं तब से अब तक अँधेरे में भटक रहा हूँ। जहाँ मुझे किसी भी तरफ उजाले का कोई मार्ग नजर नहीं आता'। संबंधों की अर्थहीनता को नीलिमा भी अनुभव करती

है–'ज्यों-ज्यों दिन बीतते जाते हैं मुझे लगता है कि मैं अपनी बेबसी में एक डरावनी घाटी में उतरती जा रही हूँ। मैं जितना चाहती हूँ कि उस रास्ते से लौट चलूँ उतना ही अपने को घाटी के नज़दीक पहुँचते हुए पाती हूँ'। हरबंस से अलग जीवन की वह कल्पना तो करती है, लेकिन उसका यह निर्णय उसकी विसंगति को अधिक गहराता है–'मैं आना नहीं चाहती थी, मगर फिर मैंने सोचा कि–सोचा ही नहीं, मुझे लगा कि शायद अब यही ठीक है'। हरबंस और नीलिमा के जीवन का यह विसंगति भाव किसी वैचारिक धरातल पर नहीं बल्कि सामाजिक सम्बन्धों की विशृंखलता के कारण है। नीलिमा से उसका अलगाव एवं दिन प्रति दिन का तनाव ही उसे विसंगति का बोध कराता है। सामाजिक मनोवैज्ञानिक अंतर्विरोधों के कारण जीवन का निरर्थक बोध 'उखड़े हुए लोग' के पात्रों में भी है। सूरज, शरद और कपिल पूँजीवादी समाज की अव्यवस्था को अनुभव करते हुए उसकी आलोचना करते हैं। इस अव्यवस्था के कारण व्यक्ति का अस्तित्व विकृत एवं खंड-खंड हो चुका है। सामाजिक अव्यवस्था से क्षुब्ध शरद, जीवन की विसंगति को पहचानता है 'सचमुच वास्तविकता तो यह है कि हम सब टूटे हुए व्यक्तित्त्व के लोग हैं। हमारे स्वाभाविक गठन और व्यक्तित्त्व को कुछ इस तरह मरोड़ दिया गया है, जैसे गीली मिट्टी से बनी सुंदर मूर्ति को कोई अत्यंत निर्दयता से मरोड़ डाले'। परिणामतः अँधेरे कमरों में भटकते और टटोलते हुए ये पात्र अविश्वासी और निराश हो गए। सूरज सामाजिक अंतर्विरोधों के कारण स्वयं टूटता रहा, लेकिन निरर्थकता के प्रति आत्मसमर्पण सूरज को कहीं तोड़ता नहीं। एक जीवनी शक्ति है उसमें जो जीवित रहने की प्रेरणा देती रही है 'चाहे कुछ भी हो जाए मैं मरूँगा नहीं–कम-से-कम हारूँगा नहीं' यह विश्वास ही सूरज को दृढ़ता प्रदान करता है।

सामाजिक अव्यवस्था का पीड़ाबोध डॉ. रघुवंश के 'अर्थहीन' उपन्यास में जीवन की निरर्थकता को कहीं अधिक गहराता है। जीवन की समस्त उलझन और घुटन को ढोती हुई राजलक्ष्मी ऐसे दंश का शिकार बनती है जहाँ उसका सारा जीवन ही अर्थहीन हो चुका है–'खोई हुई जिंदगी जैसे विषधर के रूप में फुँकार उठी है, सारी निष्फल कामनाएँ असंख्य विषदंशों से हृदय को छेद रही है'। 'सूरज का सातवाँ घोड़ा' में कथाओं के अंतर में छिपी जीवन की विसंगतियों को उद्घाटित किया गया है। माणिक मुल्ला मध्यवर्गीय सामाजिक अव्यवस्था और आर्थिक ढाँचे की विकृतियों के कारण विसंगतिमय जीवन जीता है। माणिक के जीवन की घटनाएँ–वास्तव में प्रेम का नहीं, वरन् उस जिंदगी का चित्रण करती हैं जिसे आज का निम्न मध्यवर्ग जी रहा है। उसमें आर्थिक संघर्ष, नैतिक विशृंखलता और इसीलिए इतना अनाचार, निराशा, कटुता और अँधेरा मध्यवर्ग पर छा गया है। उसके प्रेम संबंधों से भी अधिक महत्त्व है उसके आर्थिक संघर्ष का, जो पूर्णतः उसके जीवन को निराश, कटु और विगलित बनाता है'। जमुना,

लिल्ली और सत्ती की कथाएँ उसके ही जीवन की विडंबना और उसके खोखलेपन को उजागर करती हैं। जीवन की विसंगतियों एवं विडंबनाओं से जूझते माणिक मुल्ला का अंत में लापता हो जाना उसके जीवन की विसंगति है।

इन उपन्यासों में निरर्थकता बोध सामाजिक-मनोवैज्ञानिक स्तर पर पात्रों को संघर्ष के लिए प्रेरित करता है। इसीलिए यह उनके जीवन की नियति नहीं बन सका। उनके जीवन की यह ऐसी समस्याएँ हैं जिसमें परिवर्तन की संभावनाएँ निरंतर बनी रहती है। लेकिन जहाँ यह निरर्थकता दार्शनिकता का रूप धारण करती दिखाई पड़ती है वहाँ अवश्य ही विसंगति बोध अधिक ठोस रूप धारण कर लेती है।

निरर्थकताबोध का दार्शनिक रूप जो मूलतः सामाजिक-मनोवैज्ञानिकता के कारण हैं, 'शेखर : एक जीवनी' में प्रायः पाया जाता है। शेखर अपनी सामाजिक स्थितियों के कारण जीवन को बेमानी मानता है। 'क्या है मेरे जीवन की सिद्धि? क्या है इसकी संपूर्ति ? सब झूठ···शून्य, शून्य, शून्य। बल्कि शून्य से भी कम एक ऋण, जिसे मैं पूँजी समझे बैठा हूँ'। वह अपनी दुनिया के साथ बौद्धिक संबंध स्थापित न करने के कारण अपने को कहीं 'फिट' नहीं कर पाता। अपनी ही अशांतचित्तता, अस्थिरता शेखर के लिए असह्य होने लगी। उसे लगने लगा, वह कुछ चाहता है, लेकिन वह चाहता क्या है? यह नहीं जान पाया। और इसी को जानने के लिए वह अनेक प्रकार की चेष्टाएँ करने लगा। अनेक स्तरों पर एक साथ ही भटकने लगा। संसार के नियमों के मूल स्रोत को समझने के लिए तर्कपूर्ण प्रश्नों की खोज करता है। लेकिन घोर निराशामयी स्थिति में वह पाता है मात्र एक 'पर्सनल सफरिंग'। उसने अनुभव किया 'जीवन ने अर्थ खो दिया है, यथार्थता, व्यवस्था, गति सब कुछ खो दिया'। इसी परिवेश में उसे अस्तित्व को बनाए रखना है लेकिन वह पाता है 'सर्वत्र कलुष है, ह्रास है, पतन है कि एक अकेला समाज ही नहीं जीवन आमूल दूषित है—ईश्वर, मानव—सब कुछ—आमूल दूषित—दूषित और सड़ा हुआ, विरुद्ध लड़ने के लिए कुछ भी नहीं है। या सब कुछ, जो कि एक ही बात है—मिट्टी को काटा जा सकता है पर दलदल को नहीं—उसमें धँसना ही धँसना है'। शेखर का यह निरर्थकता बोध सामाजिक-मनोवैज्ञानिकता से अधिक उसकी आत्मिक संश्लिष्टताओं के कारण है।

'नदी के द्वीप' की रेखा अपने व्यक्तित्त्व की उत्तेजनाओं के कारण जीवनगत निरर्थकता का अनुभव करती है। वह जीवन में कहीं पहुँचना ही नहीं चाहती और न ही उसे कहीं पहुंचने का लोभ है 'मैं ···ऐसी यात्रा पर हूँ, जो कहीं पहुँचती ही नहीं, अंतहीन है···'। यह अंतहीन ही उसका कहीं पहुँचना है। वह जानती है निरर्थकता का कहीं कोई निदान नहीं। जीवन की यह अर्थहीनता निश्चित है—'मैं तो समझती हूँ, हम अधिक-से-अधिक इस प्रवाह में छोटे-छोटे द्वीप हैं, उस प्रवाह से घिरे हुए भी, उससे कटे हुए भी, भूमि से बँधे और स्थिर भी, पर

प्रवाह में सर्वथा असहाय भी···न जाने कब प्रवाह की एक स्वैरिणी लहर आकर मिटा दे, बहा ले जाए'। वह जानती है कहीं उसके जीवन में कोई अर्थ नहीं, इसीलिए जीवनव्यापी इस निरर्थकता को रेखा 'सेक्स' द्वारा प्रभावित करती है जीवन का यह निरर्थक भाव ही उसे भुवन के साथ यौनाचार के लिए प्रेरित करता है। 'फुलफिलमेंट' की इस स्थिति को भुवन भी जीवन की सार्थकता मानता हैं–'तो क्या यह फुलफिलमेंट नहीं है कि कोई किसी को वह चरम अनुभूति दे सके–जो जीवन की निरर्थकता को सहसा सार्थक बना देती है'। लेकिन क्या वह निरर्थकता को अस्वीकार कर सकी ? भुवन द्वारा 'फुलफिलमेंट' पाने पर भी, 'आइ एम फुलफिल्ड' की स्थिति पर पहुँचने पर भी जीवन के अंत तक वह कोई अर्थ न पा सकी। अनंत रेखा बने रहने की आकांक्षिणी अंततः टूटी हुई रीढ़वाली रेखा बिखर जाती है, टूट जाती है।

'वे दिन' में युद्ध के परिणामस्वरूप जीवन अर्थहीन हो चुका है। रायना स्वयं इसे अनुभव करती है–'लड़ाई में बहुत लोग मरते हैं–इसमें कुछ अजीब नहीं है–लेकिन कुछ चीजें हैं जो लड़ाई के बाद मर जाती हैं–शांति के दिनों में–हम उनमें से थे'। अर्थहीनता उसके जीवन में पूर्णतः छाई हुई है–'मुझे कभी-कभी लगता था, जैसे हम दोनों अब भी किसी कंसनट्रेशन कैंप में रह रहे हैं–एक ही घर में। उसके बाहर जाकर–वह जीवित नहीं था–मैं भी नहीं'। हम सिर्फ़ उसमें रहकर जी सकते थे। उपन्यास के सभी पात्र अपने जीवन की बेचैनी के लिए अभिशप्त हैं। फ्रांज की कला का ह्रास ही उसकी निरर्थकता बोध का कारण है। निरंतर बीतते समय का एहसास फ्रांज को कहीं सार्थकता प्रदान नहीं करता।

इन उपन्यासों में निरर्थकता सामाजिक-मनोवैज्ञानिक स्तर की अपेक्षा दार्शनिक स्तर पर अभिव्यक्ति पाती है। निरुद्देश्य क्षय होते अपनी सामर्थ्य के प्रति वैयक्तिक चेतना उसकी यंत्रणा को अधिक गहराती है। अस्तित्व की इस निरर्थकता के कारण ही व्यक्ति विसंगत स्थितियों की जकड़ में आते जा रहे हैं।

विसंगतिबोध का यह पहलू जिसमें अस्तित्व का संकट व्यक्ति को निरंतर दबोचता चला गया है हिंदी के उपन्यासों में उस विकृत रूप में नहीं उभरा जैसा कि पश्चिमी अस्तित्ववादी उपन्यासों में। पश्चिमी उपन्यासों में प्रायः ही तात्त्विक अथवा सामाजिक स्तर पर अस्तित्व के संकट की स्थितियाँ उभरती रहीं। लेकिन हिंदी के आधुनिक उपन्यासों में विशेषतया अज्ञेय के 'अपने-अपने अजनबी' में अवश्य ही अस्तित्वगत संकट को उद्घाटित किया गया है। उपन्यास का आरंभ एक धमाके से, बर्फ की विकराल चट्टानों के गिरने तथा एकाएक सन्नाटे के दवाव से आरंभ होता है और देखते-ही-देखते बर्फ का एक काठघर बन जाता है। जिसमें बंद है योके और सेल्मा। चारों ओर एक मौन शांत और विध्वंस और जीवन एक धुँधली रोशनी–एक ठिठका हुआ निसंग जीवन। एब्सर्ड स्थिति

में आबद्ध योके और सेल्मा जीवन के क्रूर सत्य को भोगने के लिए अभिशप्त हैं एकाएक उसे ऐसा लगता है कि जीवन पैरों के घिसटने के सिवा कुछ नहीं है, और उसके बीच जो उसे अपना ध्यान आता है, वह धोखा है। वह नहीं है और केवल पैरों का घिसटना है। बाढ़ग्रस्त स्थिति में व्यक्ति नितांत असह्य हो गया है। बाढ़ के कारण समस्त जन-समाज से कटे नदी के टूटे पुल पर तीन व्यक्ति इस प्रकार विपम स्थितियों से आक्रांत हैं, जहाँ उनके पास जीने योग्य भोजन भी नहीं। यहाँ अमानवीयता इस कदर उभरकर आई कि फोटोग्राफर की जलती हुई दुकान पर यान खाना पकाता है–'मेरे जीवन के मोल यह खरीदा गया और फोटोग्राफर के मोल पका सका'। ऐसी संकटपूर्ण स्थितियों में सभी आत्मीय जन एक-दूसरे से कटे, 'अपने-अपने अजनबी' बने जीवन की विसंगति को ढो रहें हैं। अस्तित्व के संकट से आक्रांत पात्र एक-दूसरे को मरने-मारने पर उतारू हो जाते हैं। उसके हाथ बुढ़िया सेल्मा की गर्दन की ओर बढ़ जाते हैं। वे दो हाथ बुढ़िया की गर्दन के आगे अर्ध-मंडलाकार घिर गए हैं।

अस्तित्व-संकट का बोध 'वे दिन' के पात्रों को भी आक्रांत किए हुए है। युद्धोत्तर अवसादपूर्ण स्थितियाँ पात्रों को अस्तित्व के प्रति सशंकित करती हैं–'तुम्हें अपना बचपन लड़ाई में नहीं गुजारना चाहिए–वह जिंदगीभर पीछा नहीं छोड़ती'। युद्धोत्तर विभीपिका की छाया से आक्रांत रायना अपने खालीपन को भरने के लिए निरंतर भटक रही है। कहीं भी बहुत समय तक रुकना उसे पुनः कंसंट्रेशन कैंप की याद दिलाती है। कोलोन में व्यतीत किए गए दिनों की मार्मिक अनुभूतियाँ–'हम दोनों साथ रहते थे–लेकिन हमें लगता था जैसे हमने कोई चीज हमेशा के लिए खो दी है–मुझे कभी-कभी अजीब-सा डर लगता था'–रायना को अस्तित्व संकट का बोध कराती हैं। उपन्यास के सभी पात्र गहराते हुए संकट के कारण विसंगतियों में ही अस्तित्व को अर्थ देना चाहते हैं। 'तंतुजाल' की नीरा के रोग का कीड़ा उसके अस्तित्व को धीरे-धीरे समाप्त करता हुआ जीवन का सारा रस समाप्त कर, उसे शुष्क करता चला जा रहा है।

अस्तित्व संकट से घिरे इन उपन्यासों के पात्र आसपास की विसंगतियों के मध्य अपने को असुरक्षित पाते हैं। अतः अपनी रक्षा के लिए संघर्प करते हुए वह इस तथ्य के प्रति सजग हैं कि मूलतः वह जीना चाहते हैं, मरना नहीं। इस विसंगतिपूर्ण संसार में भी अपने अस्तित्व को अर्थ देने की सामर्थ्य बनाए रखना चाहते हैं।

शीशे के केबिन के पीछे अमानुपिक क्रियाओं से उत्पन्न 'नॉशिया' भाव संभवतः यहाँ के उपन्यासों में देखने को नहीं मिलता। लेकिन कभी-कभी अत्यधिक बौद्धिकता, हृदयहीनता व धनलिप्सा की भावना से लिप्त व्यक्ति जब अपनी ही आकृति दर्पण में देखता है तो कहीं अपने को ही अजनबी पाता है। अपने ही अस्तित्व से अलगाव महसूस करता हुआ अपने आप से प्रश्न करता

है कि आखिर वह जीवित क्यों है ? यह अस्तित्व जो वास्तविक नहीं उसे इस रूप में क्यों ढोया जा रहा है ? इस द्वंद्वात्मक स्थिति में वह स्वयं ही अपने अस्तित्व में विभाजित अपने चतुर्दिक वातावरण में हास्यास्पद हो उठता है। यह भाव जीवन के प्रति एक प्रकार की बेचैनी अथवा ऊब तो उत्पन्न करता है लेकिन सार्त्र व कामू द्वारा प्रतिपादित नॉशिया भाव नहीं। संबंधों में अमानवीयता से उत्पन्न ऊब की स्थिति कभी इतनी असह्य हो जाती है कि किसी अन्य की उपस्थिति से घृणा होने लगती है। 'अजय की डायरी' में शीला और अजय के बीच सम्बन्धों का तनाव इस स्तर तक पहुंच चुका है कि 'पास के बिस्तर पर जब वह चुपचाप तटस्थ-सी पड़ी रहती है, तब भी मुझे लगता है कि मैं स्वतंत्र नहीं हूँ, सिर्फ स्वयं नहीं हूँ। अजय को इस संबंध के प्रति घृणा, भयंकर घृणा होने लगती है। संबंधों में बढ़ता यह तनाव 'अँधेरे बंद कमरे' के पात्रों को बेचैन करता है—'रात-दिन की तनातनी, बेबी सिटिंग और ऊब'—नीलिमा इस प्रकार की ऊब से बेहद परेशान अपनी जिंदगी ढो रही है। यह बेचैनी उसे दोषपूर्ण भवितव्य की ओर ले जाती है। लंदन में रहते हरवंस अपने अकेलेपन की ऊब से पीड़ित है— 'अपने अकेलेपन से बुरी तरह ऊब गया हूँ। मुझे लगता है कि मैं दो-चार साल तो क्या, इस तरह लंदन में एक महीना भी नहीं काट सकता। अकेलेपन की ऊब के कारण हरबंस पर एक प्रकार की जड़ता छा जाती है—संबंधों के प्रति जड़ता 'अपने-अपने अजनबी' में व्यक्ति को बेचैनी और कटुता की ओर ले जाती है। काठघर का वातावरण योके और सेल्मा, दोनों को ऊबा देनेवाला है। सेल्मा की असह्य बीमारी और मृत्यु के प्रति उसकी तटस्थता योके में झुँझलाहट पैदा करती है। योके के लिए यह स्थिति असह्य हो जाती है—'उसमें किसी प्रकार का विरोध नहीं है—न मेरे प्रति, न मेरे हिंस्र भावों के प्रति, न मृत्यु के प्रति। और यह मेरी समझ में नहीं आता, मुझे स्वीकार नहीं होता कैसे कोई जीता हुआ प्राणी जिजीविषा से परे हो सकता है ? योके के प्रति अपने आक्रोश को सेल्मा जड़ वस्तुओं पर प्रकट करती हुई खीझ व्यक्त करती है। अनजाने बर्फ के नीचे एक अजनबी के साथ कैद हो जाने के कारण योके आक्रमणशील हो उठती है। कभी सेल्मा के प्रति—'उसे देखते-देखते मेरा मन होता है कि जोर से चीखूँ कि जलती हुई लकड़ी उठाकर उसकी कलाइयों पर दे मारूँ'। तो कभी अपने प्रति ही उसका आक्रोश तीव्र हो उठता है—'उसके सामने ही नहीं, अपने सामने भी कभी मेरा मन होता है कि चीख पड़ूँ कि अपने बाल नोंच लूँ कि आईने के सामने खड़ी होकर अपने को मारूँ, छोटी कैंची उठाकर अपने गालों में चुभा लूँ'। सेल्मा की मृत्यु के प्रति योके का तटस्थ भाव उसे अमानवीय तो बनाता ही है, साथ ही वातावरण में फैली मृत्युगंध से वह छूट नहीं पाती। 'एकाएक योके को लगा कि वह गंध और कहीं से नहीं आ रही है, उसमें है—उसी देह में से आ रही है' मृत्युगंध संपूर्ण उपन्यास को घृणित करती है। उपन्यास में फैली

सर्वत्र मृत्युगंध, अकेलापन और विवशता के कारण उत्पन्न ऊब और बेचैनी अस्तित्वगत विसंगति की ओर ले जाती है।

इन उपन्यासों में अस्तित्व की बुनियादी समस्या 'मृत्युबोध' को विसंगति के अर्थ में अनुभव किया गया है। 'शेखर' के आरंभ का 'फाँसी' शब्द ही उसके मृत्यु बोध का सूचक है। क्योंकि जीवन को छीन लेने में, उसी का विनाश करने में ऐसी भोली हृदयहीनता 'फाँसी'। और शेखर इसी फाँसी के तख्ते के नीचे बैठा घनीभूत वेदना की केवल एक रात में जीवन के अंतिम पड़ाव में—जब वह मृत्यु के लिए प्रतीक्षारत है—अपनी नियति के सूत्रों को समझने का प्रयत्न करता है क्योंकि इसे पहचान लेना ही जीवन को समझ लेना है, उसकी पूर्ति पा लेना है। मृत्युबोध की आकुलता 'अपने-अपने अजनबी' में अपने पूरे परिवेश में छाई है। योके का मृत्युबोध शेखर के मृत्युबोध से भिन्न है। स्वयं लेखक ने इस अंतर को स्पष्ट किया है—'अंतर केवल यह है कि शेखर के सम्मुख प्रश्न था मेरी मृत्यु की सिद्धि क्या है ? यानी मैं मर जाता हूँ तो कुल मिलाकर मेरे जीवन का क्या अर्थ हुआ ? 'अपने-अपने अजनबी' में जीवनमात्र के नक्शे में मृत्यु का क्या स्थान है, इस पर विचार किया गया है'। उपन्यास में छाई मृत्युगंध-संत्रास के बीच जीवन की एक महत्त्वपूर्ण समस्या को अभिव्यक्ति मिली है। सभी पात्र अनुभव करते हैं—'साँस की बाधा ही जीवनबोध है, क्योंकि उसी में हमारा चित्त पहचानता है कि कितनी व्यग्र ललक से हम जीवन को चिपट रहे हैं। इस प्रकार डर ही समय का चरम पाप है—प्राणों का डर—प्राणों का डर योके और सेल्मा, दोनों में व्याप्त है, लेकिन सेल्मा 'मरती हुई भी जिए जा रही है और मैं (योके) हूँ कि जीती हुई भी मर रही हूँ और मरना चाह रही हूँ'। रोगिणी सेल्मा तो पल-पल अपनी मृत्यु का साक्षात्कार कर रही है, जबकि योके मृत्यु से भयभीत समस्त वातावरण में इसी गंध का अनुभव करती हुई अपने अस्तित्व की रक्षा के लिए बेचैन है। 'वही एकमात्र सचाई है—क्योंकि हम सबको मरना है'। 'मृत्यु की गंध' और 'मृत्यु की प्रतीक्षा' का बोध ही योके को आत्महत्या की ओर ले जाता है। सेल्मा की तरह उसने मृत्यु को जीवन के सत्य के रूप में स्वीकार नहीं किया। उसके मृत्यु भय ने उसे जीवन का स्वाद नहीं लेने दिया और यही मृत्यु भय या तो परहत्या का रूप धारण करता है या आत्महत्या का प्रेरक हो जाता है। योके ने सेल्मा के आधार पर परहत्या का असफल प्रयत्न किया, इसलिए उसने आत्महत्या कर ली।

युद्ध की विभीपिका के कारण उत्पन्न अकेलापन, भय, संत्रास की अनुभूतियाँ 'वे दिन' के पात्रों के अस्तित्व को गहराती चली गई हैं। युद्ध के कारण उत्पन्न भय की छाया में खड़ा व्यक्ति अपने वर्तमान से चिपका है। एक आयु के बाद घर लौटना भी नहीं हो सकता, उसकी याद चाहे जितना तंग करती है। युद्ध की विभीपिका व मृत्यु की भयंकरता से भयभीत पात्र अपनी आयु के

वे वर्ष जो युद्धकाल में बीते, उन्हें अलग कर देना चाहते हैं–युद्ध के दौरान के वर्षों को रायना भुला देना चाहती है। 'हाँ, मैं सचमुच ही बहुत छोटी हूँ–अगर तुम लड़ाई के साल बीच में से निकाल दो और वे सब साल जो बाद में आए थे'। युद्ध में प्रयुक्त वस्तुएँ भी रायना को भयभीत करती हैं। 'उनसे मुझे नफरत है–जैसे बंदूकें, मैं उन्हें सह नहीं सकती'। पूरे उपन्यास में छाई युद्ध की भीषणता जीवन के प्रति भ्रम पैदा करती है। यह स्थिति उसे 'होटल, बार, बुडापेस्ट, हंगेरियन पापरिका–उसके बाद ?–उसके बाद ? 'आई विल डाइ' की स्थिति में ले आती है। आतंक, भय, शंका, भ्रम के वातावरण में मृत्युबोध उपन्यास में सर्वत्र रेंगता-सा दिखाई देता है। 'लाल टीन की छत' की काया भी मृत्यु के रहस्य को जान लेना चाहती है। झाड़ियों के पीछे रेल की पटरी के पास बैठी काया को मरी हुई गिन्नी की आवाज बेचैन करती है–'फिर–फिर मुझे लगा, कोई बुला रहा है, और मैंने वह बुलाना सुना था'। 'काया तुमने देखा है ?' 'क्या देखा है, छोटे ?' 'मरना'–छोटे ने कहा। वह एक शब्द जिससे डरकर वह इतने दिनों भटकती रही थी छोटे के मुँह से निकलकर उसे बहुत सहज जान पड़ा'। मृत्यु अदृश्य जाले की तरह हवा में मँडराती छोटे को भी छू जाती थी और 'वह हड़बड़ाता चारों तरफ देखता था–किधर है ? कौन है ?' 'मरा हुआ आदमी ? काया का ध्यान भटकने लगा–गिन्नी, माँ की खुली टाँगों के बीच मांस की लोथ–नहीं वे मरे नहीं थे–आदमी नहीं थे–वह चौंककर चारों तरफ देखने लगी'।

मृत्यु की छाया 'तंतुजाल' में भी सर्वत्र छाई हुई है। नीरा क्षण-क्षण अपनी मृत्यु को पहचानती है। यह मृत्यु भय ही उसके अस्तित्व की विसंगति है। 'अँधेरे बंद कमरे' का हरबंस जीवन की कटुताओं से तंग आकर कमरे का दरवाजा बंद कर नींद की गोली खाकर अपने जीवन का अंत करना चाहता है। जीवन को समाप्त करने का भाव 'उखड़े हुए लोग' के सूरज में भी कहीं-कहीं झलकता है, लेकिन इस ओर कोई सक्रिय कदम नहीं उठाता। हाँ, पदमा अवश्य ही आत्महत्या द्वारा अपने जीवन की विसंगतियों से छुटकारा पाती है। 'सूरज का सातवां घोड़ा' के माणिक मुल्ला का लापता होना, 'मंत्रविद्ध' के तारक का सुरजीत के पिता द्वारा मारे जाने के भय से कमरे से न निकलना तथा 'नदी के द्वीप' की रेखा का गर्भपात कराना विसंगति के इस मृत्युबोध का ही सूचक है।

हिंदी के इन उपन्यासों में विसंगत स्थितियों को उद्घाटित करने का प्रयत्न तो किया गया है, लेकिन इन उपन्यासों में व्यक्त विसंगति कामू के 'एब्सर्ड' की पर्याय नहीं। इसीलिए विसंगत स्थितियाँ अक्सर अस्तित्ववादी उपन्यासों की सीमा में नहीं आतीं। अस्तित्ववादी विचारक 'एब्सर्ड' को चेतना के धरातल पर व्याख्यायित करते हैं, जबकि हिंदी के उपन्यासकारों ने इसे मात्र जीवनगत परिस्थितियों की घटना के रूप में व्याख्यायित किया है। कामू के 'एब्सर्ड' बोध

को यहाँ के कथाकारों ने 'निरर्थकता' अथवा 'फालतूपन' के अर्थ तक ही सीमित रखा। कुछ उपन्यासों में अवश्य इस अर्थ को समझने का प्रयास करते हुए मानवीय जीवन के गहन संकट को उद्घाटित किया गया है, लेकिन कामू द्वारा दी गई 'एब्सर्ड सिचुएशन' की गहरी पकड़ संभवतः यहाँ के उपन्यासों में दिखाई नहीं देती 'एब्सर्ड' का शब्दानुवाद 'असंगतिबोध' अथवा 'विसंगति' जैसे शब्द यहाँ के साहित्य में पिछले दो दशकों से काफी चर्चित रहे हैं। इसी को आधुनिक भावबोध की पीठिका प्रदान करते हुए इसके समानार्थी शब्दों का प्रयोग होने लगा।

कामू द्वारा प्रतिपादित 'एब्सर्ड' के 'निरर्थकता बोध' को ही यहाँ के उपन्यासों में अधिक उछाला गया है। इसी की व्याख्या में वह अस्तित्व की विसंगति को प्रतिपादित करने में लगे रहे। लेकिन यह निरर्थकता बोध भी कामू के निरर्थकता बोध से कहीं भिन्न है। यहाँ निरर्थकता बोध 'मिसफिट' होने के अर्थ में अधिक व्याख्यायित हुआ है। 'नई कहानी में 'एब्सर्ड' को असंगति और फालतू होते जाने के अर्थ में प्रयोग किया गया है'। कमलेश्वर का 'फालतूपन' शब्द जिसे आज के कथा-साहित्य में प्रायः अनुभव किया जाता है वह स्थिति मात्र ही है। 'फालतू' होना कहीं संवेदनात्मक अथवा चेतनागत नहीं। अतः जीवन का यह 'फालतूपन' कामू के 'एब्सर्ड' की भावना को स्पष्ट नहीं करता। 'निरर्थकता बोध' संवेदना से अधिक एक 'फैशनबोध' को अधिक व्यक्त करता है। इससे भी अधिक दायित्वहीनता के बोध को छिपाने के अर्थ में इस शब्द का प्रयोग किया जाता रहा है। अर्थहीनता की इस पृष्ठभूमि में कोई निश्चित परिवेश व गहरी स्थितियाँ नहीं रहीं। यहाँ यह अर्थहीनता बेकार बने सड़क पर घूमते अपने जीवन को जीने की प्रक्रिया के कारण है। यह शायद अधिक जागरूक और भिन्न स्तर पर संपूर्ण परिवेश के संबंध में सापेक्ष उपजी हुई दृष्टि है। यहाँ यह बोध सिसिफस का निरंतर एक ही कार्य को करते रहने के परिणाम की अपेक्षा जीवन की विभिन्नता के कारण है जो प्रायः अवसरहीनता, आर्थिक अभाव एवं बुद्धिजीवियों और साधारण जनता के बीच बढ़ती खाई के कारण है।

वास्तव में यहाँ के लेखकों ने निरर्थकता की भ्रांतिपूर्ण व्याख्या अधिक की है। इसीलिए अविवेक और आकस्मिक स्थितियाँ उस अर्थ को स्पष्ट नहीं कर पाईं जिस अर्थ में 'मिथ ऑफ सिसिफस', 'लास्ट्रेंजर' तथा 'लापेस्ट' में व्याख्यायित हुई हैं। 'अपने-अपने अजनबी' में प्रतिपादित आकस्मिक स्थितियों को देखते हुए कुछ आलोचक इसे अस्तित्ववादी विसंगति स्वीकार करते हैं, लेकिन यह अस्तित्व-संकट के बोध से अधिक काल्पनिक स्थितियाँ हैं। यही काल्पनिक स्थितियाँ जीवन की विसंगति के उस सूत्र को नहीं पकड़ पाईं जो कामू के 'लपेस्ट' में उभरकर आई हैं। वहाँ प्लेग के कारण समस्त समाज ऐसी 'एब्सर्ड' स्थितियों में जीता है जहाँ समाधान का कोई मार्ग नहीं। वहाँ की 'एब्सर्ड' स्थिति एक व्यक्ति मात्र की नहीं पूरे समाज की है। विसंगति से घिरा 'ओरान' शहर प्लेग

की विभीषिका का शिकार है। प्लेग को जीतने का प्रयत्न निरंतर जारी है। यह एक सामूहिक विद्रोह भाव है जो निरंतर इस विभीषिका से मुक्ति चाहता है, लेकिन कहीं कोई हल नहीं। कामू ने इस उपन्यास में सामूहिक विसंगति की चर्चा तथ्यात्मक चित्रण द्वारा की है। 'अपने-अपने अजनबी' में आकस्मिक स्थिति से घिरे है—मात्र तीन पात्र और तीनों ही सामूहिक विसंगति की अपेक्षा वैयक्तिक पीड़ा से पीड़ित हैं। इसीलिए यहाँ यह आकस्मिक विसंगति संवेदना के धरातल पर चित्रित न होकर, एक घटना अथवा स्थिति मात्र है जो सदैव बनी रहनेवाली नहीं। कुछ समय बीत जाने पर बर्फ का पिघलना निश्चित है और धूप का निकलना स्थिति से उबरने का संकेत है जिसे देखने के लिए सेल्मा भी लालायित है। यह जीवन की नियति नहीं, इसीलिए यहाँ यह घटनाएँ न चेतनागत हैं और न ही दार्शनिक संघटना। संभवतः यहाँ अज्ञेय अपने उपन्यास को एक अलग स्थिति में चित्रित करने का लोभ संवरण नहीं कर पाए।

नॉशिया भाव, जिसे सार्त्र ने 'लॉनाशिया' में ऊब, ऊबकाई द्वारा व्यक्त किया है अथवा कामू के 'लास्ट्रेंजर' के नायक की मुकदमें की तफ़सीलें सुनते हुए ऊब जाने का भाव भी, यहाँ के उपन्यासों में देखने को नहीं मिलता। काफ्का के 'कायाकल्प' के नायक का अचानक अपने को हजार टाँगोंवाले कॉक्रोच के रूप में देखना, उसके जीवन की अमानवीयता का संत्रास है, जो पीठ के बल गिरा कुछ भी करने को असमर्थ है। ऐसी असामर्थ्य स्थिति जो नॉशिया को व्यक्त करे हिंदी के इन उपन्यासों में दिखायी नहीं देती।

विसंगति से निदान पाने के लिए प्रायः ही ये उपन्यासकार 'आत्महत्या' को महत्त्व देते रहे हैं। जबकि कामू 'आत्महत्या' को विसंगति के समाधन के रूप में न मानकर उसे 'मेलोड्रामा' के रूप में मानता है। जिसका अर्थ है—'अपने को समाप्त करना अपने अपराधों को स्वीकार करने जैसा है—'यह पाप स्वीकृति ही है कि आप मजबूरन जिंदगी का बोझ ढो रहे हैं या वह आपके लिए बोधगम्य नहीं है'।[14] उसके अनुसार आत्महत्या विसंगति का हल नहीं, विसंगति से पलायन है। क्योंकि आत्महत्या विसंगति का तात्कालिक हल है। कामू ने इसीलिए 'मृत्युबोध' पर बल दिया है 'आत्महत्या' पर नहीं। लेकिन हिंदी के इन उपन्यासों में 'मृत्युबोध' के भ्रमित अर्थ का प्रयोग करते हुए आत्महत्या को महत्त्व दिया जाता रहा है। 'मृत्युबोध' के गहन रूप को न समझकर उसे विसंगति के निराकरण के रूप में समझने का प्रयत्न किया जाता रहा है।

हिंदी के इन उपन्यासों में कामू के 'एब्सर्ड' के समग्र रूप की अपेक्षा उसके एकाधिक स्तर को महत्त्व मिलता रहा है। इनका विसंगति बोध या तो निरर्थकता के अर्थ को व्यक्त करता है अथवा मृत्यु या आत्महत्या को। विसंगति की गहरी अनुभूति यहाँ के हिंदी उपन्यासों में नहीं। हाँ, आधुनिक भावबोध की विसंगतियों की पर्तें अवश्य ही उघाड़ी गई हैं।

स्वातंत्र्योत्तर औपन्यासिक वस्तु की रुझान सामाजिक चेतना की अपेक्षा व्यक्ति की अंतर्मुखी चेतना की ओर अधिक रही है। प्रेमचंद के उपन्यासों में चेतना सामाजिक शक्तियों और संस्थानों के दबाव से निर्मित एवं परिभाषित होती रही। धीरे-धीरे प्रेमचंद की औपन्यासिक वस्तु से अलग व्यक्ति के अस्तित्व को पहचानने की खोज आरंभ हुई। यों तो 'वैयक्तिक-चेतना' प्रेमचंदोत्तर उपन्यासों में सर्वत्र ही उभरने लगी थी, लेकिन इन उपन्यासों में बहिर्जगत की अपेक्षा व्यक्ति के अंतर्मन की द्वंद्वात्मक स्थितियों एवं विकृतियों को मनोवैज्ञानिक विश्लेषण द्वारा उद्घाटित किया गया। यहाँ औपन्यासिक वस्तु का निर्माण व संचालन चेतन की अपेक्षा व्यक्ति के अवचेतन मन में होने लगा। आंतरिक सत्यान्वेषण के कारण वस्तु कुछ-कुछ दर्शन जैसी होती चली गई। बाद के उपन्यासों में प्रायः यह अनुभव किया जाने लगा कि दार्शनिक प्रभाव वस्तु-स्थिति को जीवन से दूर ले जाते रहे हैं अतः औपन्यासिक वस्तु शाश्वत सत्य और चिरंतन प्रश्नों को भूलकर तात्कालिक यथार्थ की खोज में वस्तुपरक स्थितियों की ओर उन्मुख हुयी। व्यक्ति भीतर-बाहर की कई तरह की स्थितियों की जकड़ में होता है। स्वातंत्र्योत्तर उपन्यास में व्यक्तिकेंद्र से इन स्थितियों की वस्तुपरकता को खोजने-उभारने का प्रयत्न किया गया जो स्वातंत्र्योत्तर औपन्यासिक वस्तु की विशिष्ट पहचान है।

आज की औपन्यासिक वस्तु-स्थिति व्यक्ति के 'इनरसेल्फ' को पहचानने की प्रक्रिया में, जीवन के विश्लेषण व समस्याओं के संप्रेषण की अपेक्षा, जीवन की वास्तविकता को पूरी प्रामाणिकता और संपूर्ण संश्लिष्टता के साथ उभारती है। इसीलिए इन उपन्यासों में सामाजिक व नैतिक अव्यवस्था का नहीं अस्तित्व के संकट को झेलते हुए व्यक्ति के टूटने की यथार्थ स्थिति का चित्रण हुआ। समाज-व्यवस्था एवं दर्शन की प्रतिबद्धता की अपेक्षा वैयक्तिक-अस्तित्व के बुनियादी मूल्यों का गठन हुआ। डॉ. रघुवंश के शब्दों में पहले के उपन्यास 'किसी-न-किसी विचार-परंपरा से आबद्ध, उद्देश्योन्मुख एवं भावात्मक संबंधों को स्वीकार कर लिखे जाते थे लेकिन बाद के उपन्यास किसी विचारधारा एवं उद्देश्य से पूर्णतः संपृक्त रूप में न लिखकर यथार्थ को चित्रित करने का प्रयत्न है'। डॉ. रघुवंश ने पूर्णतः पर बल दिया है जिससे लगता है कि विचारधारा संपृक्ति वह भी मानते हैं। दरअसल साहित्य या कला में विचारधारा से पूर्णतः असंपृक्ति संभव ही नहीं। जहाँ तक प्रेमचंद एवं प्रेमचंद से पूर्व के उपन्यासों की बात है यह निश्चित रूप से नहीं कहा जा सकता कि ये उपन्यासकार पूर्णतः किसी निश्चित विचारधारा से बँधे हैं। इस तरह का भेद युक्तिसंगत नहीं। विचारधारा पहले और बाद, दोनों प्रकार के उपन्यासों में मिलती है। देखना यह चाहिए कि लेखक के सृजनात्मक व्यवहार के पीछे कौन-सी विचारधारा या दृष्टि काम कर रही है। यह निश्चित है कि पहले के उपन्यासकार व्यक्तिवादी या अस्तित्ववादी विचारधारा के आधार पर सृजनरत नहीं थे। उनमें सामाजिक दृष्टि ही महत्त्व

पाती रही, लेकिन बाद के कई उपन्यासकारों ने व्यक्तिवादी और अस्तित्ववादी विचारधारा को अधिक महत्त्व दिया। डॉ. रघुवंश ने अपने कथन में बाद के उपन्यासों में 'यथार्थ' के चित्रण की बात कही है। यहाँ पूछा जा सकता है कि वह यथार्थ किस प्रकार का ? क्या पहले के उपन्यासकारों में यथार्थ का चित्रण नहीं है? अगर है तो दोनों प्रकार के यथार्थ चित्रण में क्या अंतर है ? हमें उसका विश्लेषण करना होगा।

प्रेमचंद यशपाल और रेणु के उपन्यासों में कथ्य सामाजिक, नैतिक एवं सांस्कृतिक संदर्भों में ही अपने जीवनानुभवों को प्रमाणित करता रहा तथा सामाजिक परंपरा और स्थितियों से व्यक्ति का तनाव अपने पूरे परिवेश में उभरा। इसीलिए इन उपन्यासों में नैतिकता का प्रश्न सामाजिक व संस्थान के संदर्भ में ही अर्थ ग्रहण करता है। 'सेवासदन' का दारोगा हो अथवा 'निर्मला' की निर्मला एवं 'गोदान' का होरी 'दादा कामरेड' की शैल या मैला आँचल' का बावनदास इन सबके व्यक्तित्त्व की नैतिकता का सूत्र बँधा है सामाजिक संगठन से। और इनकी टकराहट है अमानवीय शक्तियों, संस्थाओं और विचारों से न कि वैयक्तिक अनुभूति से। इन उपन्यासों का व्यक्ति जीता है तो समाज के लिए, मरता हैं तो समाज के लिए। उसकी प्रत्येक क्रिया-प्रतिक्रिया का मानदंड है समाज। लेकिन बाद में व्यक्तिवादी उपन्यासों में (सन् 1950 के बाद) जीवन की परिभाषा ही बदल गई। इन उपन्यासों में 'व्यक्तिगत' अनुभूति को अधिक महत्त्व दिया गया और समाज व संस्था के प्रचलित नियमों से प्रायः मुक्त, विशिष्ट व असाधारण पात्रों के असंबद्ध जीवन की स्थितियों को तटस्थ भाव से देखा-परखा गया। यहाँ व्यक्ति और समाज का नहीं, व्यक्ति और व्यक्ति का भी नहीं, स्वयं व्यक्ति का अपने आपसे, अपने विभिन्न पहलुओं से संघर्ष है। इनका समाधान वह अस्तित्वगत अनुभूति के आधार पर ढूँढ़ता है। वह अपने लिए जीना चाहता है जिसका अर्थ है बाह्य जगत से कटकर आत्मानुभव को अर्थ देना। इधर के उपन्यासों में वर्णित आत्मानुभव एक संवेदनशील मानस की प्रतिक्रिया के रूप में प्रस्तुत हुआ जो पहले की अविश्वसनीयता तथा अप्रामाणिकता के खिलाफ चुनौती बना। इन उपन्यासकारों ने अपनी नितांत निजी अथवा अस्तित्वपरक अनुभूतियों को ठोस सामाजिक संदर्भों में नहीं, भाव चेतना के स्तर पर चित्रित किया है। यह दूसरी बात है कि उन आत्मबद्ध अनुभूतियों को तथाकथित प्रामाणिकता और अनुभूति की सच्चाई प्रदान करने के लिए प्रसंगों, घटनाओं अथवा वातावरण-निर्माण की चेष्टा भी करते हैं जो कि व्यापक सामाजिक संदर्भों से अलग और नितांत निजबद्ध दिखाई देते हैं। उपन्यासों में जीवन की मूल संवेदना को रेखांकित करते हुए अस्तित्वगत चेतना–मेरे अस्तित्व की सिद्धि क्या है ? को स्वर मिला। यह सिद्धि ही औपन्यासिक कथ्य का केंद्र बिंदु है।

अस्तित्व के इसी अर्थ की खोज में आधुनिक औपन्यासिक कथ्य अपने

समस्त पूर्वग्रह को नकारते हुए तत्त्वदर्शन की ओर अग्रसर हुआ। यह तत्त्वदर्शन उन आध्यात्मिक मूल्यों के अर्थ में नहीं, जहाँ ईश्वर ही अस्तित्व का नियंता है, जहाँ पाप-पुण्य की मान्यता नैतिकता-अनैतिकता, आध्यात्मिक मानदंडों द्वारा निर्धारित होती है। और न ही प्रेमचन्द, यशपाल व रेणु के ऐतिहासिक सामाजिक सार्वभौम के अर्थ में। इसके विपरीत इन उपन्यासों का तत्त्वदर्शन व्यक्ति केंद्रित है जहाँ व्यक्ति के अस्तित्व के बुनियादी प्रश्नों को खोजने का प्रयत्न है। अस्तित्व की वस्तुगत आधारभूत स्थितियाँ ही उसके 'होने' को अर्थ देती हैं। उपन्यासों में वस्तुजगत की असामान्य स्थितियों को स्वीकार करते हुए उन्हीं में अस्तित्व को पहचानने का प्रयत्न ही इनका तत्त्वदर्शन है जो कहीं-कहीं रहस्यात्मक एवं आत्मकेंद्रित होता चला गया है। (रहस्यात्मक का स्पष्ट अर्थ यहाँ अस्तित्व को न पहचान पाने का है किसी आध्यात्मिक अर्थ में नहीं।) इस तात्विक खोज में पात्र स्वानुभूति द्वारा ही अपने को पहचानते हैं। उनका जीवन-बोध, नैतिकता, जीवन का सत्य उनकी आत्मगत अनुभूतियों द्वारा निर्धारित होता है किसी सामाजिक शक्तियों अथवा आध्यात्मिक मूल्यों द्वारा नहीं। इसीलिए इन उपन्यासों में व्यक्ति के अस्तित्व की प्रामाणिकता किसी बाह्य समाज की हलचल में नहीं, आंतरिक संघर्ष में टूटते व्यक्ति की घुटन में है। जीवन की अर्थहीनता को मिटाने का प्रयत्न वह अपने परिवेश व आत्मगत तथ्यों से करता है। आज के उपन्यासों में परिवेश की पहचान द्वारा ही व्यक्ति अपने व्यक्तित्त्व की पहचान अथवा उसी में अपनी नियति की खोज करना चाहता है।

जीवन की सिद्धि की खोज में लगे शेखर की मानसिक वृत्तियाँ एक के बाद एक उभरकर आती हैं। जीवन की अंतिम परिणति में 'फाँसी' के तख्ते के नीचे, बैठा वह आत्मघटित व आत्मानुभूति को ईमानदारी से प्रस्तुत करता है। अपने चारों ओर के वातावरण व प्रभाव, जिसमें वह जिया है, उसके शब्दबद्ध रूप में जीवन की समस्त स्थितियों का आकलन करना ही उसे अभीष्ट है। स्वयं अज्ञेय के शब्दों में–'घनीभूत वेदना की केवल एक रात में देखे गए 'विज़न' को शब्दबद्ध करने का प्रयास है'। मृत्यु के लिए प्रतीक्षारत अनेक घटनाओं व व्यक्तियों की स्मृति के रूप में शेखर अपनी नियति के सूत्रों को समझने का प्रयत्न करता है। इसे पहचान लेना ही जीवन को समझ लेना है, उसकी पूर्ति पा लेना है। जीवन की वह बाध्यता जो उसे निरंतर कर्म की ओर ले जाती है उसे शेखर किसी दैवी प्रभाव एवं संस्थागत शक्तियों के दबाव के कारण नहीं, आत्मगत अनुभव के आधार पर मानता है क्योंकि बाहर तो सर्वत्र कलुप है, पतन है वह आमूल दूपित है। वह व्यक्ति का भाग्य-निर्माता कैसे बन सकता है ? शेखर इन समस्त बाह्य स्थितियों की अपेक्षा आंतरिक अनुभूतियों द्वारा ही नियति का निर्माण करना चाहता है 'मैं नहीं मानता कि दैव कुछ है क्योंकि हममें कोई विवशता, कोई बाध्यता है तो वह बाहरी नहीं, भीतरी है।...भीतरी, हमारी अपनी

है, उसके पक्के होने के लिए भले ही बाहरी निमित्त हो उसे हम व्यक्तिगत नियति कह सकते हैं'। इन उपन्यासों में मानव-नियति को बाह्य परिवेश की अपेक्षा आंतरिक अनुभूति के बल पर स्वीकृत किया है। यह नियति हमारी ऊँची संभावनाओं की चरम परिणति है। इसे प्राप्त करना ही जीवन की महत् आकांक्षा है। यह जीवन की उच्चतम स्थिति की प्रतीति कराती है। 'अजय की डायरी' का अजय इसी नियति को जीवन की 'फुलफिलमेंट' की स्थिति मानता है। उसके अनुसार 'नियति कोई विधाता का लेख या 'फेट' नहीं जो पहले से निश्चित हो। अपना भाग्य हम खुद बनाते हैं'। जो लोग असफलता को निश्चित अन्त या नियति कहकर सन्तोष करते हैं—जीवन की गति एवं शक्ति के प्रति वे अविश्वास करते हैं इस क्रम में वे स्वयं तो निश्शक्त, जड़ और नपुंसक हो ही जाते हैं किसी और को भी बढ़ने नहीं देते। नियति के संबंध में अजय के विचार कहीं शेखर की नियति से जुड़ते हैं। शेखर जो कुछ भी बना वह किसी बाह्य प्रेरणा अथवा सामाजिक शक्तियों के कारण नहीं, स्वयं अपनी ही स्थितियों द्वारा। ये स्थितियाँ-सिचुएशन्स-ही उसके व्यक्तित्व का निर्माण करती हैं। व्यक्ति के टूटने-बनने की दीर्घ और बहुतमुखी गाथा को आज के अपन्यासों में स्वर मिला परिणामतः थोथी भावुक आदर्शवादिता अथवा रोमांटिक दृष्टिकोण की बजाय वैयक्तिक ईमानदारी और निर्मम यथार्थपरकता पर आग्रह बढ़ा है।

नियति की यह वैयक्तिक धारणा 'नदी के द्वीप' की रेखा, 'वे दिन' की रायना, 'उखड़े हुए लोग' के सूरज, 'सूरज का सातवाँ घोड़ा' के माणिक मुल्ला में भी है। सूरज जो कुछ भी बना अपने कर्म द्वारा। जीवन की थपेड़ों को सहता वह एक प्रबुद्ध पत्रकार का जीवन जीता है। उसके संघर्परत जीवन को निर्मित करनेवाली दो वृत्तियाँ—अविश्वास और घृणा हैं जो निरंतर उसे कचोटती रहीं—' 'अविश्वास और घृणा'—यह दो चीजें मुझे चलानेवाली शक्तियाँ रही हैं—अविश्वास यदि मैंने नहीं किया तो बस एक बात पर और वह अपनी जीवनी-शक्ति पर'। अपने चारों ओर फैले अंधविश्वास, घुटन व निराशा की आँधी को काटते हुए मानव-नियति का निर्माण इन उपन्यासों में प्रायः देखने को मिलता है। जिस अंधविश्वास के हम शिकार हैं उसे शेखर, सूरज, अजय, रेखा, रायना—सभी झुठलाने के प्रयत्न में है। सम्भवतया वे जान चुके हैं कि जीवन की वे स्थितियाँ जहाँ अविश्वास, निराशा, घुटन आदि हों वह व्यक्ति को अपर्याप्त बनाती हैं, अपूर्ण बनाती हैं, इसीलिए ये उपन्यास आज की सामाजिक सतह के नीचे जाकर मानव-नियति और मानव-स्थिति संबंधी बुनियादी प्रश्न उठा रहे हैं।

मानव-नियति के प्रति जिजीविषा भाव उपन्यासों में सर्वत्र देखने को मिलता है। यह संभव है केवल असाधारण स्थितियों के बीच, जहाँ वह निर्माण कर सके; निर्माण की उस भूमि में ही समस्त रूढ़िगत अनुकरणों का त्याग 'क्रिएटिव' भाव जगा सकें। जब तक व्यक्ति में असन्तोष और कुलबुलाहट न होगी तब तक

वह क्रिएटिव भाव क्योंकर जागृत कर पायेगा? यह असंतोष हो तो व्यक्ति मन को उद्वेलित करता है, उसमें नई राहें खोजने की छटपटाहट पैदा करता है। इसी असन्तोष को गोर्की ने 'पवित्र-असंतोष' कहा है—पवित्र है वह असंतोष जो मनुष्य को जीवित रखता आया है, आगे बढ़ाता लाया है। अदम्य है वह नई राहें खोजने की लालसा जिसने मानवता के इतिहास को नए मोड़ दिए हैं। जीवन का यह असंतोष ही रायना को निरंतर भटकाता रहा, रेखा को तड़पड़ाता रहा और शेखर अंत तक इसी ग्रंथी से ग्रस्त अपूर्तियों और कुंठाओं के लिए क्षुब्ध रहा। 'तंतुजाल' की नीरा अंत तक 'डिफेक्टिव बीइंग' बनी रही। कल्याणी और शीरी अपर्याप्तता के कारण 'मरी हुई मछली' बनी।

अपर्याप्तता की यह स्थिति ही औपन्यासिक पात्रों को अंत तक संपर्क के क्षणों की 'मर्मांतक चाह' तक ले जाती है जहाँ वे अपने जीवन के 'वैक्युम' को भरने में प्रयत्नशील, अतृप्त जीवन को फुलफिल्ड करते हैं। 'वे दिन' की रायना की मानसिक स्थितियाँ, उसकी आँखों की भावहीनता एवं खालीपन, औपन्यासिक संवेदना को गहराती हैं। उसके मन की जटिलता 'मैं' के साथ यौनतृप्ति के दौरान सहज ही खुलती चली गई जो अपने में मानसिक और आत्मिक हैं। यौनतृप्ति और प्रेम की यह आत्मगत अनुभूतियाँ जो रस देती हैं, जीवन को उभारती हैं 'नदी के द्वीप' में अभिव्यक्त हुई हैं। एक क्षण की साझी अनुभूति जिसमें रेखा ने 'फुलफिलमेंट' को जाना उसके एक स्पंदन के प्रति भी वह कृतज्ञ भाव लिये हुए है। 'जीवन का जो कुछ सुंदर मैंने जाना, तुम्हारे साथ'। यौन-भावना की यह अपूर्ति शेखर को कहीं विक्षिप्त बनाती है। शशि के प्रति शेखर की कामतृप्ति इसी फुलफिलमेंट को ध्वनित करती है। 'सूरजमुखी अँधेरे के' की पात्र रत्ती के स्वत्व को पाने की लालसा सेक्स-भोग में ही अर्थ पाती है। अस्तित्व की अपर्याप्तता उसे आत्मबोध की ओर ले जाती है। उसकी हीनग्रंथियाँ एवं कामप्रवृत्तियाँ ही औपन्यासिक वस्तु की सृजन-प्रक्रिया हैं। ये ग्रंथियाँ रत्ती को उत्तेजित करती हुई भी उसकी ठंडी देह को गर्म नहीं करतीं। फुलफिलमेंट की स्थिति से बार-बार लौट आना ही उसके चरित्र की वह अपर्याप्त स्थिति उसे अस्तित्व की पहचान कराती है। राजकमल चौधरी की 'मछली मरी हुई' की कल्याणी सेक्स-भोग की अपर्याप्तता में तड़पती हुई, संपूर्णतः भोग लेना चाहती है। लेकिन निर्मल पद्मावत उसे पर्याप्तता देने में असमर्थ है—'कल्याणी के बिस्तर में जलती हुई भट्‌टी में कूदा, उसकी पीठ पर झुका और बेहद थक गया...आदमी नहीं, नरक का कीड़ा'। फुलफिलमेंट निर्मल पद्मावत भी चाहता है, वह चाहता है जलता हुआ पिंड बन जाए। 'आदमी को मांसपिंड अपनी तरफ खींचता है। मांसपिंडों की गर्मी खींचती है। लहू खींचता है। आदमी जानवर है। मांसपिंडों को नोच डालना चाहता है'। इस चाहत को निर्मल पूर्ण करने में असमर्थ है वह न्यूरॉसिस का मरीज है, इसीलिए वह अपर्याप्त ही रहा। अपर्याप्तता शीरी

में भी है। अपनी इसी अपर्याप्तता को वह होमोसेक्सुयलिटी से पूर्ण करने का प्रयत्न करती हुई वासना से अभिभूत इच्छाओं से जर्जर है।

मानसिक विकारों की शिकार नीरा व नरेश की अस्वस्थ मानसिक स्थितियाँ 'तंतुजाल' में एक के बाद एक खुलती चली जाती हैं। इसी 'तंतुजाल' के पीछे छिपा है नीरा व नरेश का आकर्षण और विकर्षण। जीवन की वे सुखद अनुभूतियाँ, सुखपूर्ण क्षण ही उसे निराशा व चिंतातुर स्थितियों में भी एक आशापूर्ण अनुभूति प्रदान करते हैं। अनुभूति के इन सुखद क्षणों में दोनों प्राणी अभिन्न एक सूत्र में बँधे मानसिक विकृतियों के शिकार हुए—'यह कौन-सा सूत्र है, कौन-सा तंतु है जो दो प्राणियों को इस प्रकार अभिन्न बना देता है—जीवन क्या इस तंतु से ही बना है।...निश्चय ही आदमी के जीवन में कोई अपनेपन का तंतु रहता है, जो उसके जीवन को रस देता है, अर्थ देता है'। अपनेपन के तंतुओं से घिरे नीरा और नरेश के प्रेम की अभिव्यक्ति अस्तित्व के तंतुओं की सघन लपेट में आती गई है जिसके टूटने का भय नहीं, अपितु अपनी लोच में फैलती चली गई है। फैलते हुए इन तंतुओं में बिछा है—जीवन का विश्वास, साहस एवं निष्ठा। जीवन की असामान्य स्थिति में खड़ा विश्वास और आस्था का घोड़ा ही 'सूरज का सातवाँ घोड़ा' है। जीवन की असामान्य स्थितियों के बीच खड़े निरंतर आँसू बहाते आत्मानुभूति द्वारा माणिक मुल्ला ने अपनी नियति को जान लिया—'हमारी जिंदगी में जरा-सा परत उघाड़कर देखो तो हर तरफ इतनी गंदगी और कीचड़ छिपा हुआ है कि सचमुच उस पर रोना आता है, मैं तो इतना रो चुका हूँ कि अब आँखों में आँसू ही नहीं, अतः लाचार होकर हँसना पड़ता है'। नैतिक विकृतियों एवं समस्त झूठी मर्यादाओं को झेलते हुए, हँसते हुए जीना ही माणिक मुल्ला की नियति है, जिसके सूत्र बँधे हैं माणिक की आत्मानुभूति में।

आत्मगत अनुभूति के विश्लेषण के कारण आज के उपन्यास सूक्ष्मदर्शी होते गए हैं। उनमें बाह्य वातावरण से असंपृक्त व्यक्ति और परिवेश की संवेदना को उभारते हुए वैयक्तिक वृत्तियों को महत्त्व मिला। अस्तित्वगत ये वृत्तियाँ ही उपन्यासों की विशेषता हैं। शेखर में अस्तित्वगत तीन महती वृत्तियाँ—अहं, भय और सेक्स कहीं आरोपित नहीं 'मानव इन्हें अपनी मानवता के साथ पाता है, बाद की परिस्थितियों या व्यवहार से नहीं'। इसीलिए इनका समाधान भी वह बाह्य कार्य-कारण में न खोजकर आत्मानुभव द्वारा प्राप्त करता है। जीवन में उभरे प्रश्न व समस्याओं का समाधान वह किसी बाह्य रुकावट से नहीं, एक आंतरिक स्वतः उत्पन्न ग्लानि से करता है। उपन्यास में जो स्थितियाँ उभरीं, जिनसे शेखर का जीवन बना, वह शेखर के जीवन के सत्य अनुभव हैं। वह उसकी आत्मा का कृत्रिम परिवेष्टन नहीं, उसका अभिन्नतम अंग है जिसमें मूल्यगत नैतिकता व विश्वासों का कहीं हस्तक्षेप नहीं। आत्मगत अनुभूतियों का उद्‌घाटन 'नदी के द्वीप' का विशेष गुण है। 'दिशा-निर्देश' भीतर का आलोक ही कर सकता है।

आत्मकेंद्रित निजी अनुभूतियों द्वारा प्रेम की उपलब्धि में पात्र कहीं कुंठित नहीं होने पाए। संस्कारगत वर्जनाओं से मुक्त प्रेम की आंतरिक अनुभूति संतुलित व्यक्तित्त्व का निर्माण करती है। प्रेम की चरम अनुभूति जहाँ कोई साक्षी नहीं 'सिवाय अपने ही भीतर की निविड़ समर्पण की पीड़ा के, अपने में निहित, स्पंदित और क्रियाशील असंख्य संभावनाओं के'। व्यक्तित्त्व के निर्माण की आत्मगत अनुभूति ही रायना में जीने की चाह जगाती है। 'रायना' और 'मैं' के यौन संदर्भ जो स्वयं ही खुलते चले गए उनकी 'अपहचान' को न मिटा सके। लेकिन 'अपहचान' की इस जटिल मनःस्थिति में भी उन्हें एक विश्वास अवश्य प्राप्त हुआ। उनमें एक छोटा-सा विश्वास आ सिमटा था।...विश्वास जिसे वे पिछले तीन दिनों से अँधेरे में टटोल रहे थे'। मानसिक विकृति की शिकार 'अर्थहीन' की राजलक्ष्मी जीवन में निरंतर टूटती रही। राजलक्ष्मी का भावबोध अपने यथार्थ के साथ उभरा। यह यथार्थ उसका निजी, आत्मगत अनुभूतियों का परिणाम है जो उसे निरंतर जीवन की अर्थहीनता का बोध कराता है। 'मैं तो केवल शून्य में, सीमाहीन शून्य में धँसती जा रही हूँ।...यह अनुभव कहीं अधिक भयानक और उत्पीड़क है, शरीर की सारी वेदना से' भी अधिक राजलक्ष्मी की समस्या वैयक्तिक समस्या है जो उसे उलझन और घुटन का शिकार बनाती रही है।

अंतर्मन की विकृति, कटुता की अभिव्यक्ति मोहन राकेश के 'अँधेरे बंद कमरे' के गठन में अपने पूरे परिवेश में उभरी। नीलिमा और हरबंस के मानसिक तनाव इतने बढ़ते चले गए कि चाहते हुए भी वे कोई समझौता नहीं कर सके, अपितु एक- दूसरे के लिए अपरिचित होते चले गए। उनके जीवन की रिक्तता एवं अंतर्द्वंद्व जिसमें जीवन की कड़वाहट छिपी है किसी बाह्य समस्या के कारण नहीं; उनका अनुभूत सत्य है। हरबंस और नीलिमा—दोनों ही वैयक्तिक संघर्ष में जी रहे हैं; एक अजीब से अकेलेपन में, अपरिचित दुनिया में जीते हुए एक दूसरे की समीपता में भी दूर रहना चाहते हैं। अँधेरे में भटकते हुए उन्हें कहीं मार्ग दिखाई नहीं देता। परिणामतः आंतरिक घुटन ही उनके जीवन की नियति बनती चली जाती है।

आंतरिक स्थितियाँ सूक्ष्मदर्शी होती हुईं अंततः अपने 'होने' और 'न होने' के अंतराल को निरंतर भरने का प्रयास करती हैं। जीवन की असामान्य परिस्थितियों के बीच घिरा अस्तित्व के प्रति चिंतित व्यक्ति अपने संदर्भों की खोज करता है। यहाँ मात्र 'होना' ही उसके अस्तित्व का प्रमाण है। सेल्मा और योके की मानसिक स्थितियाँ जो अपने होने को पहचानना चाहती हैं उपन्यास के कथ्य का केंद्र बिंदु है। नाखूनों को अपने शरीर में गढ़ाकर योके अपने 'होने' का विश्वास पाना चाहती है। नाखून गढ़ने की तथ्यता उसे अस्तित्व की चेतना प्रदान करती है। 'होना और न होना खुले हाथों और बँधी मुट्ठियाँ मेरे नाखून मेरी हथेलियों में गढ़ जाते हैं और वहाँ दर्द होता है और उस दर्द से मैं पहचानती

हूँ कि मैं हूँ। होने का दर्द और न होने का दर्द कैसा होता है ?' योके का अपने 'होने' को प्राप्त करने का प्रयत्न, अपने होने के तथ्य एवं सेल्मा की उपस्थिति के प्रति उसकी चेतना उसके अस्तित्व की सार्थकता है। बर्फ के 'काठघर' में बंद सेल्मा और योके का अप्रत्याशित अकेलापन और असामान्य स्थितियों के घिर आने से जीवन में दर्द की अनुभूति है। जहाँ जीवन रेंगता चलता है। जहाँ 'होने' के दर्द और 'न होने' के ज्ञान के साथ 'मैं' हूँ और 'मैं नहीं हूँ' को अनुभव करते हुए अस्तित्व को अर्थ देता है। 'होने' और 'जीने' के बीच के द्वंद्व की गहराई का अनुभव 'वे दिन' के कथ्य की पहचान है। 'होने और जीने' की स्थिति में बाह्य क्रियाओं की अपेक्षा आंतरिक और मानसिक स्थितियाँ अधिक महत्त्वपूर्ण हो उठी हैं। अपने अस्तित्व के 'होने' और 'जीने' की वह अतृप्त आकांक्षा शेखर में प्रारंभ से ही प्राप्त होती है, जो उसके अस्तित्व को बराबर गहराती है।

अस्तित्व की विशिष्ट संवेदना 'लाल टीन की छत' की काया की अभिव्यक्ति में कौंध जाती है। गिन्नी की मृत्यु के बाद की 'चीख' ने काया को झकझोरकर रख दिया। उसे अनसुना करना चाहती हुई 'कुछ ऐसा है जो हमसे भी परे है' का भ्रम उसकी चेतना में समाया रहता है। उसका अपना अँधेरा ही उसे भयभीत किए हुए है। रेल की लाइनों के बीच वह भरोसा है जो उसे छुटकारा देता है, लेकिन क्या यह भरोसा, यह विश्वास काया को मिला ? क्या वह जीवन की घुटन से छुटकारा पा सकी ? संभवतः नहीं। उपन्यास के अंत तक भी जीवन का भरोसा न तो वह स्वयं पा सकी और न पाठक ही।

इन उपन्यासों में आत्मगत चेतना की इस प्रक्रिया में तत्त्वदर्शन की खोज जारी है। पात्र जीवन के उस सत्य को, रहस्य को, पाना चाहते हैं, जो उनके जीवन को अर्थ दे। लेकिन जीवन की आंतरिकता व कुंठाओं का चित्रण करते हुए औपन्यासिक कथ्य अंततः कहीं समाधान की खोज में आध्यात्म की ओर अग्रसर होते गए हैं। अज्ञेय का 'महाशून्य' की ओर जाना इसी का परिणाम है। 'शेखर : एक जीवनी' के अंत में शेखर का आत्म-विस्तार 'जीवन का अंतिम मान है जीव—हमारे जीवन का मान है यह अद्‌भुत सृष्टि मानव-प्राणी—और प्राणी की प्राणवत्ता का मान उसका प्यार—उसकी अपने आपसे बाहर प्रसारित होने की, निछावर होने की शक्ति'। तथा अपने को मात्र 'एक छाया' कहना, शशि के लिए—'कर्म में तुम हो, चिरंतनप्रेरणा—चिरंतन क्योंकि मुक्त और मोक्षदा' 'नदी के द्वीप' की रेखा का अंत में स्वयं को 'टूटी हुई रीढ़वाली इस देह के लिए एक सहारा—एक छत'। 'वे दिन' के 'मैं' का आशावान् होना तथा पहाड़ पर चले जाना 'मुझे इस बात की खुशी हुई कि कल मैं पहाड़ों पर चला जाऊँगा—तुम वहाँ भूल सकते हो। तुम पहाड़ों पर बहुत-सी चीजें भूल सकते हो'। 'परिंदे' कहानी की लतिका का पक्षियों के झुंड को देखकर यह सोचना—'क्या वे सब

प्रतीक्षा कर रहे हैं ? लेकिन कहाँ के लिए, हम कहाँ जाएँगे?' तथा 'अपने-अपने अजनबी' की सेल्मा का मृत्यु के अंतिम क्षणों में सूरज, धूप, दिन—को विशेष महत्त्व देना—'मैं कल्पना कर रही हूँ कि बाहर खूब खुली धूप है—बड़ी निखरी हुई स्निग्ध धूप, जिसके घाम में बदन अलसा जाए', योके का 'मैंने चुन लिया, मैंने स्वतंत्रता को चुन लिया'। जगन्नाथन को उत्तर देते हुए योके ने क्षीण स्वर में कहा, 'ईश्वर को'। औपन्यासिक कथ्य के इन प्रसंगों में अध्यात्म की ओर जाने का प्रयास है।

इन उपन्यासों में चेतना का चित्रण इतना आत्मकेंद्रित होता गया है कि सहज ही वह मनोविश्लेपण-प्रक्रिया को अपनाने लगते हैं। लेकिन इन उपन्यासों में कहीं भी मनोवैज्ञानिक तत्त्वों को ठोस आधार नहीं मिला। ये उपन्यास असामान्य स्थितियों में ही सहजानुभूति द्वारा अवैज्ञानिक चिंतन करते रहे हैं। यहाँ स्थितियाँ कहीं भी समाज सापेक्ष व वस्तुनिष्ठ आधार पर नहीं उठाई गईं और फिर जैनेंद्र के उपन्यास जिस मनोविज्ञान को लेकर चले हैं वह मात्र भावक्षेत्र तक ही सीमित हैं। जीवन की ठोस स्थितियाँ वहाँ नहीं उभरीं। वे मात्र अनुभूति की संकीर्णता में आवद्ध हैं। साथ ही उनमें ऐसा भाव-विलास प्रकट होता है जो चिंतन की भूल-भुलैया में भटका देता है। लेकिन इन उपन्यासों में न तो जैनेंद्र का भावगत मनोविज्ञान है और न ही मनोविश्लेपण के सिद्धांतों को आधार बनाकर उपन्यासों की रचना की गई। पहले के उपन्यास मनोविज्ञान को साधन के रूप में स्वीकार करते हुए आध्यात्मिकता एवं भावुकता का आवरण डाले रहे, जहाँ मनोविज्ञान जीवन दर्शन के अर्थ में तो बहुत प्रचलित हुआ, लेकिन वह जीवन दृष्टि न बन सका। मनोवैज्ञानिक उपन्यास जीवन की उन ठोस स्थितियों का चित्रण नहीं करते जो आज अस्तित्व की बुनियादी समस्या है। जबकि आज के उपन्यासों में मनःस्थितियाँ मनोवैज्ञानिक साधन के रूप में नहीं, मानवीय संवेदना के रूप में चित्रित हुईं। इन उपन्यासों में अस्तित्व की बुनियादी समस्याओं को, मनोवैज्ञानिक आग्रहों और ओढ़ी हुई मानसिकता से अलग जीवन की वास्तविकताओं के करीब ला खड़ा किया, जिसमें अस्तित्व की तीखी संवेदनाओं को अभिव्यक्ति मिली। इसीलिए यहाँ मनःस्थितियाँ विकृत नहीं करतीं। वह मृणाल की भाँति अपने अस्तित्व को बेमानी नहीं मानतीं, अपितु उसकी स्थापना में जीती है सुदृढ़ चरित्र के साथ। इन उपन्यासों में मानसिक कुंठाएँ मनोवैज्ञानिक दर्शन के कारण नहीं, व्यक्ति की अस्तित्वपरक मनःस्थितियाँ हैं जो उन्हें अस्तित्व का बोध कराती हैं। अस्तित्ववादी विचारक तो इन मानसिक कुंठाओं की मनोवैज्ञानिक व्याख्या को स्वीकार ही नहीं करते। उनके अनुसार ये कुंठाएँ और कुछ नहीं, सिवा इसके कि वे ऐसे क्षण हैं, जो मनुष्य के अपने निर्णय की प्रतीक्षा में रुके रहते हैं।

तो क्या ये उपन्यास अनुभव की उस सच्चाई को चित्रित करते हैं जिसे

पश्चिमी अस्तित्ववादी उपन्यासों में अभिव्यक्ति मिली?

चूँकि अस्तित्ववादी दार्शनिकों ने अस्तित्वबोध को कुछ असामान्य परिस्थितियों (बॉर्डर लाइन सिचुएशन्स) जैसे--मृत्यु, युद्ध संकट आदि में संभव बनाया है, इसलिए उन परिस्थितियों के संदर्भ में अस्तित्वपरक भावस्थितियों अथवा अनुभूति के चित्रण पर बल दिया गया है। हिंदी के उपन्यासों में इस प्रकार की असामान्य स्थितियाँ नहीं मिलतीं। 'अपने-अपने अजनबी' में अवश्य ही कुछ असामान्य स्थितियों की अवधारणा को आधार बनाया गया है। लेकिन यहाँ मृत्यु, युद्ध अथवा संकट की स्थितियाँ काल्पनिक अधिक हैं। मृत्यु, मृत्युगंध, मृत्युगंधी ईश्वर, ऊब, उबकाई, जैसी शब्दावली के प्रयोग का भी कोई ठोस आधार नहीं बर्फ का काठघर, नदी की बाढ़ के कारण टूटा हुआ पुल—ये स्थितियाँ उपन्यास में परिवर्तन की अपेक्षा रखती हैं। चूँकि हमारे देश में इस प्रकार की स्थितियाँ प्रायः कम हैं, इसलिए लेखकों का ध्यान अभी इस ओर अपेक्षाकृत कम गया है।

अस्तित्वादी चिंतक 'अस्तित्व' को पूरी तरह ज्ञान योग्य अथवा बुद्धिगम्य नहीं मानते और बुद्धिवाद का विरोध करके सहजानुभूति पर बल देते हैं। इसलिए इनकी चिंतन प्रणाली में स्पष्टतः तत्त्वदर्शन अथवा अधिभूतवाद की झलक मिलती है। जहाँ तक पश्चिमी अस्तित्ववादी उपन्यासों में चित्रित अनुभूतिगत अभिव्यक्ति का प्रश्न है वह यहाँ के हिंदी उपन्यासों में उसी अर्थ में प्राप्त नहीं होता। इन उपन्यासों में अनुभूतिगत परिवेश में स्थितियाँ संवेदना के उस बिंदु को नहीं छू पाई जिसकी अभिव्यक्ति कामू के उपन्यासों में हुई। 'लास्ट्रेंजर' और 'द मिथ ऑफ सिसिफस' की संरचना में पात्रों की वैयक्तिक स्थितियों को उद्घाटित किया गया है। 'लास्ट्रेंजर' के एक पात्र म्योरसाँ को अपनी माँ की मृत्यु पर दुःख नहीं होता और बिना किसी कारण एक अरब को गोली मार देता है। इन सब घटनाओं के बीच वह उससे अधिक कुछ नहीं कहता जो वह अनुभव करता है। अनुभव के प्रति यह सच्चाई उसे समाज की दृष्टि में अजनबी बना देती है। उसकी बौद्धिक क्षमता बहुत कम है और उसमें मनोवैज्ञानिक विश्लेषण का सर्वथा अभाव है। वह अपने अनुभवों से हतप्रभ-सा लगता है, उसे मान्य मूल्यों का कोई ज्ञान नहीं और आध्यात्मिक चिंतन से तो वह बिलकुल परे है। अपने चारों ओर की घटनाओं से अनभिज्ञ कहीं-कहीं अपने को विमूढ़ कहता है और बताता है कि न तो वह सोच सकता है, न समझ सकता है और न ही चिंतन कर सकता है। म्योरसाँ के सन्दर्भ में तर्कपूर्ण स्थितियों के स्थान पर असंबद्ध स्थितियाँ देखने में आती हैं। इन अनुभवात्मक स्थितियों में नैतिक उद्देश्य अथवा आचरण का एकदम अभाव दिखाई पड़ता है। अस्तित्ववादी चिंतन में इन स्थितियों को चेतनगत मानते हैं; जबकि हिन्दी के उपन्यासों में स्थितियों के समाधान का वस्तुगत आधार खोजा जाता है। जिसमें 'महाशून्य' अथवा 'अज्ञात सत्ता' भी समाहित हो जाती है।

संदर्भ

1. मोहन राकेश--लहरों के राजहंस, पृ. 93
2. नेमिचंद जैन–अधूरे साक्षात्कार, पृ. 7, 170
3. अज्ञेय–नदी के द्वीप, पृ.36
4. निर्मल वर्मा–वे दिन, पृ. 197
5. अज्ञेय–नदी के द्वीप, पृ. 336
6. नेमिचंद जैन–अधूरे साक्षात्कार, पृ. 42
7. अज्ञेय–आत्मनेपद, पृ. 67
8. अज्ञेय–आत्मनेपद, पृ. 73
9. धर्मवीर भारती--सूरज का सातवाँ घोड़ा, पृ. 41
10. नेमिचंद जैन--अधूरे साक्षात्कार, पृ. 173-74
11. John Cruickshank - Albert Camus and the Literature of Revolt, P. 52
12. Albert Camus - The Myth of Sisyphus, P. 19
13. John Cruickshank - Albert Camus and the Literature of Revolt, P. 60
14. Albert Camus–Myth of Sisyphus, P. 12

चरित्र कल्पना और अस्तित्ववाद

स्वातंत्र्योत्तर औपन्यासिक पात्र परंपरागत सामाजिक-नैतिक संवंध को अस्वीकार करते हुए मानवीय संबंध के नए आयाम का अन्वेषण करते जान पड़ते हैं। प्रेमचंद के उपन्यासों में संबंध और अनुभव की सार्थकता निश्चित सामाजिक-नैतिक परंपराओं के आधार पर स्वीकार की जाती रही है। यशपाल और जैनेंद्र के औपन्यासिक चरित्रों में परंपरागत संवंध की परिचित स्थिति की भूमिका का ह्रास तो हुआ, लेकिन प्रत्यात्मक सिद्धांत की जकड़बंदी से ये पात्र स्वतंत्र न हो सके। इनके बाद के उपन्यासों में संबंध तथा अनुभव के निर्माण में प्रत्यात्मक सिद्धांत के मुकाबले परिस्थितिगत दबाव की भूमिका बढ़ने लगी। इसीलिए उनमें चरित्र-निर्माण के स्थान पर व्यक्ति-वैशिष्ट्य की धारणा उभरी। व्यक्ति अपने वैशिष्ट्य के साथ अपने ही परिवेश में समस्त विषमताओं, विसंगतियों और जटिलताओं के बावजूद अपने अस्तित्व की स्थितियों में जीने लगा। उसकी अनुभूति की अद्वितीयता और विशिष्टता का सत्यापन लोक और समाज के सामूहिक और सन्निविष्ट अनुभव विधानों से टकराने लगा। समाज द्वारा आरोपित और खोखली मान्यताओं तथा नैतिकता को नकारता हुआ वह वैयक्तिक-नैतिकता को प्रश्रय देने लगा। वैयक्तिक नैतिकता तथा समाज द्वारा स्वीकृत नैतिकता के अंतर्संघर्ष के बीच अपने जीवन को 'जस्टीफाई' करने में लगा व्यक्ति धीरे-धीरे समस्त संपर्क सूत्रों से कटता चला गया। फलतः संबंध और अनुभव की प्रामाणिकता परंपरागत प्रतिमानों की अपेक्षा शारीरिक माँग और व्यक्ति केंद्रित बुद्धि द्वारा निर्धारित होने लगी। स्त्री-पुरुष के आपसी संबंध की नैतिक धारणा में अंतर स्पष्ट होने लगा। हिंदी के इन उपन्यासों में स्त्री-पुरुष के इन्हीं संबंधों को अभिव्यक्ति मिली।

स्त्री-पुरुष संबंधों को लेकर जितना कुछ इस दौर में लिखा गया, उतना संभवतः पहले कभी नहीं लिखा गया। स्त्री और पुरुष के सर्वांगीण संबंधों को कथानक ने अपना केंद्र बनाया और बदलते संबंधों की पीठिका में उनका चित्रण किया। सैक्स संबंधों का पाप-बोध या 'गिल्ट' भी अब नहीं रह गया। नारी और पुरुष के संबंध अब विलक्षण न रहकर बहुत सहज और वास्तविकता के धरातल पर आ गए। संबंध और अनुभव की वैयक्तिक प्रामाणिकता 'शेखर : एक जीवनी'

के शेखर-शशि तथा 'तंतुजाल' के राजेश-आरती के संबंध में स्पष्ट रूप से अभिव्यक्त हुई है। उपन्यास में इनके संबंध भाई-बहन के हैं। उनमें शारीरिक प्रेम की संभावना संबंध प्रतिमान के अनुसार वैध नहीं। यदि वे परंपरा की योग्यता से चलते हैं तो दोनों के बीच प्रेम या आकर्षण की अनुभूति संभव नहीं थी। इन दोनों में स्थापित संबंध नैतिक प्रतिमानों की अपेक्षा शारीरिक आकर्षण और स्त्री-पुरुष की अधिक मौलिक धारणा के कारण हैं। इसीलिए नारी-पुरुष के आपसी संबंध की नैतिक धारणा में मूलभूत अंतर आ गया। राजेश व आरती दो परिवारों में रहकर भाई-बहन के समान पले हैं। उनके संस्कार भी इसी प्रकार के पड़ने चाहिए थे, लेकिन इनका प्रेम भाई-बहन के निश्चित संबंधों के परिप्रेक्ष्य व संस्कारों को स्वीकार नहीं करना चाहता 'आज की बात नहीं, हमने वर्षों से एक साथ अनेक कल्पनाएँ की हैं...हमने एक-दूसरे के प्रति पूर्ण समर्पण किया है...क्या हमारा यह समर्पण केवल प्रवंचना सिद्ध हो जाएगा।...यह क्यों हुआ इसकी विवेचना व्यर्थ है—आज हमारे सामने यही सत्य है, इसी को हमे 'फेस' करना है'। राजेश और आरती के बीच स्थापित संबंध मन के समर्पण के कारण हैं जिसे झुठलाना ईमानदारी नहीं। 'जीजी, मैंने प्रयत्न करके देखा है, वर्षभर से हम यही संघर्ष झेलते आए हैं—हमने स्वयं बहुत चाहा है, हमारे मन का भाव बदल जाए, हमारे भाव की दिशा बदल जाए। पर नहीं हो सका जीजी'। मन का समर्पण शेखर-शशि के संबंध को भी नया आयाम देता है। शशि जो शेखर की मौसेरी बहन है उसके प्रति शेखर का आकर्षण नैतिक वर्जनाओं के दायरे में आता है।

शेखर सामाजिक के संबंध को अस्वीकार करता हुआ शशि के साथ मानसिक संबंध को अधिक प्रश्रय देता है। उपन्यास में शेखर-शशि भाई-बहन नहीं साधारण पुरुष-नारी के संबंध की सत्यता को स्वीकार करते हैं। पति द्वारा परित्यक्त होने पर शशि का शेखर के घर आकर रहना और उसकी (शशि) बीमारी शेखर को शशि के अधिक करीब ले आती है। यहाँ उनका संबंध चिरंतन पुरुष-नारी के 'स्टेटिक' संबंध के रूप में उभरा है। 'शेखर तुम मुझे बहन, माँ, भाई, बेटा, कुछ मत समझो क्योंकि मैं...अब...कुछ नहीं हूँ। एक छाया हूँ...और अमूर्त होकर मैं...तुम्हारा अपना आप हूँ जिसे तुम नाम नहीं दोगे'। शशि पुरुष की संपूर्णता में साझी है...शेखर के बनने में शशी का बराबर का साझा है। और उसमें लेन-देन का तो प्रश्न ही नहीं। एक दूसरे के प्रति समर्पित भाव ही उमड़ते दिखाई देते हैं। यमुना के ऊपर छाए हुए धुएँ में से जैसे एक नीरव साँय-साँय उमड़ने लगी...और उस उमड़न के बीच में सहसा आलोक का लहरिल पारावार और शशि के अदूरत्व, अपार्थक्य का प्लावनकारी बोध—शेखर ने हठात् आगे बढ़कर केशों और त्वचा के संगम-स्थल पर शशि का माथा चूम लिया, और फिर साँस के-से स्पर्श से उसके ओंठ'। शेखर को यह बोध हो आया 'सप्तपर्णी की छाँह पारिजात की छाँह, उसमें निरी सांत्वना ही नहीं है, उसमें उत्साह है...प्रस्फुटन

है निरा अतीत नहीं···उन्मींदा भविष्य भी है'। यह आमंत्रण शेखर का ही नहीं, शशि का भी है। 'शशि के ओंठ कुछ कहना चाहते हैं, पर निःशब्द हैं, शायद निःशब्द ही कुछ कहना चाहते हैं···शेखर उन पर अपने ओंठ रख देता है और उनका कंपन स्थिर हो जाता है, शेखर शशि की आँखों से आँखें मिलाता है और धीरे-धीरे उठता है···जानता है कि शशि की बात उसने सुन ली, चूमे जाने भर की क्षमता उन ओंठों में शेष थी। उनकी आँखें मिली (शशि और शेखर) और जैसे जकड़ी गईं । शेखर ने बलात् कल्पना कहकर उसे निकाल देना चाहा। पर फिर वह देखता रहा 'उन खुले कपाटों के भीतर आलोक है, उस आलोक के पीछे गहरी वेदना है, उस वेदना के भीतर और भी गहरा आहत आलोक···और इस इतने अपलक काल तक उसके भीतर किसी गुंफन में प्रतिध्वनि गूँजती रही, साक्षी क्यों माँगी जाए'। शशि के मन में भी अव्यक्त रूप में कहीं···संतुष्ट होने का भाव है 'सिद्धि और संपूर्णता नहीं है, पर संतुष्ट हूँ, शेखर ! और संतोष का यह सुख तुम्हारा वरदान है'।

पुरुष-स्त्री के संबंध की अनिवार्यता में किसी-न-किसी प्रकार का आंतरिक खिंचाव रहता ही है। किसी भी गहरे विलोड़न के क्षण में सहसा हम पाते हैं कि उसमें पूर्णतः नहीं है, चूड़ांत तद्गति नहीं है, है एक अद्भुत, असंगत तटस्थता। पुरुष-स्त्री के संबंध में कैवल्य की अप्राप्ति ही संबंधों का आत्यान्तिक स्वभाव है। शेखर-शशि का यह संबंध नवीन आयाम को धारण करता हुआ संबंधों की सीमा से कहीं ऊपर उठ जाता है जहाँ न वह भाई-बहन हैं, न मित्र, न निरे साथी। अपितु इनसे परे किसी व्यापक संबंध में वह बँधते चले जाते हैं। जहाँ शेखर की चेतना उसके सारे स्वप्न शशि में आकर घुलते हैं। 'शशि तुम क्या हो, कुछ समझ नहीं आता। तुम्हें जानता हूँ और जानता हूँ कि जितने भी स्वप्न देखे हैं, तुममें आकर घुल जाते हैं। तथा शशि के अस्तित्व की पूर्णतः 'मेरा खंडित व्यक्तित्त्व तुम्हारे द्वारा अभिव्यंजना का मार्ग पाता है'। मैं सन्तुष्ट हूँ, शेखर, और सन्तोष का यह सुख तुम्हारा वरदान है।

शेखर-शशि तथा राजेश-आरती को अपने सहज स्वाभाविक आकर्षण में सामाजिक प्रतिमानों का ज्ञान ही नहीं होता। उन्हें परंपरा का ज्ञान तब होता है जब उनके अनुभवों का विरोध या विरोधी संभावनाएँ उभरती हैं। राजेश-आरती के संदर्भ में परंपराएँ बाधक रहीं, इसीलिए दोनों का विवाह संभव न हो सका। अस्तित्व की पुकार के बावजूद भी इस संबंध में कुछ परंपराएँ और गाथाएँ हैं जो इन दोनों को एक नहीं होने देना चाहतीं। यह हमारे संस्कारों के विपरीत है, यह हमारे लिए शायद 'रिवोलटिंग' बात हो सकती है। 'हम युगों से भाई-बहन के संबंध को एक निश्चित परिप्रेक्ष्य में देखने के अभ्यस्त हो रहे हैं—भले ही वह संबंध रक्त का न हो, उसकी स्थापना हमारे लिए उतनी ही पवित्र, उतनी ही सार्थक रही है'। परंपरा का यह आग्रह ही आरती को कहीं संकोची बना

देता है। वह केवल संकोच के कारण यदि स्वीकार नहीं करती तो इसमें सारी बात को केवल उसके मन का भ्रम कहकर कैसे टाला जा सकता है। राजेश परंपरा के प्रति विद्रोह करना चाहता है, लेकिन तब उसे पता चलता है कि एक शक्ति परंपरा की है जो मानवीय अनुभव के विरोध में है।

परंपरा का यह ज्ञान शेखर व शशि को भी नहीं। लेकिन पति और सास द्वारा प्रताड़ित एवं परित्यक्त होने के बाद ही शशि-शेखर को अपने संबंधों में परंपरा का ज्ञान होता है 'व्यक्ति-जीवन में कितनी बड़ी गाँठ है संस्कार और शिक्षा, जिसके कारण प्रेम या किसी भी गहरे भाव-विलोड़न के क्षण में हम पाते हैं कि उसमें पूर्णतः नहीं···है एक अद्‌भुत तटस्थता जो अपने को अपनेपन की संपूर्णता से बहिष्कृत कर देती है'। संस्कारों द्वारा प्रदत्त समस्त संबंधों को नकारते हुए जिस क्षण जैसा अनुभव किया जाता है उसकी रक्षा ही इनके चरित्र की विशेषता है। संबंधों के कारण अगर कोई व्याघात पड़ता भी है तो उन संबंधों की भावना को इनकार कर दिया जाता है, यही अस्तित्ववादी चरित्र की पहचान है क्योंकि अस्तित्ववादी विचारधारा में परंपरा और नवीनता का सामंजस्य नहीं होता। वहाँ परंपरा की सत्ता हमेशा निषेधात्मक और मानव विरोधी होती है।

संस्थान हमेशा आदमी की अस्मिता को निरर्थक करते हैं, इसीलिए व्यक्तिगत अनुभव और संस्थान का भी मुकाबला होता रहेगा, वहाँ भी सामंजस्य की स्थिति नहीं है। संस्थानों के प्रति हमेशा विद्रोही भाव ही इन पात्रों में पाया जाता है। ऐसे में संस्थानों द्वारा स्थापित संबंधों की भूमिका को नगण्य मानते हुए अपने अनुभव में जीने की प्रक्रिया को महत्त्व मिला। इसीलिए अपना जीना ही प्रमुख हो जाता है। अनुभव के इन तीव्र क्षणों में जीवन की सघनता को पा लेना ही चरित्र की विशेषता अथवा अद्वितीयता है। वह क्षण से क्षण तक जीते हुए अपने अस्तित्व की सार्थकता पाना चाहते हैं 'नदी के द्वीप' की रेखा तथा 'वे दिन' की रायना 'इनटेंसिव लिविंग' में ही अपने चरित्र की अद्वितीयता को प्राप्त करती हैं। रेखा का संपूर्ण व्यक्तित्त्व 'संपर्क के क्षणों' में सघनता प्राप्त करता है–'हमीं द्वीप हैं–खासकर व्यक्ति और व्यक्ति के संपर्क का, कॉन्टेक्ट का प्रत्येक क्षण–अपरिचय के महासागर में एक छोटा, किंतु कितना मूल्यवान द्वीप'। यही उसकी अनुभूति की सत्यता है। अनुभूति का क्षण ही उसके लिए युक्ति सत्य है। 'मेरे लिए काल का प्रवाह भी प्रवाह नहीं है, केवल क्षण और क्षण का योगफल है···मानवता की तरह ही काल-प्रवाह भी मेरे निकट युक्ति सत्य है; वास्तविकता क्षण की है। क्षण सनातन है'। अपने अंतर्मन की इस विशाल साधना द्वारा ही वह अपने चरित्र के वैशिष्ट्य की पहचान कराती है। उसकी साधना में कहीं समाज, नैतिक प्रतिमान बाधक नहीं बने–'हम कहते हैं, समाज हमें स्वाधीनता नहीं देता···मैं अपने आपको बद्ध नहीं मानती हूँ और स्वाधीनता के लिए अपने मन को ट्रेन करती हूँ। सफलता की बात नहीं जानती, उतनी

शक्ति मेरे भीतर होगी तो क्यों नहीं होऊँगी सफल'। समाज की खोखली और मिथ्या मान्यताओं के प्रति रेखा के चरित्र में एक विद्रोही भाव स्पष्ट रूप से उभरा है। रेखा और भुवन का यह प्रेम-संबंध समाज की दृष्टि से अवश्य ही अनैतिक हैं लेकिन समर्पण के इन क्षणों में जीने की विवशता व संवेदनशीलता के अतिरेक से उपजे संबंधों को ही वे प्रामाणिक मानते हैं। व्यक्ति अपनी समस्त केंद्रीय स्थितियों से जुड़ा आरोपित नैतिकता का विद्रोही बना, नए बिंदु की खोज में है। वह बदले हुए संबंधों के परिप्रेक्ष्य में नैतिक धारणाएँ एवं नये संस्कार चाहता है। इसीलिए 'नदी के द्वीप' में प्रेम का चित्रण और उस प्रेम के फलस्वरूप स्त्री-पुरुष के बीच व्यक्तित्त्व का तन और मन, दोनों का समर्पण, किसी विकृति का न तो परिणाम है, न उसका कारण। 'नदी के द्वीप' में देह का यह समर्पण अथवा प्रेम की चरम अनुभूति के रूप में दो शरीरों का मिलन अपने अधिक-से-अधिक सार्थक रूप में अभिव्यक्त हुआ है'।[1] देह का यह समर्पण 'मैं तुम्हारी हूँ भुवन, मुझे लो' रेखा को जीवन की सुंदरता देता है। रेखा ने दोनों बाहें उठाकर उसका सिर घेर लिया कंधे के ऊपर से उसे निकट खींचकर उसका मुँह चूम लिया—बड़े हलके स्पर्श से लेकिन ओंठों पर भरपूर।

समर्पण का यह क्षण जो रेखा को 'फुलफिल्ड' करता है वही अनुभव जीवन की सुंदरता है। इसी में रेखा ने सर्वांगीण अनुभव प्राप्त किया है। इसी सुंदरता का अनुभव वह भुवन को भी कराना चाहती है—'सुंदर से डरो मत, कभी मत डरना···न डरकर ही सुंदरतम की ओर बढ़ते हैं'। भुवन भी इस सौंदर्य का अनुभव करता है—'यह सब बहुत सुंदर है, बहुत सुंदर है···वह, वह सौंदर्य की चरम अनुभूति होती है···होनी चाहिए मैं मानता हूँ···इसीलिए डर लगता है···तुमने जो दिया है उसके सौंदर्य को मैं मिटाना नहीं चाहता, रेखा, उसे मैं जोखिम में नहीं डालना चाहता। वह बहुत सुंदर है, बहुत सुंदर'। आत्मीय यौन-संबंध, सौंदर्य की चरम अनुभूति ही उनके चरित्र की फुलफिलमेंट है। जीवन के ये विह्वल क्षण, जिन क्षणों में रेखा ने अनुभव किया कि यह देह किसी की ओर नहीं उमड़ी जैसी भुवन की ओर। यही उसके चरित्र की सार्थकता है। 'मुझे किसी बात का पछतावा नहीं है, और इससे भी दस गुनी बुरी तरह टूट जाऊँ तब भी तुम्हारे साथ के एक क्षण को, हमारी साझी अनुभति के एक स्पंदन को भी छोड़ देने को मैं राजी नहीं हूँ'। जीवन की इस फुलफिल्मेंट का, व्यक्तित्त्व की पूर्णतः का रेखा ही नहीं, भुवन भी अनुभव करता है। रेखा को उसने कुछ दिया है जो वरणीय है। इसी देने में वह भी कहीं अपने को धन्य मानता है क्योंकि वह स्वयं भी तो फुलफिल्ड है। इस देने में 'एक तन्मयता उसने जानी है, एक अभूतपूर्व तन्मयता, लेकिन उसने स्वयं जो जाना है उससे कुछ अधिक और कुछ अधिक गहरा रेखा उसके निमित्त से जान सकी है। तो क्या यही फुलफिलमेंट नहीं है कि कोई किसी को वह चरम अनुभूति दे सके देने का निमित्त बन सके···जो जीवन की निरर्थकता

को सार्थक बना देती है'।

जीवन की इस क्षणिक सार्थकता में 'वे दिन' की 'रायना' और 'मैं' भी जी लेना चाहते हैं। यह क्षणिक सहवास, क्षणिक सुख, जो यह अनुभव करा सके कि अस्तित्व है, वहाँ समय कुछ मायने नहीं रखता 'तीन दिन, तीन वर्ष···समय कुछ भी माने नहीं रखता अगर हम एक सुलगते क्षण में अँधेरे के बीच उस ताप को पकड़ सकें'। उन दोनों के बीच अपहचान की स्थिति पहचान के रिश्ते में अनायास बदल गई। यह क्षणिक पहचान ही अस्तित्व की सार्थकता है--'जब वह क्षण आता है, जिसे हम 'अंतिम' कहते हैं तब वह अंतिम बिलकुल नहीं लगता। लगता है, जैसे कोई पुरानी-सी घड़ी वापिस लौट आई है—'एक जिए हुए क्षण की बासी छाया-सी जिसे हम न छोड़ सकते हैं, न दुबारा पकड़ ही सकते हैं'। क्षण का सुख ही 'रायना' और 'मैं' को जीवन का अर्थ देता है।

पात्रों के बीच पहचान के खो जाने की आशंका सभी को आतंकित किए हुए है। आतंक का यह असीम खुलापन यौन-संबंधों के चरम अनुभव द्वारा अस्तित्व की विश्वसनीयता प्राप्त करता है। 'आतंक अब भी था, किंतु उसमें एक छोटा-सा विश्वास आ सिमटा था—विश्वास, जिसे हम पिछले तीन दिनों से अँधेरे में टटोल रहे थे'। जिसे 'रायना' और कहीं अज्ञात रूप में 'मैं' भी खोज रहा है। यह विश्वास ही तो उनके अस्तित्व की सार्थकता है। 'उस 'अज्ञात' ने मुझे आतंकित-सा कर दिया, किंतु कुछ देर के लिए। फिर वह भय मर गया और अँधेरे में उसकी जगह चमकते मोती की तरह उग आई—एक मर्मांतक चाह—। एक क्षण के लिए हम दोनों ही चकाचौंध हो गए। उसने हम दोनों को अपने में घसीट लिया और तब मैं चूमने लगा, उसकी बाँहों को, माथे को, बालों को वह मेरे शरीर को टटोलने लगी···मुझे पकड़े रही···और तब मुझे पता लगा, हम उसकी चाह के परे चले गए हैं···वह भय का अंतिम छोर था, जहाँ हम पहली बार एक-दूसरे में शुरू हुए थे—उसी में डूब जाने के लिए; रायना का यह अनुभव उसके भटकते जीवन को अर्थ देता है। इन क्षणों को वह पूर्णतः भोग लेना चाहती है, अपनी चाह मिटाने के लिए, अपने को 'आइडेंटिफाई' करने के लिए।

कृष्णा सोबती के 'सूरजमुखी अँधेरे के' की पात्र रत्ती एक जटिल मनोग्रंथि के कारण स्वयं को अपर्याप्त अनुभव करती है। निरंतर पूर्णता को पाने की इच्छा से भर उठती है और हताश हो अपने में ही लौट आती है। सैक्स की प्रबल इच्छा उसे उत्तेजित करती है, लेकिन वह टकराती है अपने से ही। मानसिक स्तर पर वह यौन-संबंधों के लिए सक्रिय होती है, लेकिन शारीरिक रूप से शिथिल है। अपनी शारीरिक शिथिलता के कारण ही उसका आचरण भी असाधारण हो गया है। वह अनुभव करती है—'जिस सड़क का कोई किनारा नहीं रत्ती वहीं है। वह आप ही अपनी सड़क का 'डैड-एंड' है, आखिरी छोर है'। उसके लिए

भविष्य का अर्थ मिट चुका है। उसकी यह अपर्याप्तता ही उसे एक चिथड़ा बने रहने देती है। वह एक बार भी समूची औरत नहीं बन पाई ! हर बार कहीं पहुँच सकने की न भरनेवाली चाह और हर बार वीरान वापसी अपनी ओर ले आती है। जीवन के अनुभव (यौन-संबंधों) जिसे वह बचपन से प्राप्त करती आई है और उपन्यास के अंत तक प्राप्त करने के प्रयत्न में, वह कहीं भी अपने अस्तित्व की पर्याप्तता न पा सकी।

उपभोग के इन चरम क्षणों द्वारा ही रायना और रेखा अपने को आइडेंटिफाई करना चाहती हैं। इस प्रयास में अपने अस्तित्व को 'मैं' और 'भुवन' के अस्तित्व में घुलने नहीं देती। 'उनका संबंध 'सामाजिक भित्तियों को चुनौतियाँ देकर सेक्स-संभोग के शरीरी-अशरीरी सुख का भी है, दो आत्मनिर्भर इकाइयों के समान मैत्री का भी'।[2] अस्तित्व की इसी स्वतंत्रता को बनाए रखने की 'ऐस्थेटिक ग्रेस' रेखा और रायना के चरित्र की विशेषता है। इसीलिए उलझी मनःस्थिति के बीच भी रेखा अपने अद्वितीय व्यक्तित्त्व को प्रामाणित करती है। 'फुलफिलमेंट' के बाद पुनः वह अपने को सही परिप्रेक्ष्य में देखने लगती है। अस्तित्व की पूर्णतः की खोज में भी वह यही अनुभव करती है 'आत्मा का शैथिल्य ही प्यार की पराजय है, हम दोनों को बराबर सतर्क सजग रहना है—क्योंकि हम दोनों ऐसे आत्मनिर्भर स्वतः संपूर्ण हैं कि सहज ही बहकर, सिमटकर अलग हो जा सकते हैं···अपनी-अपनी सीपियों में बंद अंतरंग अनुभूति के छोटे-छोटे द्वीप···और इस प्रकार बरसों जीते रह सकते हैं, मौन, शांत लेकिन एकाकी'। रायना के लिए अनुभव के यह क्षण मात्र अपने अकेलेपन को मिटाने का एक साधन है जिसमें वह डूबना नहीं चाहती—'क्या तुम्हारे साथ अकसर ऐसा होता है ?—हाँ—होता है। मैं ज्यादा दिन अकेली नहीं रह सकती'। लेकिन इसमें वह किसी दूसरे को भी 'मिजरेबल' नहीं होने देना चाहती—'मैं सिर्फ यह चाहती हूँ कि दूसरे को बाद में पछतावा न हो 'दैन इट इज मिज़री''। भोगने के बाद फिर छिटककर अलग हो जाने की भावना उसे चरित्र की विशिष्टता प्रदान करती है। 'मैं' और 'रायना' एक-दूसरे की अपहचान में जुड़ते हुए भी कहीं गहरे में पहचान को टटोलते हैं। निःशंक आत्मदान की स्थिति में भी अस्तित्व की हीनता इनमें कहीं देखने को नहीं मिलती। चरम क्षणों में किसी भी संबंध को नकारते हुए अपने अस्तित्व की सत्ता बनाए रखना ही इन पात्रों के चरित्र की अद्वितीयता है।

इन उपन्यासों में पात्र 'क्रूशियल' स्थितियों में जीते हुए अपर्याप्तता को ही अंगीकार किए हुए हैं। जहाँ भावना और संबंध का प्रत्यय व्यक्ति को अपनी गिरफ्त में ले लेता है वहाँ वह अपर्याप्त (डिफैक्टिव बीइंग) होता चला जाता है। इसीलिए अस्तित्ववादी विचारक चरित्र भावना और प्रत्यय को निरर्थक मानता है। वह इन संबंधों के निर्वाह से स्वयं में अपर्याप्तता (अस्मिता के क्षरण) महसूस करता है। अतः पात्र अपने जीने में अपने अनुभव को पर्याप्त बनाने में संबंधों,

संस्थानों को बाधक पाते हैं, वह समाज द्वारा स्वीकृत संबंधों को मान्यता नहीं दे पाते। संबंधों में उत्पन्न यह तनाव की भूमिका ही इन उपन्यासों के चरित्रों की विशिष्ट पहचान बनती जा रही है।

समाज द्वारा स्वीकृत परिवार की चहारदीवारी मे रहते पति-पत्नी के संबंधों में तनाव इस दौर के उपन्यासों में पूरे उभार में अभिव्यक्त हुआ है। 'अँधेरे बंद कमरे' की नीलिमा और हरबंस तनाव की इसी भूमिका में अपने अस्तित्व की प्रामाणिकता प्राप्त करते हैं। स्नेहहीनता और संबंधों की अर्थहीनता ही उनके अस्तित्व को अपर्याप्त बनाती है। हरबंस की महत्त्वाकांक्षाओं के अनुसार नीलिमा अपने जीवन की गति बदल नहीं सकती। वह अपने लिए एक अलग 'कैरियर' की, निजी जीवन की चाह करने लगती है। जिस चीज की हरबंस नीलिमा में कल्पना करता है उसे वह पूरा करने में असमर्थ है—'तुम्हीं ने इस रास्ते से मुझे परिचित कराया था। मैं अब अपने मन से उस रास्ते पर इतनी दूर चली आई हूँ कि लौट नहीं सकती—तुम्हारे कहने से और तुम्हारे हित के लिए भी नहीं। इसीलिए मैंने सोचा था कि मैं तुमसे दूर रह सकूँ तो शायद इसी में हम दोनों की भलाई है। वह हरबंस के स्वार्थ का खिलौना नहीं बनना चाहती—'उसने आज तक यह नहीं समझा कि मैं एक चीज नहीं, एक इनसान हूँ, और मेरी भी अपनी जरूरतें हैं और आज जब मुझे पता चला कि मेरी जरूरतें जिंदगीभर पूरी नहीं होंगी तो मैं उसकी जरूरत का सामान बनकर बिलकुल नहीं रहना चाहती। उन दोनों के बीच तनाव इस कदर बढ़ चुका है कि चेष्टा करने पर भी अपने बीच के उस तनाव को कम करने में असमर्थ हैं। वे दोनों जैसे एक ही घेरे में दो विपरीत दिशाओं में घूमते हुए नक्षत्र थे जो न तो उस घेरे से निकल सकते थे और न ही अपनी दिशा बदल सकते थे। उनके लिए साथ रहना भी अनिवार्य था और विपरीत रहना भी। यह तनाव संबंधों में अभिशाप की तरह क्रम से बरसों से चला आ रहा था जिसमें तीव्र-से-तीव्र और गहन-से-गहन वैयक्तिक तथा सामूहिक, संभावनाएँ हैं। लेकिन क्या कोई निश्चित और साहसिक प्रयत्न इन दोनों को उस अभिशाप से मुक्त करा सका? संभवतया नहीं। उपन्यास के अंत में भी नहीं। नीलिमा अवश्य ही पुनः हरबंस के साथ रहने के लिए वापस आ तो जाती है, लेकिन तनाव को खत्म करने के लिए नहीं, पुनः उसी तनाव में जीने के लिए।

'अजय की डायरी' का अजय और उसकी पत्नी शीला में भी तनाव की स्थितियाँ उभरती रही हैं, लेकिन कुछ भिन्न स्तर पर। निश्चित संबंधों और संस्थानों को अजय निरर्थक मानता है। संस्थाएँ प्रगति और विकास के रास्ते को रोकती हैं। संस्था द्वारा स्थापित शीला के साथ वह अपने संबंध को महत्त्व नहीं देता। यह समाज द्वारा आरोपित संबंध कहीं उसके अस्तित्व को अपर्याप्त बनाते हैं—'शीला और मैं, मैं और शीला—यह संबंध अर्थहीन और अस्वाभाविक

है, अनुचित और अहितकर। वह दो व्यक्तियों की मनुष्यता को कुंठित व मलिन करनेवाला है। उसको जारी रखने का जिम्मेदार बने रहना अपराध है'। अजय इस संबंध से छुटकारा पाना चाहता है। मुक्त वातावरण में ही अस्तित्व की इकाई को अर्थ देना चाहता है—'पास के बिस्तर पर जब वह चुपचाप तटस्थ-सी पड़ी रहती है, तब भी मुझे लगता है कि स्वतंत्र नहीं हूँ, सिर्फ स्वयं नहीं हूँ। वातावरण में एक तरह का खिंचाव बना रहता है—एक प्रकार का आशा-प्रत्याशा का तनाव' समाज द्वारा निष्पन्न संबंध की यथार्थता जैसे अजय को निरपेक्ष स्वतंत्र रूप में जीने के अयोग्य बना देती है। संबंधों के इस परिचित परिवेश में अजीब-सा अलगाव एवं परायेपन के कारण वह अपने को फिट नहीं कर पाते। इस तनाव को भुलाने के लिए अजय अंतर्मुखी होता जा रहा है। इसीलिए समाज के अधिकांश वह संबंध जो मात्र जीवित रहने के ही साधन हैं, अजय को स्वीकार्य नहीं—'मैं सिर्फ जीवित नहीं रहना चाहता। मुझे अस्तित्व नहीं, सार्थक अस्तित्व चाहिए—ऐसा अस्तित्व जो निरंतर उच्चतर परिणति की ओर उन्मुख हो'।

पति-पत्नी के बीच घिर आई तनाव की स्थिति संबंधों के टूटने में परिणत हुई। यहाँ पात्र अपने को 'एडजस्ट' करने की स्थिति में ही नहीं हैं। वह अलग रहते हुए भी एक-दूसरे को 'टॉरचर' करते दिखाई देते हैं। इन उपन्यासों में नारी-पुरुष के संबंधों के संक्रमण और संकट को ही नहीं, अपितु उन दोनों को एक-दूसरे से अलग रहने को भी चित्रित किया गया है। 'आप का बंटी' में शकुन ने अपने और अजय के संबंधों के रेशे-रेशे को पकड़ने का प्रयत्न किया, लेकिन निष्कर्ष यही निकला कि एक-दूसरे को उन्होंने प्यार किया ही नहीं। समझौते का प्रयत्न दोनों में एक 'अंडरस्टेंडिग' के लिए नहीं था, अपितु एक दूसरे को पराजित करने की इच्छा ही थी। 'भीतर-ही-भीतर चलनेवाली एक अजीब-सी लड़ाई थी वह भी, जिसमें दम साधकर दोनों ने हर दिन प्रतीक्षा की थी कि कब सामनेवाले की साँस उखड़ जाती है और वह घुटने टेक देता है। एक-दूसरे को 'टॉरचर' करने की मुद्रा में 'दोनों ही एक-दूसरे की हर बात, हर व्यवहार और हर अदा को नया दाँव समझने को मजबूर थे और इसी मजबूरी ने दोनों के बीच की दूरी को इतना बढ़ाया, इतना बढ़ाया कि फिर बंटी भी उस खाई को पाटने के लिए सेतु नहीं बन सका। इस तनाव में संबंधों को निभाने की अपेक्षा संबंधों को खत्म करना वह कहीं अधिक श्रेयस्कर समझते हैं। लेकिन संबंधों के टूटने में क्या शकुन स्वयं ही नहीं टूट गई? 'सामनेवाले को पराजित करने के लिए जैसा सायास और सन्नद्ध जीवन उसे जीना पड़ा उसने उसे खुद ही पराजित कर दिया। सामनेवाला व्यक्ति तो पता ही नहीं कब परिदृश्य से हट भी गया और वह आज तक उसी मुद्रा में, उसी स्थिति में खड़ी है—साँस रोके, दम साधे, घुटी-घुटी और कृत्रिम'। डॉ. जोशी से विवाह करने पर भी वह पुनः अपने जीवन की अपर्याप्तता को भर नहीं पाई। इस अपर्याप्तता

को भरने के प्रयत्न में ही कहीं वह बंटी को भी, अपनी जिंदगी से निकाल देने का विचार करती है 'बंटी उसके और अजय के बीच सेतु नहीं बन सका तो वह उसे अपने और डॉक्टर के बीच में बाधा भी नहीं बनने देगी'। अब वह सब कुछ पहले की तरह नहीं ओढ़ना चाहती। लेकिन एक सहज-सीधी जिंदगी वह क्या अंत तक भी जी सकी ?

पति-पत्नी के बीच उत्पन्न तनाव की स्थिति 'सारा आकाश' में कुछ नए ढंग से, बहुत ही स्पष्ट रूप में उभरी है। यहाँ तनाव किसी सिद्धांत व परस्पर विरोधी भाव के कारण नहीं, अपितु अहंभाव के कारण है। यहाँ पति-पत्नी में तनाव की स्थिति संबंधों के जुड़ने से पहले ही, मानसिक स्तर पर उभरती है। इसीलिए यह तनाव अधिक सार्थक भी नहीं हो सका। तनाव की स्थिति, जुड़ने के बाद तो अर्थगर्भित है लेकिन जहाँ जुड़ना ही न हुआ, वहाँ तनाव कैसा ? यह मात्र समर का अहंभाव अथवा इच्छा के विरुद्ध विवाह होने के कारण है। उसका अत्यधिक महत्त्वाकांक्षी होना अथवा प्रभा से न बोलने की पूर्व धारणा ही उसे प्रभा के विरुद्ध व्यवहार करने के लिए प्रेरित करती है। प्रभा के प्रति चूँकि कुछ पूर्वकल्पित विचार उसके मन में हैं (वह शिक्षित है, सुंदर है) अतः इन्हीं विचारों से आहत कहीं वह प्रभा द्वारा स्वयं को अपमानित अनुभव करता है। 'मुझे लगा कि काफी देर हो गई है और कभी-कभी कुछ चूड़ियों की झनक के साथ-साथ आधी रात का सन्नाटा हमारे बीच विषैले धुएँ की तरह फैलता रहा···मैं यहाँ क्यों आया ? न बोलना, न स्वागत···क्या यह मेरा अपमान नहीं है ?···मेरे भीतर कोई चीज सन्नाकर टकराई—अपमान ! यह मेरा अपमान है'। प्रभा कहीं भी अपमान करने की मुद्रा में नहीं, लेकिन समर स्वयं अपने ही अहं से पीड़ित अपने को अपमानित समझता है। यह कल्पित-अपमान ही उसे निरंतर प्रभा के विरुद्ध व्यवहार कराता है, यह तनाव बढ़ता है प्रभा के विरुद्ध भाभी की झूठी बातों से।

समर और प्रभा के बीच यह कल्पित तनाव शीघ्र ही समाप्त होता है। मिट्टी के गणेश से बर्तन साफ करने पर समर का प्रभा को सबके बीच चाँटा लगाने की आत्मग्लानि से उसके व प्रभा के बीच तथाकथित तनाव टूटने लगा। यहाँ पति-पत्नी के तनाव से अधिक उल्लेख समर का काल्पनिक उच्चादर्श व महत्त्वाकांक्षी होना है, जो जीवन में कुछ भी सक्रिय काम न कर सका।

पति-पत्नी के बीच तनाव की स्थिति महेंद्र भल्ला के 'एक पति के नोट्स' उपन्यास में भी मिलती है। पति-पत्नी के बीच संबंधों में यह तनाव एवं टूटन 'नदी के द्वीप' के रेखा और हेमेंद्र में, 'वे दिन' की रायना और ज़ॉक में, प्रभाकर माचवे के 'द्वाभा' की आभा और उसके पति में तथा राजेंद्र यादव के 'टूटना' में भी हैं। लेकिन उनके टूटने में कोई किसी को 'टॉरचर' करने अथवा हराने की स्थिति में नहीं, बल्कि एक-दूसरे के बीच बढ़ते हुए अति परिचय के कारण अथवा संबंधों की एकरसता एवं उसके प्रति उदासीनता के कारण है।

अनुभवों और संबंधों के परंपरागत प्रतिमानों को नकारते हुए इन उपन्यासों के चरित्र किसी नवीन मूल्यों की स्थापना करने की अपेक्षा कहीं अपने को अधिक 'जस्टीफाई' करने में लगे हैं। 'जस्टीफाई' करने के प्रयत्न में समस्त बंधनों को तोड़ते चले गए हैं। 'जस्टीफिकेशन' शकुन में भरपूर है। वह अपनी ही जिंदगी को जीना चाहती है और अपने इस निर्णय में, अपने अपराधबोध को हर जगह सही मानती चली गई है। अपने को सही मानने के इस दौर में वह अपने जीवन में किसी का हस्तक्षेप नहीं चाहती; बंटी का भी नहीं, और जीवन को सहारा देनेवाले डॉ. जोशी का भी नहीं। 'नहीं, नहीं। यह सब अब और नहीं चलेगा, चल नहीं सकता। वे दोनों ही अब अपनी जिंदगी जिएँगे। शकुन शकुन की और बंटी बंटी की'। अपने को समाप्त तो वह अजय के साथ भी नहीं कर सकी थी, इसीलिए उसे अजय को खोना पड़ा समाप्त तो वह अब भी अपने को नहीं कर सकेगी और अजय को खोकर भी इस अपराधबोध को निरंतर बंटी के माध्यम से अपने को कहीं सही साबित करती रही। अपने गिल्ट को जस्टीफाई करती हुई जिंदगी में हर कोण से कटकर वह पूरी तरह बंटी से जा चिपकी थी।

उसका सारा समय, सारा ध्यान बंटी की ही तरफ था। वह बंटी को ही अपने अभावों की पूर्ति का साधन मानती रही। डॉ. जोशी से विवाह का निर्णय भी उसने बंटी को लेकर ही किया था, लेकिन अपने हर निर्णय को तर्कों द्वारा 'जस्टीफाई' करना चाहती है। अपने 'गिल्ट' को स्पष्ट करना चाहती है। तो क्या उसके अपने मन में भी कोई गिल्ट है ? इतनी देर से तर्क दे-देकर वह अपने अपराधी मन को ही समझा रही है ? बार-बार बंटी के हित की दुहाई देकर कहीं वह अपने किसी गलत काम को ही तो सही सिद्ध नहीं कर रही? लेकिन अपने इन तर्कों के बाद भी वह छली जाती है। बार-बार कहीं अजय के द्वारा तो कहीं बंटी के द्वारा। यह आत्मछल का क्रम निरंतर चलता रहता है। डॉ. जोशी के साथ नई जिंदगी शुरू करके कहीं वह आश्वस्त होने लगी थी कि '...उसने केवल अपने लिए ही नहीं, बंटी के लिए भी एक सही जिंदगी की शुरुआत कर दी। अब बंटी को हर जगह और हर बात में पापा की कमी नहीं अखरेगी'। लेकिन इस निर्णय में भी एक गहरा अपराधबोध उसके मन में बना ही रहा। बंटी कहीं भी अपने को शकुन और डॉ. जोशी में 'एडजस्ट' नहीं कर पाता तो उसे लगता है अजय की तरह यह बंटी भी आज उसे गलत और अपराधी सिद्ध करना चाहता है। शायद सारी जिंदगी उसे गलत ही सिद्ध करता रहेगा। और वह निर्णय ले लेती है, बंटी यदि सहज ढंग से अपने को उसके और डॉक्टर के बीच से समेट नहीं लेता तो वह उसे अजय के पास भेज देगी। लेकिन बंटी को अजय के पास भेज देने के निर्णय को भी वह अपने तर्कों द्वारा 'जस्टीफाई' कर अपने अपराधबोध को अपने कंधे से उतार कर बंटी पर डाल देना चाहती

है। शकुन अपने हर निर्णय को जस्टीफाई करना चाहती है, ताकि कोई 'गिल्ट' भाव उसके मन में न रह जाए।

जस्टीफाई अपने को बंटी भी करना चाहता है। मम्मी के प्रति अपने मन के आक्रोश को तोड़-फोड़ में, मम्मी को परेशान करने में, मम्मी के साथ झगड़ा करने में, डॉ. जोशी को 'पापा' न कहकर तथा स्वयं को 'अरुण बतरा' कहने में प्रकट करता हुआ भी कहीं वह अपने को सही बताना चाहता है। वह चाहता है कि मम्मी अधिक-से-अधिक दुःखी हो और रोए। 'वह पापा के पास से आया है, इसलिए मम्मी नाराज हैं, दुःखी हैं। अच्छा है, हों नाराज, हों दुःखी'। वह मम्मी के निर्णय को गलत साबित करना चाहता है। इसीलिए पापा के पास जाने का निर्णय लेता है। लेकिन उसका यह निर्णय मम्मी को टॉरचर करने का माध्यम है। मम्मी को टॉरचर करते-करते बंटी स्वयं टूट जाता है। अपने इस जस्टीफिकेशन में सबसे कटता हुआ न वह मम्मी को पा सका और न पापा को ही। अंत में इसी गडमड स्थिति में 'सभी चेहरे धुँधले पड़ते गए फिर एक-दूसरे में मिलते रहें और सभी चेहरे गडमड हो गए'। अपराधबोध को 'जस्टीफाई' करने की प्रवृत्ति शेखर में भी है। एक विश्वास है उसमें 'विश्वास···दर्द से भी बड़ा विश्वास है'। जो अपने भीतर के सत्य को प्रकट कर सके। यह विश्वास ही उसे कहीं हारने नहीं देता। रेखा और रायना उपभोग के क्षणों में भी अपने को जस्टीफाई करना चाहती हैं। रेखा गर्भपात की उस जघन्य स्थिति में भी अपने को ही जस्टीफाई करती है—'मैं तुम्हें केवल एक्स्टेसी देना चाहती थी। यह नहीं, यह गलीज काम, मेरे भुवन मैंने तुम्हारे साथ आकाश छुआ है, उसका व्यास नापा है, 'पर—तुम्हें—उसे लज्जा नहीं देना चाहती थी, तुम्हारा सिर झुके, यह नहीं चाहती थी'। रेखा के इस कार्य में कहीं गहरे में भुवन अपने को भी जिम्मेदार समझता है। अपने इस अपराधबोध को गौरा के सम्मुख स्वीकार कर इससे मुक्त होना चाहता है। 'गौरा मैं भाग गया था···पर तुमसे भागने के लिए नहीं, एक बोझ मुझे दबाता चला जा रहा था···। अस्तित्व के प्रति यह 'जस्टीफिकेशन हरबंस और नीलिमा में भी है। हरबंस अपने को और नीलिमा अपने ही जीवन-मूल्यों को नैतिक मानती रही। नीलिमा अपने को सही साबित करने का निरंतर प्रयत्न करती है 'मैं रात-दिन जो नृत्य के अभ्यास से अपने को थकाती रही हूँ, वह बहुत कुछ इसलिए भी था कि मैं अपनी थकान में अपने को भूली रहूँ···सोचती थी, शायद इसी तरह हम दोनों के बीच वह चीज पैदा हो जाए'। हरबंस का लंदन जाना भी कहीं अपने को जस्टीफाई करने जैसा है। 'सारा आकाश' का समर प्रभा से बातचीत न करने में भी अपने को कहीं गलत साबित नहीं करना चाहता। प्रभा के प्रति समर की उपेक्षा उसे अपराधबोध तो कराती है, लेकिन वह अपने इस अपराध बोध के बावजूद भी कहीं स्वयं को 'जस्टीफाई' करता है। उसका यह जस्टीफिकेशन प्रभा के प्रति विरोध भाव द्वारा ही स्पष्ट होता है।

प्रभा को कहीं-न-कहीं अपमानित करते हुए अपने जस्टीफिकेशन को दृढ़ बनाने की भावना उसमें कहीं अधिक प्रबल है। प्रभा को सबके बीच चाँटा मारने के पीछे भी उसकी यही भावना निहित है। अकेले में अथवा सबके बीच में वह कहीं अपने प्रति अधिक चिंतित है। प्रभा से बात न कर, परिवारवालों के समक्ष भी वह अपने को सही साबित करना चाहता है। परिवार में चूँकि वह आर्थिक सहायता नहीं कर सकता अतः उसे भी वह परिवार पर ही थोपना चाहता है। क्यों उसकी इच्छा के विरुद्ध विवाह किया ? इस अस्त्र से सबके बीच अपने असामर्थ्य को जस्टीफाई करना चाहता है। अपने को जस्टीफाई करने का भाव 'उखड़े हुए लोग' की जया और शरद में भी है जो बिना विवाह किए 'सम्मिलित' लेकिन कायरतापूर्ण जीवन बिता रहे हैं।

इस जस्टीफिकेशन के भाव से आक्रांत सभी पात्र अपनी-अपनी जगह सही लगते हैं। सभी अपनी जिंदगी जीने के लिए अधिक चिंतित हैं। कहीं वह अपने को 'जस्टीफाई' करते हुए तो कहीं एक दूसरे को 'टॉरचर' करते हुए।

अनुभवों के आधार पर वैयक्तिक संबंधों की स्वीकृति के साथ ही परंपरागत प्रतिमानों द्वारा स्थापित—भाई-बहन, पति-पत्नी, माता-पिता, पिता-पुत्र संबंधों के खोखलेपन को इन उपन्यासों में पूर्णतः अस्वीकार किया गया है। लेकिन संबंधों का यह खोखलापन भाव-शून्यता की स्थिति को पकड़ नहीं पाया। संबंधों के प्रति जिस भावशून्यता का चित्रण अस्तित्ववादी उपन्यासों के पात्रों में देखने को मिलता है वैसी स्थिति इन चरित्रों में नहीं। कामू के 'लास्ट्रेंजर' का म्योरसाँ माँ की मृत्यु के समय भी भाव-शून्यता की स्थिति में है। उस समय की घटनाओं के बीच किसी प्रकार की बौद्धिक प्रवंचना उसमें नहीं। वह इन घटनाओं के बीच उससे अधिक कुछ नहीं कहता जो वह अनुभव करता है। उसकी समस्त बौद्धिक शक्तियाँ क्षीण हैं और मनोवैज्ञानिक दृष्टि भी शून्य है। वह अपनी अनुभूतियों के कारण हतप्रभ-सा है तथा हरेक अवसर पर भ्रमित और उन पर विचार करने में सर्वथा अक्षम। लेकिन हिंदी उपन्यासों के इन चरित्रों में कहीं भी भाव-शून्यता नहीं। सभी पात्र एक प्रकार की पीड़ाबोध से पीड़ित हैं। संबंधों में उत्पन्न हुए अजनबीपन, तनाव अथवा टूटन होने पर भी एक-दूसरे के प्रति 'सोफ्ट कॉरनर' प्रायः देखा जाता है। शेखर अपनी माँ का सदैव विरोधी रहा और उसकी मृत्यु पर घर भी नहीं जाता, लेकिन माँ की मृत्यु पर मुँह छिपाकर रोया अवश्य। 'अपने-अपने अजनबी' में संबंधों की शून्यता के बावजूद भी एक आकर्षण भाव सभी पात्रों में है। एक-दूसरे के पीड़ाबोध को ये पात्र भीतर तक अनुभव करते गए हैं। नीलिमा जो हरबंस से सदैव खिंची रहती है, अंततः उसका झुकाव उसी ओर है। शकुन बंटी को और बंटी शकुन को हराते हुए भी अंततः एक-दूसरे के लिए पीड़ित हैं। अजय, जो उसकी जिंदगी से कब का हट चुका है, बार-बार उसकी चेतना में आकर कहीं उसके व्यक्तित्त्व को हिला जाता है। भाव-शून्यता

'वे दिन' जैसे शुष्क उपन्यास के पात्रों में भी नहीं। सभी पात्र एक-दूसरे के दुःख में, असुविधाजनक स्थिति में परस्पर सहायक हैं। वास्तव में ये पात्र अस्तित्ववादी चरित्रों की भाव-शून्यता को गहराई से पकड़ ही नहीं पाए। यहाँ संबंधों के खोखलेपन की अनिवार्यता को स्वीकार करने के उपरांत यथार्थ का अंगीकार मात्र है।

भाव-शून्यता के कारण अस्तित्ववादी पात्रों में कहीं तार्किक भाव नहीं पाया जाता। काफ्का के 'द ट्रॉयल' का जोसफ के. इतना इनोसेंट है कि वह यह भी नहीं जानता कि उसे किस कारण बंदी बनाया गया है और किस कारण एक ऐसी अदालत ने, जिससे वह परिचित नहीं, मृत्युदंड दिया है। पूँजीवादी समाज में मानवीय संबंधों में अतार्किकता, अवास्तविकता और असंगति के कारण ही पात्र ऐसी परिस्थितियों में जी रहे हैं। तार्किक विश्लेषण 'म्योरसाँ' में भी नहीं। उसके और उसके समाज के मध्य कोई बौद्धिक और भावात्मक एकता भी नहीं, उसका समाज उसे न समझ पाने के कारण ही उसे अजनबी बना देता है। इस प्रकार का अतार्किक भाव इधर के हिंदी-औपन्यासिक पात्रों में नहीं है। सभी पात्र तर्कपूर्ण विश्लेषणात्मक जीवन जीते हैं। अपने अनुभवों की तर्क द्वारा सत्यता स्थापित करते हैं। यही उनके चरित्र की विशिष्ट पहचान है।

सार्त्र के 'नॉसिया' में रेकाँते जीवन की अर्थहीनता को रेखांकित करता है। इसी अर्थहीनता बोध के कारण सार्त्र के अन्य पात्र भी निराशावादी व अकर्मण्य हो गए हैं। लेकिन जीवन के प्रति वैसी अर्थहीनता जिसे रेकाँते निरंतर उबकाई, दुर्गंध, सड़ाँध के कारण अनुभव करता रहा है, हिंदी के औपन्यासिक पात्रों में नहीं मिलती अपितु ये पात्र उस अर्थहीनता से उबरने के लिए निरन्तर प्रयत्नशील हैं। ऐसी स्थिति से उबरकर ही वे अपने अस्तित्व की रक्षा कर सके। अर्थहीनता का बोध तो उन्हें निरंतर होता है, लेकिन रेकाँते से भिन्न स्थितियों व कारणों से। इसीलिए वह शुद्ध अस्तित्ववादी पात्र नहीं कहे जा सकते।

संस्थानों के नियमों द्वारा अस्तित्ववादी पात्रों के अस्तित्व का क्षरण होता जाता है। अतः वह नैतिक उद्देश्यों और स्थापित मूल्यों को कोई महत्त्व नहीं देते। 'लस्ट्रेंजर' तो नैतिक उदासीनता और भावात्मक अभाव का आधार लेकर प्रारंभ होता है। वह अपने चारों ओर की घटनाओं के प्रति उदासीन है और उनके महत्त्व को समझने में असफल। संस्थानों और समाज के प्रतिमानों का नकार इधर के हिंदी उपन्यासों में बहुत ही स्पष्ट रूप से उभरा और नैतिकता का प्रायः विरोध करते हुए संबंधों को सेक्स-संभोग तक ही सीमित तो रखा, लेकिन यहाँ नैतिकता के प्रति पात्र अभी विद्रोही मुद्रा में अथवा उसे नकारने के प्रयत्न में ही अपने तर्क प्रस्तुत करने में व्यस्त हैं। नैतिकता के प्रति उदासीनता की बात ये पात्र कहीं नहीं करते। अपने अनुभवों को प्रतिपादित करने के लिए बार-बार समाज द्वारा नैतिकता को झुठलाने का प्रयत्न करते हुए ये पात्र कहीं अपने को

ही आश्वस्त करते दिखाई देते हैं।

अस्तित्ववादी पात्र इंद्रियजनित अनुभूतियों के साथ चेतनागत अनुभूति को महत्त्व देते हैं। पात्र अपनी रुचि-अरुचि के विषय में कोई स्पष्टीकरण नहीं देते और न ही उनका कोई कारण ही। पात्र सहज भोलेपन (इनोसेंस) से ही अपने अनुभवों को प्राप्त करते चले जाते हैं। कामू पात्रों के इसी इनोसेंट व्यवहार को महत्त्व देते हैं। यही कारण है कि उनके पात्र कुछ हद तक इनोसेंट भी हैं। जबकि हिंदी उपन्यासों के पात्रों में अकसर चेतनागत अनुभूति को महत्त्व नहीं मिला। इनका अनुभव शुद्ध इंद्रियजनित है जो उन्हें सेक्स-प्रवृत्ति की ओर ले जाता है। वही उनके अनुभव का क्षेत्र है। यह अनुभव भी उनकी अपनी रुचि-अरुचि के कारण है। जिस क्षण उनकी रुचि प्रबल होती है; उसी क्षण वह जिस किसी व्यक्ति से इंद्रियजनित संभोग कर लेते हैं और जब चाहे छिटककर अलग हो जाते हैं। इनकी रुचि-अरुचि का कोई ठोस आधार नहीं। मात्र वैयक्तिक रुचि-अरुचि के कारण दूसरे के अस्तित्व को महत्त्व ही नहीं दिया जाता। पात्र जहाँ अपनी रुचि के विपरीत कुछ पाते हैं वहीं वह कटने लगते हैं।

स्वातंत्र्योत्तर औपन्यासिक पात्र परंपरागत प्रतिमानों व सामाजिक असंगतियों के विरुद्ध वैयक्तिक अनुभवों और संबंधों के कारण अस्तित्वगत सुरक्षा का प्रयत्न तो करते रहे, लेकिन अपने इस प्रयत्न में न तो वह पूर्णतः परंपरागत दृष्टिकोण से अलग हो पाए और न ही अस्तित्ववादी चरित्र ही बने अपितु एक अकुलाहट लिये इसी द्वंद्वात्मक स्थिति के बीच घिरे अपनी वास्तविकता को पूरी तरह प्रामाणित भी नहीं कर पाए। हाँ, अपने इस प्रयत्न में वह यौन-संबंधों अथवा स्त्री-पुरुष के बीच उत्पन्न 'टेनशन' का विस्तृत विवरण अवश्य देते रहे।

संदर्भ

1. नेमिचंद जैन—अधूरे साक्षात्कार, पृ. 23
2. राजेंद्र यादव—एक दुनिया : समानांतर, पृ. 34

औपन्यासिक संरचना और अस्तित्ववादी सौंदर्यशास्त्र

स्वातंत्र्योत्तर औपन्यासिक संरचना में अनुभूति की भिन्न धारणा ने परंपरागत कथा-संगठन को परिवर्तित किया। औपन्यासिक वस्तु अपने परिवर्तन के इस दौर में व्यक्ति विशिष्ट और क्षण विशिष्ट होने लगी। क्षण चूँकि समय-प्रवाह नहीं, मात्र अनुभवों का विस्फोट है, अतः व्यक्ति और परिवेश के जीवंत संबंध क्षण में ही अपने को पूर्ण, अपनी सारी विशेषताओं में अद्वितीय और सघन माने जाने लगे। क्षण की विस्फोटात्मक स्थिति ने कथा-संगठन को परिवर्तित किया। कथा-संगठन की समस्त परंपरागत धारणाओं की अपेक्षा व्यक्तिगत क्षणिक अनुभूतियों के 'इंप्रेशंस' को औपन्यासिक संरचना में अधिक महत्त्व मिला। इस खेमें के रचनाकारों का सौन्दर्यवाद, महज कलाकार की क्षणजीवी सौन्दर्यानुभूति के छोटे से मानसिक बिन्दु में ही उसे समेटकर, बाँधकर रखना चाहता है। वे अपने समग्र व्यक्तित्व एवं अन्तर्जीवन की अनुभूति को दबाकर ऊपरी सतह पर उछाले गए बिन्दुओं में ही आत्मतृप्ति प्राप्त करने के इच्छुक हैं। उस विशिष्ट क्षण के अन्तःस्रोत एवं क्षण को अभिव्यक्त करने वाले प्रवाह से उनका कोई सरोकार नहीं। केवल क्षण और क्षण ही—क्षण के विशिष्ट अनुभव ही उनके लिए महत्त्वपूर्ण हैं। ऐसे में उपन्यासों का विशिष्ट आग्रह कलाकार की अनुभूतिक तीव्रता पर होने लगा। अतः अनुभूतिगत तीव्रता ही कथ्य की जड़ता को तोड़ने में सहायक हुई। यह जड़ता वस्तुगत जगत को महत्त्व देने के कारण पैदा होती है, क्योंकि वस्तुपरक जगत में अस्तित्व की बुनियादी एब्सर्डिटी छिपी हुई है, जिसमें सौंदर्य का दर्शन नहीं हो सकता। सौन्दर्य का अनुभव वही कर सकता है जो उससे तादात्म्य कर सकें, उसके साक्षात्कार के क्षणों में उसकी रचना प्रक्रिया में, उसके सम्भोग की स्थिति में सक्रिय रूप से अपनी चेतना की समग्रता के साथ उसे भोग सकें। सार्त्र के अनुसार वास्तविक को सुंदर नहीं कहा जा सकता। सुंदरता एक मूल्य है जो काल्पनिकता से संबंध रखती है तथा जो संसार में व्याप्त जरूरी ढाँचे को अस्वीकार करती है। यही कारण है कि मानव-मूल्यों और सौंदर्यबोध के बीच का अंतर समझा नहीं जा सकता। शिव वह है जो संसार में अस्तित्व ले चुका है। संसार की बुनियादी विसंगति (एब्सर्ड) से जुड़े कार्य हैं तथा उसके अधीन हैं। अतः औपन्यासिक-संरचना में घटना, क्रिया-व्यापार और

चरित्र के संबंध विकासक्रम में न होकर पहलू के रूप में चित्रित हुए। विशिष्ट क्षणों में घटना-व्यापार और चरित्र वास्तविक के विशिष्ट पहलुओं का उद्घाटन करते हैं। समस्त शास्त्रीय परिभाषाओं की अपेक्षा विशिष्ट व्यक्ति के 'फ्री-एसोसियेशंस' को प्रामाणिक माना गया इसीलिए औपन्यासिक-संरचना में कथानक की धारणा बदल गई। जीवन का एक लघु प्रसंग, मूड, विचार अथवा विशिष्ट व्यक्ति-चरित्र ही कथानक बन गया अथवा उसमें कथानक की क्षमता मान ली गई।

कथानक-संगठन में पहलू के बदलने से ही गति पैदा होती है। इस गति का स्वरूप ऋजु रेखा में न होकर भिन्न आयाम में चरितार्थ होता है। इसलिए कथानक में केंद्र और आयाम महत्त्वपूर्ण हो जाते हैं। कथानक कई अनुभव केंद्रों और आयामों का समुच्चय है जिससे औपन्यासिक रचना-विधान घटना-क्रम अथवा क्रिया-व्यापार के विकास को नहीं, संवेदनात्मक अनुभवों को उजागर करता है। परिस्थितियों के उलझाव, मानसिक बुनावट के अनेक स्तर और उसके कारण संघर्ष एवं आदमी के प्रयत्नों के अद्वितीय रूपों में से कुछ को चुनकर जिंदगी की अपेक्षाकृत एक साफ तसवीर पेश करते हुए औपन्यासिक कलारूप में अपने को व्यक्त करने के स्थान पर इन सबके उलझते-जूझते हुए तात्कालिक और बड़े करीब से जीवन को झेलने का एहसास इन कृतियों में उभरता हुआ लगता है। शेखर उलझते-जूझते हुए जीवन की महत्त्वपूर्ण अनुभूतियों द्वारा ही उत्तरोत्तर अपने जीवन का अर्थ ग्रहण करता है। उसके व्यक्तित्त्व के विशिष्ट पहलू ही विभिन्न रूपों में उपन्यास की संरचना करते हैं। कहीं वह विद्रोही रूप में अपने व्यक्तित्त्व का अर्थ ग्रहण करता है तो कहीं जेल-जीवन में बाबा मदनसिंह से जीवन के कुछ सूत्रों को एकत्र कर अपने जीवन को गति देना चाहता है। बाबा मदनसिंह के सूत्र—'अभिमान से भी बड़ा दर्द होता है, पर दर्द से बड़ा एक विश्वास' तथा विद्याभूषण का संकेत 'अभिमान या अहंकार एक सामाजिक कर्तव्य भी हो सकता है' शेखर के अहं को परिष्कृत करते हैं, उसके व्यक्तित्त्व की उच्छृंखलता को सहज बनाते हैं। अहंकारी और विद्रोही शेखर के जीवन की सहजता ही उसे अनुभव कराती है—'मेरे व्यक्तिगत जीवन में समष्टिगत जीवन का भी इतना अंश है कि समष्टि उसे समझ सके और उसमें अपने जीवन की झलक पा सके'। उसके जीवन के सैक्स संबंधी पहलू भी औपन्यासिक संरचना का निर्माण करते हैं। जीवन के इस अनुभव में शशि पूर्णतः शेखर की सहायक रही है। वह शेखर को कमजोर होने से बचाती रही है। 'मैं नहीं चाहती कि तुम मानव कम होओ, शेखर; किंतु अगर तुममें उसकी क्षमता है, तो उससे बड़ा होने की अनुमति—'स्वाधीनता मैं तुम्हें सहर्ष देती हूँ'। शेखर के जीवन के कुछ महत्त्वपूर्ण पहलू अपनी निरंतरता में उभरते हुए औपन्यासिक संरचना को गति प्रदान करते हैं। कथानक शेखर की स्मृतियों पर निर्भर है, इसलिए उसमें क्रमबद्धता का अभाव स्वाभाविक है। शेखर के व्यक्तित्त्व की ही भाँति कथा का

व्यक्तित्त्व भी टूटा हुआ, खंडित और बिखरा हुआ है। खण्डित और उखड़ी हुई अनुभूतियों को जॉन क्रुकशेंक ने उपन्यास की शैली की विशेषता माना है 'उपन्यास की शैली वह रचनात्मकता है जो उखड़ी हुई अनुभूतियों से अर्थ प्राप्त करें। इसके लिए बुद्धिपरक होना और चरित्र की गहराई व तकनीकी निष्ठा आवश्यक है'।[1]

अनुभूति के कुछ विशिष्ट क्षण (जो काल परंपरा नहीं मानता तभी वह परिणामों के प्रति इतनी उपेक्षा रख सकता है।) 'नदी के द्वीप' की संरचना को स्पष्ट करते हैं। इस प्रवहमान जगत में व्यक्तित्त्व की छोटी-छोटी इकाइयाँ अपनी अद्वितीयता की स्वतः प्रमाण हैं। रेखा एवं भुवन के जीवन के विभिन्न पहलू जिसे वे भिन्न दृष्टिकोण से अनुभव करते हैं, औपन्यासिक-संरचना में सहायक हुए। रेखा का भुवन के प्रति आकर्षण और समर्पण के क्षण उसके सूने जीवन कंकाल में रस भर देते हैं 'मैं इतना ही सोच पाती हूँ कि मेरे लिए हूँ, और यह समूचा श्रीमतीत्व मिथ्या है, कि मैं तुम्हारी हूँ, केवल तुम्हारी, तुम्हारी ही हुई किसी की कभी नहीं, न कभी हो ही सकूँगी···ये पार्थिव के बंधन, ये आकार ये सूने कंकाल···महाराज मेरे त्रिभुवन के महाराज'। संपूर्ण उपन्यास के संगठन में रेखा के जीवन के विभिन्न पहलुओं का संघात देखने को मिलता है। जीवन के विशिष्ट अनुभव ही पात्रों को गतिशील बनाते हैं। स्वयं भुवन भी इसे अनुभव करता है—'अनुभूतियाँ गतिशील हैं, अतीत होकर भी निरंतर बदलती रहती हैं और व्यक्तित्त्व को विकसाती हुई उसमें घुलती रहती हैं, लेकिन यह सीमा लाँघ जाने पर जैसी गतिशील नहीं रहतीं, स्थिर-जड़ हो जाती हैं, एक न घुलनेवाला लौंदा, एक वज्रपिंड'। जीवन को जानने-समझने और उसे भोगने का दृष्टिकोण गौरा का अपना है। भुवन के प्रति उसका तन्मय समर्पण ही जीवन की सार्थकता है। 'सचमुच मेरे जीवन का सबसे बड़ा इष्ट यही है कि मैं तुम्हें सुखी देख सकूँ। मेरे स्नेह-शिशु मैं तुम्हारे ही लिए जीती हूँ, क्योंकि तुम में जीती हूँ'। उपन्यास का प्रत्येक पात्र स्वयं अपने में एक अलग अनुभव-वृत्त समेटे अंतर्मन की सच्चाइयों को उभारता है। जिसका प्रत्येक पहलू अपने में पूर्णत्व ग्रहण करता है। 'नदी के द्वीप' की रूपगत नवीनता पर नेमिचन्द जैन की टिप्पणी—'नदी के द्वीप' में नवीनता कथा-शिल्प के विभिन्न तत्त्वों के नवीन संयोजन में है जो कई स्थलों पर उसकी भाव-तीव्रता को अभिव्यंजित तथा संप्रेपित करने में सफल होता है। पर अन्ततः भाववस्तु में अन्तींवरोध के कारण रूप कोई समग्र प्रभाव नहीं डाल पाता।' डॉ. रघुवंश ने नीरा के जीवन के तंतुओं (पहलुओं) से ही 'तंतुजाल' की रचना की है। यह पहलू उपन्यास में कहीं क्रमबद्ध न होकर, कुछ बिखरे हुए रूप में नरेश और नीरा की स्मृति में उभरे हैं, इसीलिए पहलू ही महत्त्वपूर्ण हो उठे हैं। ये तंतु ही उसके जीवन को कसकर पकड़े हुए हैं उसे रस देते हैं।··· 'पर उसके विलीन होते क्षणों की गहरी चेतना जाग्रत होती है

जो इस अबाध प्रवाह के बीच भी उसे बाँधे रहती है, दिक्काल को अपने अस्तित्व में घेरकर सीमाएँ बनाने का प्रयत्न करती है'। यह कैसा प्रयत्न है? जिसने समय के क्रम-प्रवाह में अपने जीवन के क्षणों को सदा निरपेक्ष दर्शक के रूप में देखा है। यह अपूर्ण, अतृप्त व निरर्थक पहलू ही उसे जीवनभर तोड़ते व बिखेरते रहे हैं।

मैं, रायना, फ्रांज और मारिया की मनःस्थिति के विभिन्न पहलू संवेदना की गहराई को पकड़ते हुए 'वे दिन' का औपन्यासिक गठन करते हैं। उपन्यास में कहीं भी कुछ घटित नहीं होता। 'होना' अधिक अर्थपूर्ण है। 'पहली बार मुझे लगा, जैसे इस शाम तक हम दोनों के बीच जो रिश्ता था, वह अब नहीं। वह बदल गया था, स्वतः और अनायास'।' कथात्मक घटनाएँ पात्रों के अनुभूतिमय पहलुओं में ही घुलती गई हैं। जहाँ 'तीन दिन…तीन वर्ष…समय कुछ भी माने नहीं रखता'। संवेदना के संयोजन से ही औपन्यासिक-संरचना का महत्त्व बढ़ता गया। एक-दूसरे की पहचान को पकड़ पाने के क्रम में 'रायना' और 'मैं' कहीं भोग लेने की मनःस्थिति में हैं तो कहीं युद्ध के आतंक से उलझी मनःस्थिति में अपने अकेलेपन से पीड़ित। संबंधों के बीच व्याप्त यह अलगाव 'फ्रांज' और 'मारिया' के चरित्र के विभिन्न पहलुओं को उजागर करता है। भोगे हुए क्षणों में, विश्वास में कहीं कोई नैतिक आग्रह नहीं, उपन्यास में फैला आतंक मानसिक स्तर पर एक पागल-सी चाह के रूप में यौन-संबंधों में परिवर्तित होता है। तीव्र-यौनाकर्षण और भोग के प्रगाढ़ आलिंगन के बीच रायना व्यक्तित्त्व के जटिल पहलुओं से मुक्त नहीं हो पाती। उसका अतीत उसके जीवन को कहीं अधिक गहराता है। वह शायद उम्र का अंतर नहीं था। वह उसके अपने अतीत से जुड़ा था—जिसे 'मैं' देख नहीं सकता था। जीवन की संगति और व्यक्तित्त्व की गरिमा उपन्यास में समाप्तप्रायः हो चुकी है। उपन्यास में कथानक की गरिमा नहीं है, परिवेश का उभार नहीं, बिखराव ही बिखराव है। पात्रों के जीवन का बिखराव ही उपन्यास की कथा का बिखराव है, और इसी बिखराव के साथ ही सघनता भी। निर्मल वर्मा का 'लाल टीन की छत' की विशिष्ट संवेदना उसकी सघनता के कारण उपन्यास की आंतरिक बुनावट करती है। यह उपन्यास मात्र एक अकेली लड़की की ही नहीं, बल्कि एक खास ढंग और विशिष्ट कारणों से अकेली पड़ गई संवेदना की भी कहानी है। इसीलिए उपन्यास में न चरित्र का महत्त्व है, न औपन्यासिक संरचना का, जो कुछ महत्त्व है वह उस 'प्राइवेसी' का ही है। जो कुछ रहस्य है, वह अँधेरे व्यक्तिगत कोनों का ही हैं। उनके उपन्यासों का कथानक एक ऐसा भूखण्ड है 'जिसमें कई तरह के एकान्त टहलते हैं और वे दूसरे के एकान्त में प्रवेश नहीं करते बल्कि उनके एकान्त को और अधिक पुष्ट और मान्य करते हैं'[2]। वह संदर्भ जिसमें काया जीती है, उस संदर्भ से बिलकुल कटा हुआ लगता है जिसमें वह सोचती है और यह अंतर उपन्यास

के अंत तक भी बना रहता है। वह 'है' क्योंकि वह सोचती है। लेकिन उसका यह 'होना' लेखक के चिंतन की अपेक्षा है काया के जीने की अपेक्षा नहीं। निर्मल वर्मा के उपन्यासों का सौन्दर्यशास्त्र यदि कोई है तो वह संवेदना और यथार्थ के अनुभव का सौन्दर्यशास्त्र है, जिसमें अकेलापन, ऊब, उबकाई, अनुभूति के कुछ क्षण अलग-अलग रूप-रंग में संवेदना रचते हैं। संवेदना के रचनेवाले ये शब्द, विक्षोभात्मक भी है और अह्लादकारी भी। यही औपन्यासिक संवेदना का सौन्दर्य बन जाता है। लेकिन निर्मल वर्मा के उपन्यास उस कलात्मक सौन्दर्य को नहीं उभार पाये जिसे जार्ज कुकशेंक ने व्याख्यायित किया है–'कलात्मक सौन्दर्य की उपस्थिति वहाँ पायी जाती है जहाँ चरम अनुभूति की प्राप्ति और अप्राप्ति का द्वन्द्व हो।'

बंटी ही वह केंद्रबिंदु है जिसके व्यक्तित्त्व के विभिन्न पहलू 'आपका बंटी' की स्थितियों का चुनाव करते हैं। उपन्यास में सभी प्रसंग उसी के व्यक्तित्त्व के विभिन्न पहलुओं एवं अनुभूतियों के माध्यम से उभरे हैं। शकुन-अजय का तलाक और शकुन-जोशी का विवाह भी स्वतंत्र महत्त्व प्राप्त करनेवाले प्रकरण नहीं। बंटी उनको जिस रूप में अनुभव करता है, मुख्यतः उसी रूप में वह अंकित हैं। उपन्यास में बंटी केंद्रबिंदु होने पर भी शकुन और अजय अपनी 'ईगो' से संत्रस्त बंटी की समस्या पर विचार ही नहीं करते। अपनी-अपनी जिंदगी को जीते हुए एक-दूसरे को टॉरचर करने के लिए बंटी तो केवल माध्यम ही बना। शकुन इसे कंफेस भी करती है--''सच हम लोग शायद बंटी को मात्र एक साधन ही समझते रहे। अपने-अपने अहं, अपनी-अपनी महत्त्वाकांक्षाओं और अपनी-अपनी कुंठाओं के संदर्भ में ही सोचते रहे। बंटी के संदर्भ में कभी सोचा ही नहीं'। बंटी व्यक्तित्त्व की स्वतंत्र इकाई होने पर भी शकुन से जुड़ा है। बंटी के जीवन के यही पहलू जहाँ वह शकुन से जुड़ा है और दूसरा उससे भिन्न, एक विद्रोही रूप में शकुन की मनःस्थियतियों का निर्माण करता है। समस्त औपन्यासिक संरचना में शकुन और बंटी की मनःस्थितियों के द्वारा जीवन के कुछ पहलू उभरे हैं, जहाँ परिस्थितियाँ ही महत्त्वपूर्ण हैं अपनी इच्छा नहीं।

पात्रों की मानसिक विकृतियाँ व जीवन की उलझनों के अनेक पहलू 'तंतुजाल' के विशृंखलित कथ्य को सघन बनाते हैं। 'जीवन ऐसा ही विशृंखलित, ऐसा ही रहस्यमय है--जिसमें न जाने कितने आकर्षण हैं, कितने विकर्षण'।' बारीक-से-बारीक तंतु, घुमाव और पेंचों के साथ पूरे उपन्यास में उभरता है जिसे समेट पाना कठिन है, इसलिए सर्वत्र उपन्यास में बिखराव आ गया है। कथा सीधी पंक्ति में नहीं, परंतु टेढ़े-मेढ़े रास्ते से, लीक को छोड़कर चलती है, कभी इधर कभी उधर। कथा संगठन की विशृंखलता सर्वेश्वरदयाल सक्सेना के 'सोया हुआ जल' की संरचना को विशिष्ट बनाती है। यात्रीशाला के हर कमरे में होनेवाली बातें बूढ़े पहरेदार को विस्फोटात्मक उत्तेजना देती हैं। उसमें कहीं कोई

क्रमबद्धता नहीं। टूटी-बिखरी बातें खंड जीवन का चित्रण मात्र हैं; जहाँ टूटन है, बिखराव है। इस बिखराव के कारण ही कथा में विकास की संभावना नहीं। नवीन रूपशिल्प और प्रयोग की आकांक्षा ही इस कृति की मूल प्रेरक वृत्ति है। संरचना की दृष्टि से धर्मवीर भारती का 'सूरज का सातवाँ घोड़ा' माणिक के जीवन के महत्त्वपूर्ण पहलुओं का कथाओं के रूप में नवीन प्रयोग है। जमुना, लिली और सत्ती के संदर्भ में हुई जीवन की अनुभूतियों को माणिक ने कथावृत्त में समेटा है। जहाँ परंपरागत टैक्नीक का निर्वाह न करते हुए कहानी बिलकुल सीधे-सादे ढंग से कही गई है।

टैक्नीक के लिए वे चिंतित ही नहीं। 'टैक्नीक ! हाँ टैक्नीक पर ज्यादा जोर वही देता है, जो कहीं-न-कहीं अपरिपक्व होता है, जो अभ्यास कर रहा है, जिसे उचित माध्यम नहीं मिल पाया'।[3] माणिक की सीधी-सादी बात, जिसमें खुलापन भी है, माणिक के व्यक्तित्त्व के विभिन्न पहलुओं की झलक मिलती है। कथा कहते-कहते कहीं माणिक मुल्ला की आँखों का भीग जाना तो कभी अपने मन की कटुता को धोते चले जाना माणिक के चरित्र की विशिष्टता है। उसके जीवन का आस्थापूर्ण वह पहलू 'जो लोग हँसना सीख लेते हैं वे कभी हँसते-हँसते उस जिंदगी को बदल भी डालते हैं' उपन्यास को कहीं सघनता देता है। 'स्ट्रक्चर' की दृष्टि से 'अपने-अपने अजनबी' एक नवीन प्रयोग है। असाधारण स्थितियों के गठन के कारण कथानक कहीं पाठक को बाँध नहीं सका। कृष्णा सोबती के 'सूरजमुखी अँधेरे के', राजकमल चौधरी का 'मछली मरी हुई' तथा महेंद्र भल्ला का 'एक पति के नोट्स' में उपन्यास की बाह्य स्थिति की अपेक्षा आंतरिक स्थितियों का सर्जनात्मक प्रयोग है। जटिल और उलझी मनोग्रंथियों से संत्रस्त व्यक्ति मन की अनुभूतियाँ अथवा घनीभूत क्षणों की अभिव्यक्ति ही उपन्यास का गठन करती हैं।

इन उपन्यासों में विकास की अपेक्षा सघनता कथानक की धारणा को पूर्ण करती है। जीवन के विविध पहलू और आयाम सघनता पैदा करते हैं। लेकिन प्रेमचंद के उपन्यासों में घटनाबाहुल्य औपन्यासिक विकास का परिचायक है, जहाँ घटनाएँ घटती चली जाती हैं और कथानक अपनी ऋजु रेखा में एक निश्चित आयाम लिये हुए हैं। रोचक घटना-विधान अथवा चरित्र-रचना अब उपन्यास के लिए आवश्यक अनिवार्य तत्त्व नहीं माने जाते। मानवीय स्थितियाँ और नियति को उसकी संपूर्णता में, सजावट या रंगीनी के बिना प्रस्तुत कर सकना कहीं अधिक सूक्ष्मता का सूचक समझा जाता है। इस दृष्टि से कथाक्रम का ह्रास हुआ जिसे बिखराव भी कह सकते हैं। लेकिन कथा में उत्पन्न यह बिखराव पात्रों के जीवन में उत्पन्न बिखराव है जो सघनता के केंद्रबिंदु से प्रस्फुटित होते हुए कथा को नया आयाम देते हैं। सौंदर्य को मूर्त करनेवाले औपन्यासिक संगठन के उपादानों और पद्धति में परिवर्तन अनेक कारणों से आए हैं। मनोविज्ञान,

विज्ञान, यांत्रिक सभ्यता आदि अनेक कारण हैं जिन्होंने वस्तु और जीवन को नए तरह और नए क्रम को अक्रम में देखने के लिए प्रेरित किया। उन्हीं के साथ अस्तित्ववादी विचारधारा की भूमिका को भी स्वीकार किया जा सकता है।

मुख्य रूप से अस्तित्ववाद की 'क्षण' की और 'जीवन-जगत में बौद्धिक क्रम और संगति की अनुपस्थिति' की धारणाएँ 'सघनता' और 'आयाम' तथा 'पहलू' को संगठनात्मक महत्त्व और कलात्मक जिम्मेदारी का साधन मानती हैं।

उपन्यासों में किसी विचार अथवा दर्शन की अपेक्षा तात्कालिक संवेदना को महत्त्व देने से भाषा भी संवेदन विशिष्ट हुई। इस कारण वह दुर्बोध और जटिल बनती गई। बनी-बनाई धारणा की अपेक्षा बौद्धिक विलास की अभिव्यक्ति के कारण भाषा कहीं अधिक भारी होती गई है। प्रतीकात्मक और बिंबों का प्रयोग होने पर भी भाषा सतत वेगमयी ऐसी भावधारा है जो औपन्यासिक वस्तु के अनुसार ही अपना रूप गढ़ती चली जा रही है। अनुभूति की निरंतरता का न होना (जो कॉमू के एब्सर्ड चिंतन का मुख्य विषय है।) उसकी सोची-समझी असंगत शैली का प्रमाण है। कामू यह कहकर नहीं बताता कि स्थितियाँ एब्सर्ड होती हैं अपितु शब्दावली व वाक्य-विन्यास के द्वारा वह इसका अनुमान करवाता है कि मानवीय स्थितियाँ खंडित और तात्कालिक (एबरप्ट) होती हैं'।

'वे दिन' में घटित घटनाविहीन निरर्थक जीवन तथा भय से आक्रांत पात्रों की मानसिकता के लिए निर्मल वर्मा ने भाषा को भी अधिक-से-अधिक संवेदनशील बनाया है। 'भय और खुशी के बीच तुम ज्यादा देर नहीं रह सकते···सिर चकराने लगता है, जैसे तुम हवा में टँगी रस्सी पर चल रहे हो। यह शायद भ्रम है—है कुछ भी नहीं···'। क्षणिक परिचय भी आकस्मिकता से अधिक कुछ नहीं। 'तुम बहुत देर से दरवाजे खटखटाते हो, खोलते हो, और उससे परे कुछ नहीं होता···जिंदगीभर। फिर अकस्मात तुम्हारा हाथ खींच लेता है···उस दरवाजे के भीतर जिसे तुमने नहीं खटखटाया था। वह तुम्हें पकड़ लेता है और तुम उसे छोड़ नहीं सकते। उपन्यास में व्यक्ति अकेलेपन के कारण हताश और कुंठित हैं, भले ही उसके मूलभूत अकेलेपन का कारण परिस्थितियाँ ही हैं। अपने उस अकेलेपन में वह अपने अस्तित्व की सार्थकता नहीं देख पाता। उपन्यास में मानव सम्बन्धों में एक ठहराव, ठण्डापन और मात्र वातावरण है। जीवन में एक प्रकार सी निरर्थकता और भावशून्यता के बोध के कारण लेकिन भाषा की व्यंजकता अन्तर्वस्तु को निर्मित नहीं करती अपितु स्वतन्त्र विकल्प रूप में प्रस्तुत होती है। भाषा कहीं बेलौस और संश्लिष्ट हो गई है। निर्मल वर्मा ने युद्धोत्तर खालीपन की जिस मनःस्थिति को अपने उपन्यास का केंद्र बनाया उसकी अभिव्यक्ति भाषा की इस तनावपूर्ण संरचना के कारण ही संभव हो पाई है। निर्मल वर्मा के उपन्यासों की भाषा अपने बौद्धिकीकरण और अपनी जटिलता में भी पाठक को बाँधे रखती है।

'लाल टीन की छत' की विशिष्ट संवेदना व उसकी सघन आंतरिक बुनावट को विशिष्ट प्रकार की भाषा में व्यक्त किया है। 'तुम आत्मा में विश्वास करती हो ? सुनो गिन्नी की आँखें खोलो तो कुछ दिखाई देता है ?...सिर्फ बचना ही काफी नहीं होता...कोई और चीज़ है, हमसे परे और हमारे भीतर जो बचने के लिए तड़फड़ाती है, हर रात मेरे दरवाजे पर आकर चीखती है...तुम सुनती हो ? नहीं काया तुम कैसे सुनोगी ?' भाषा की दुरूहता मृत्यु के आंतक को गहराती है—'मरा हुआ आदमी ? काया का ध्यान भटकने लगा—गिन्नी, माँ की खुली टाँगों के बीच मांस की लोथ, नहीं, वे मरे नहीं थे—आदमी नहीं थे—वह चौंककर चारों तरफ देखने लगी। धुँधली-सी रोशनी, नाले का गड़गड़ाता सिर पटकता पानी...'। उपन्यास में कुछ घटनाएँ हैं, कुछ लोग हैं, कुछ जगहें हैं—जिन्हें काया केवल अनुभव करती है, संवेदनहीन भाषा के माध्यम से'।

मृत्यु के आसपास मँडराते जीवन के मर्म को समझने की चेष्टा में 'अपने-अपने अजनबी' की भाषा नीरस होती गई है। भाषा मृत्यु-साक्षात् के क्षणों में तनावपूर्ण तथा हिमकैद या पुलकैद, रुद्ध वातावरण के अनुरूप ही है। भाषा की कठोरता पात्रों के अंतर्मन के द्वंद्वों व उलझनों को व्यक्त करने में समर्थ है—'क्यों उसे तकलीफ होती देखकर मुझे संतोष होता है ? लेकिन तकलीफ से टूटते देखकर मुझे तसल्ली होती है ? कितना कमीना है यह संतोष, जो दूसरों को हारते और टूटते देखकर होता है'। उपन्यास में वैचारिक गंभीरता के कारण भाषा में दुरूहता का होना औपन्यासिक संरचना की विशेपता है—'और अब आधी रात। वह मौन में भी उतनी ही सहजता से आता है। 'वह कौन ? वह—वह—वही जो सेल्मा और मेरे बीच तीसरा आया था और वहाँ मौजूद था...अनाहूत...नहीं, नहीं, नहीं। जो भी आता है, जो भी आएगा, उसे उधर रहने देना होगा,...'। भाषिक समर्थता के आधार पर बंद समय में स्थिर जीवन और आसन्न—गंधा-मृत्यु तथा दो नारियों की मनःस्थितियों की सूक्ष्म रेखाओं द्वारा व्यंजना की गई है।

जब व्यक्ति और अनुभव अद्वितीय है तो उस अद्वितीयता की यथावत अभिव्यक्ति कला-धर्म या कला का धर्म है। संप्रेषण की प्रक्रिया में भाषा विशिष्ट और सामान्य के द्वंद्व में कलात्मक अभिव्यक्ति करती है। यहाँ भाषा सामान्य नहीं मात्र अद्वितीय और विशिष्ट की अभिव्यक्ति करती है, इसलिए भाषा व्यक्तिगत होती गई है। जैसे अनुभव में 'प्राइवेसी' है उसी तरह भाषा में भी एक तरह की प्राइवेसी की भूमिका है। कामू ने अपने पात्र म्योरसाँ की मनोदशा को दर्शाया है। म्योरसाँ एक सोशल आउटसाइडर है क्योंकि वह समाज में प्रचलित शब्दों के परंपरागत अर्थ का प्रयोग न कर अपनी शब्दावली की रचना करता है और उन्हें नया अर्थ देता है। वह 'भाषा की प्राइवेसी' पर बल देता है। 'नदी के द्वीप' में रेखा-भुवन, गौरा-भुवन तथा 'वे दिन' के रायना-मैं, 'शेखर : एक जीवनी' के शशि-शेखर के संबंधों में भाषा की प्राइवेसी की भूमिका सजीव हो

उठी है—'कुछ महान, कुछ विराट घटित हुआ है, ऐसा थोड़ा-सा आभास होता है। लेकिन कहाँ ? मुझ में ? मैं उस विराट का वाहन हूँ, माध्यम हूँ...मैं अकिंचन, नगण्य, मैं जो अगर कभी थी भी, अब नहीं हूँ। मुझ को ? मेरे साथ ?' तथा अन्यत्र 'मैं एक खड़ा हुआ पानी थी, एक झील, एक पोखर, एक छोटा ताल, शैवालों से ढका हुआ। तुमने आँधी की तरह आकर मुझको आलोड़ित कर दिया, मुझ में अनंत आकाश को प्रतिबिंबित कर दिया'। शशि-शेखर का आकर्षण है—'सिद्धि ! नहीं मेरा जीवन इतना मिट्‌टी था, न इतनी हवा। सिद्धि और संपूर्णता नहीं है, पर मैं संतुष्ट हूँ, शेखर संतोष का यह सुख तुम्हारा वरदान है'। ये उपन्यास भाषिक सर्जनात्मकता के कारण अनुभूति-चित्रण में कहीं कतराते नहीं, न कहीं ओछे पड़ते है। बल्कि भुवन और रेखा के यौन-संबंधों को 'फुलफिलमेंट' कहना, गर्भस्थ-शिशु को 'सर्जनवायलिस्ट' या 'बीनकार' के नाम से सम्बोधित करना, गौरा का भुवन को 'स्नेहशिशु' कहना तथा भुवन का गौरा को 'जुगनू' तथा शेखर का शशि को 'जीवन की सिद्धि' कहना संबंधों के बीच प्राइवेसी को स्पष्ट करते हैं। 'आग से तुम नहीं डरोगे अब...किसी चीज़ से नहीं डरोगे। आग को मैं सुगंधित कर दूँगी, शिशु...तुम देवत्व की साँस हो, देवत्व की शिखा हो जिसे मैं अंतःकरण में पालूँगी'।' गौरा अपने जीवन के समस्त तंतुओं से भुवन को बाँधती हुई उसे अपने जीवन का इष्ट मानती है। तभी तो वह कह सकी—'मेरे स्नेह-शिशु, मैं तुम्हारे ही लिए जीती हूँ, क्योंकि तुम में जीती हूँ'। भाषा का प्राइवेसी का गुण ही उपन्यास के सौष्ठव की वृद्धि करता है। 'नदी के द्वीप' में कांटेंट (वस्तु) की दुर्बलता से बहुत कम लोगों को इनकार है, पर उसकी आकर्षक भाषा, उसकी कला के सौष्ठव और उसकी मनोरंजकता को सभी स्वीकारते हैं। भावानुभूति के चित्रण के कारण भाषा की सघनता एवं तरलता का अद्‌भुत सम्मिश्रण हुआ है। 'सूक्ष्म-से-सूक्ष्म भावनाओं और विचारों को प्रखरता के साथ अभिव्यक्त करने की दृष्टि से 'नदी के द्वीप' बहुत ही महत्त्वपूर्ण कृति है'।[4]

इन उपन्यासों में यौन-संबंध भाषा को बेझिझक बनाते हैं। यौन व्यवहारों में प्रकृति के उपकरणों के प्रयोग की अपेक्षा खुला चित्रण व अवकुंठित भाषा में प्रस्तुत करके भाषा की सीमाओं को तोड़ता है। उपन्यासों में भाषा के परंपरागत सौंदर्य-बोध पर प्रहार करके एक प्रसाधनहीन, किंतु चुभती भाषा को प्रस्तुत किया गया है।

जहाँ एक ओर इन उपन्यासों में भाषा की परंपरागत सीमाएँ टूटती हैं वहीं दूसरी ओर अत्यंत निजी प्रसंगों को व्यक्त करने के कारण दूसरी सीमाएँ बनने लगती हैं।

संदर्भ

1. John Cruick Shank - Albert Camus and the Literature of Revolt, P. 146. 47
2. डॉ. नित्यानन्द तिवारी—सृजनशीलता का संकट पृ. 71
3. धर्मवीर भारती—सूरज का सातवाँ घोड़ा, पृ. 80
4. नेमिचंद जैन—अधूरे साक्षात्कार, पृ. 31

❑❑❑